# À la croisée des chemins

## Ce que la vie m'a appris

Chantal Aly Plante

Dépôt légal – Bibliothèque et Archives nationales du Québec, 2016

Imprimé par CreateSpace

ISBN papier 978-2-9816296-0-9

Pour ma fille Chelsea.
Je sais qu'à certains moments précis de ta vie,
tu en auras besoin. Je t'aime.

# Remerciements

À ma précieuse Sonia Prévost, qui me suit dans mes folies et qui accepte toujours de me lire et de me suivre. À Nathalie Dufresne, que serais-je sans toi? Mon ancrage dans la réalité de la vie. Merci d'avoir lu, analysé et accepter le rôle de mettre de l'ordre dans mes idées. Sans ton aide, tes conseils et surtout tes demandes incessantes pour les chapitres suivants, je n'aurais peut-être jamais mené ce projet à terme. À Monique « Soft » Rouquette-Azemat, tu as réussi, avec ténacité, me faire comprendre l'importance de ce livre. Merci de m'avoir poussé et parfois ordonné de finir l'écriture de ce bouquin.

À mon Roméo, Richard Roy, qui a cru en moi et qui m'a poussée à terminer ce projet insensé. Merci d'avoir accepté de sacrifier des soirées pour que j'écrive. Tu es et tu restes mon Roméo.

Merci, maman, de m'avoir lu et de m'avoir expliqué certaines choses que j'avais passées sous silence. Désolé de t'avoir placé dans cette situation, mais tu m'avais bien préparé à la vie d'adulte.

# Table des matières

# Préface

Je suis encore ici, à cet endroit que je privilégie entre tous, les marches de ma terrasse et je contemple les étoiles. C'est mon lieu pour réfléchir, faire le vide et me ressourcer. On dirait que j'y suis souvent depuis quelques mois. J'essaie de faire le point, de voir clair en moi. J'ai l'impression de ne pas être à ma place, d'être décalé de l'univers. Les choses ne font que tourner dans ma tête et ce sont toujours les mêmes interrogations, les mêmes tourments qui occupent mon esprit. J'ai le sentiment d'avoir emprunté ce chemin des milliers de fois sans jamais apprendre la leçon. Mais qu'ai-je à apprendre ? Tel est la question.

Perdue dans mes pensées, je regarde mon passé, je fixe les grandes lignes de tout ce que j'ai fait ou pas fait dans ma vie. En conclusion dirais-je, c'est qu'il n'y a pas de conclusion a tout ceci. Car s'il y en avait une, ça fait longtemps que j'aurais arrêté cette roue infernale. Je déteste l'incertitude, l'inconnu et par-dessus tout l'incompréhension des choses. Pourtant, j'ai un bon instinct, mais a chaque fois je me laisse submerger par mon côté cartésien, mon besoin de tout analyser et de m'arrêter a chaque petit détail prend le dessus. Et comme à chaque fois, je perds la vue d'ensemble.

Je me nomme Aly, j'ai quarante-huit ans et ma vie est un vrai bordel. Bienvenue dans mon monde !

# Première partie

Un peu de moi

# Un peu de moi

J'ai un rapport amour-haine avec presque tout en ce moment. L'instabilité de mes émotions est catastrophique, ça me fait changer d'idée continuellement. Une chance que je ne suis pas un être surnaturel, car les répercussions seraient cataclysmiques. Imaginer un vampire avec des émotions hors contrôle et des hormones en dents de scie. Ça pourrait faire une histoire géniale pour le lecteur, mais mortelle pour ses victimes. Je suis une humaine et j'en ai plein les bras. Ça serait facile de dire que c'est la pré-ménopause qui amène cette vague d'émotion en moi, mais je sais que ce n'est pas le cas. J'ai été à un croisement des chemins et au lieu de choisir lequel je prendrai, je me suis assise sur le bas côté et fais une pause. Pas très futé comme choix. Et maintenant, je dois vivre avec.

Chacun de nous possède un côté sombre et lumineux, c'est l'éternel équilibre qui veut ça. Je visite autant les deux et quand on essaie d'évoluer spirituellement, il y a beaucoup de zones grises. Depuis plus de vingt-cinq ans, je « travaille » sur moi. C'est une occupation comme une autre. J'ai lu, discuté, prit des cours, expérimenté, médité, évolué, régressé, pleuré, ragé et plus. J'ai même fait une thérapie. J'ai lu sur des sujets aussi variés qu'à l'opposé; la psychologie, les rêves, l'anxiété, les peurs, la parapsychologie, les médecines douces, la méditation, les pierres … J'ai eu de magnifiques discussions avec le prêtre de mon quartier, il m'appelait sa mystique préférée. Un homme généreux qui a toujours voulu répondre à mes mille-et-une questions, peu importe le sujet. J'ai rencontré des gens merveilleux qui m'ont appris des choses et d'autres auxquels j'ai redonné ce que j'avais appris.


Il n'y a pas de « solution miracle », seulement l'expérience. Je pourrais écrire sur des dizaines de sujets, mais aucun n'est la solution d'une vie meilleure. Pour moi, c'est un ensemble de choses qui font que je suis ce que je suis aujourd'hui. Mes valeurs et croyances ont changé au cours des ans, évoluant avec moi. Je me suis remise en question des dizaines de fois. J'adore apprendre et lire, mais j'aime par-dessus tout laisser les choses faire leur chemin en moi, les mûrir les mains dans la terre. Je regarde si elles peuvent trouver leur place parmi mes croyances et ma façon de voir la vie. Il est très rare que j'accepte les choses pour vérité absolue et dans son ensemble. Il y a toujours un point qui me fait décrocher, suite à cette découverte j'applique la devise suivante : je prends ce qui est bon pour moi et je laisse le reste.


Jamais je ne dirai que j'ai une meilleure qualité de vie que quelqu'un d'autre, ni que les événements négatifs sont rares dans ma vie, ça serait mentir. Ma vie n'est pas meilleure ou pire, elle est ce qu'elle est avec ses hauts et ses bas. Elle est loin d'être parfaite, mais mon Dieu que je l'aime. Je ne changerai rien dans tout ce que j'ai vécu pour tout l'or du monde. C'est la somme de toutes les expériences, les petites comme les grandes qui ont façonné celle que je suis aujourd'hui. Je n'ai toujours pas le contrôle de mes émotions, ni de mon tempérament anxieux et à bien y penser je ne veux pas avoir le contrôle. Je suis une émotive ou une hyper sensible si vous préférez. Mes émotions sont intenses, elles me submergent tel un raz-de-marée, parfois elles me paralysent et rendent ma vie insupportable quand je visite mon côté noir. Elles me font presque voler quand je suis heureuse. Il n'y a pas de demi-mesure, je suis entière. Il m'a fallu longtemps pour accepter ce côté de moi, j'ai tout essayé pour étouffer mes émotions, pour les rendre moins vives, rien n'a vraiment fonctionné. C'est comme mettre un diachylon sur une hémorragie. Aujourd'hui, je paie le contrecoup de toutes ces années où j'ai refusé de les vivre, elles sont plus intenses, plus vives et me dévorent toute entière.

Accepter un tempérament anxieux n'est pas facile, on se voile le visage durant des années, on passe par la honte, la négation, la gène, le mensonge qui ne berne personne, la culpabilité et j'en passe. Pour se le cacher et aux autres du même coup, on développe des techniques qui sont pires que le problème initial. On compulse, et dès cet instant la roue s'installe progressivement. Elle est difficile à briser, mais on peut y arriver. Aujourd'hui, je ne compulse plus, quand je sens l'anxiété monter le bout de son nez, je m'arrête et regarde attentivement ce qui la provoque. Parfois, c'est un mot ou une phrase dite déclencheur que j'ai entendu, d'autres fois ce sont des personnes qui provoquent cette réaction, la douleur aussi, lorsque j'atteins mon seuil de tolérance... Je sais quoi faire, j'ai appris à décoder mon anxiété et son message. Je ne suis pas encore rendue au point de l'aimer, mais je l'accepte. Elle fait partie de moi depuis toujours.

Souvent, on oublie ce qu'on a appris pour plusieurs raisons. Dans mon cas, parfois c'est par paresse. Oui, je me laisse aller de temps en temps et ça peut durer longtemps. D'autres fois, on met de côté certaines choses, car elles ne sont plus utiles durant une certaine période. Et quand on en aurait besoin, on n'y pense plus, c'est l'ironie de la vie. Régulièrement, je revisite mes bouquins et me réapproprie ce que j'ai oublié. Ma réaction est toujours la même, je rigole et je me dis que je n'oublierai plus. Il est important de prendre du recul et une pause après un apprentissage quelconque afin d'éviter une surdose. On ne devrait jamais se lancer dans la lecture intensive sans prendre le temps d'assimiler la « matière ». Trop d'information en trop peu de temps peut déséquilibrer l'esprit le plus sain qui soit. J'ai vu beaucoup de gens perdre contact avec la réalité ou perdre simplement pied. Quand on fait une introspection ou une recherche spirituelle, nous allons inévitablement heurter nos croyances et nos valeurs. Nous devons prendre le temps de digérer le tout et nous ajuster. L'esprit humain est merveilleux, il peut accomplir de grandes choses, mais il est tout aussi fragile. Son équilibre est précaire et nous devons le respecter en tout temps pour notre bien personnel.

Il y a eu un commencement à tout cela, à toute cette recherche de réponse. Non, je n'ai pas eu une enfance malheureuse, bien au contraire, mon enfance fut fantastique avec des parents géniaux. Je remercie la vie tous les jours pour les parents que j'ai. Ils sont ouverts et aucun sujet n'est tabou à la maison. Nous avons toujours pu aborder tous les sujets de notre choix avec ma mère, elle a toujours pris le temps de nous expliquer les choses. N'interdisant presque rien, sa phrase fétiche était : « *maintenant que tu connais toutes les possibilités de la décision que tu veux prendre, si tu décides de le faire quand même, je ne veux pas t'entendre te plaindre après* ». Elle nous a appris à être responsables des gestes et des décisions que nous prenions. Aujourd'hui, j'inculque ces valeurs à ma fille. Probablement que ma mère ne pensait pas faire de moi ce que je suis aujourd'hui, je veux dire cette personne qui désire apprendre et comprendre tout ce qui l'entoure. Après l'adolescence, j'ai élargi mes horizons, cherchant des réponses hors du cercle familial. Ce fut le décès d'un ami qui fut l'élément déclencheur majeur. Je ne pourrai dire pourquoi ce décès en particulier a ouvert une brèche en moi. Ce n'était pas le premier auquel j'avais été confronté au cours de ma courte existence, des parents proches et des amis étaient décédés, il y avait eu la maladie, accident de moto, le suicide … Mais celui-là m'a atteint d'une façon différente des autres, comme si mon âme pleurait la perte d'une partie d'elle-même. Je ne comprenais pas ma réaction ni la douleur qui l'accompagnait. C'est à ce moment que j'ai commencé à chercher. Je n'ai pas que trouvé la réponse à cette question, j'ai découvert beaucoup plus durant ma quête.

Sans que je le demande, les gens de mon entourage ont commencé à changer, je veux dire que certains sont partis pour faire place à de nouveaux visages. Des gens merveilleux qui avaient un discours, des idées, et une façon de voir la vie de façon différente sont apparus. Je suis entrée dans des boutiques où jamais je n'aurais pensé aller. Et j'ai commencé à diversifier mes lectures. Malgré tout, je n'ai jamais cessé de lire des romans, bien au contraire, j'en ai lu des centaines. Actuellement, il doit avoir plus de 300 livres de tout genre dans la maison, j'en ai donné au moins une centaine et j'en ai brûlé un. Ma relation avec les livres est une histoire d'amour. J'aime le prendre dans mes mains, l'ouvrir pour la première fois, je suis incapable de lire un livre usagé. J'adore le voyage qu'il me fait faire, la rêverie qu'il me procure ou le questionnement qui va en découler. Je ne pense pas un jour m'habituer au livre électronique, je n'éprouve pas le même sentiment d'unité quand je le lis.

Et comme la plupart des gens, au début j'étais pressée d'avoir des réponses. On veut tout savoir tout de suite. C'est la pire idée qu'on peut avoir, c'est douloureux, comme on dit « on se brûle les ailes ». On pense, dans notre ignorance, qu'il existe des raccourcis. On n'écoute pas les conseils des gens qui ont de l'expérience en se disant qu'ils ne sont pas nous. C'est presque toujours la première leçon, l'humilité. Admettre qu'on a eu tort, que c'est l'orgueil qui a pris le dessus n'est jamais facile et pour certains c'est carrément impossible. Mais si on réussit à passer ce premier « test », l'univers qui s'ouvre à nous est fantastique. Il en vaut vraiment la peine. Je me suis brulé les ailes à quelques reprises, pour mille-et-une raisons, et je vais probablement me les bruler encore. Ce n'est pas que je n'apprends pas, je suis trop curieuse et passionnée. Lorsqu'un sujet me captive, j'ai tendance à aller chercher le maximum d'informations en un laps de temps assez court. Je lis, me documente et ne pense qu'à ça jusqu'à ce que les signes précurseurs se présentent. Quand je respecte ces signes, j'arrête temporairement ma quête, du moins je me bats avec moi-même durant un certain temps. Et je reprends quelque temps plus tard. Si par mégarde, je suis trop concentrée sur mes recherches et ne vois pas les signes ou les ignore, je vais payer le prix fort.

Il y a des leçons qu'on retient mieux que d'autres, pas parce qu'elles sont plus grandes que les autres, mais bien par la façon dont on les apprend. De petites leçons peuvent faire une grande différence dans notre vie. Et parfois, la vie doit s'acharner plusieurs fois afin que nous comprenions. J'appelle cette expérience « avoir le Titanic dans sa cour ». Et quand il est là, je le bichonne jusqu'à que je retienne bien ce qu'il a à m'apprendre pour ensuite je le laisser partir. Il est important qu'il ne revienne pas me revoir pour les mêmes raisons. J'ai aussi réalisé que lorsque nous pensons avoir compris et appris et que nous disons ne plus nous laisser prendre, la vie va automatiquement nous tester pour voir si nous disons vrai. Je me suis surprise à retomber dans le panneau plus d'une fois, à chaque fois j'ai affiné mon jugement et mes pensées. Pour enfin pouvoir passer mon chemin lorsque la vie m'a retenté pour la dernière fois.

Ma vie amoureuse fût et est à mon image, pleine de surprises et d'apprentissages. Au fil de mes relations, j'ai connu plusieurs visages de la vie à deux. Il y a eu, l'alcoolique actif, le toxicomane, l'alcoolique abstinent, la manipulation, le mensonge, l'infidélité, la violence verbale et physique, le viol, l'indifférence, la possessivité maladive, la jalousie excessive, le profiteur, et j'en passe. J'ai été détruite autant de fois qu'un chat a de vies. Je me suis toujours reconstruite. J'y ai laissé des plumes et j'en ai gagné d'autres. J'ai vu mon être éclater et les morceaux partir à tout vent. Il y a des cicatrices qui sont plus profondes que d'autres, elles ne sont plus douloureuses. Elles sont là pour me remémorer ce que j'ai vécu, ce que j'ai vaincu et ce que j'y ai gagné. Je ne suis pas plus craintive face à l'amour, je me laisse encore submerger par mes sentiments à la différence que maintenant je suis une amoureuse lucide. Même si je suis follement amoureuse, je vois l'autre tel qu'il est. Et c'est probablement ce qui m'a sauvé, ma lucidité.

Actuellement, je suis en pause et j'en profite pour mettre par écrit tout ce que j'ai pu apprendre au cours de ma vie. J'ai expérimenté et vécu tout ce qui est dans ce livre. Je n'ai pas romancé les choses ou évènements, c'est la vérité toute crue. Ma vérité, la façon dont j'ai vécu et perçu les choses, les analyses que j'en ai faites et les leçons que j'en ai tirées. Je suis certaine que les personnes qui ont croisé mon chemin ont une vision différente et c'est la beauté de la chose. C'est cette unicité qui fait de nous des êtres magnifiques. Nous sommes 8 milliards sur la planète, ce qui veut dire 8 milliards de façons de voir les choses, de les comprendre, de les interpréter, 8 milliards de vies différentes même si elles ont des points communs et des ressemblances.

J'aime mon imperfection, ma curiosité, mes erreurs. J'aime me questionner, apprendre et comprendre la vie et les gens autour de moi. Avec le temps, j'ai appris à m'assumer (mot très à la mode par les temps qui courent, mais peut compris), c'est-à-dire; admettre qu'on a dit ou fait une chose qui n'est pas à notre avantage, prendre la pleine responsabilité de nos actes, agir en fonction de nos croyances et de nos désirs, arrêter d'arrondir les coins et se respecter soi-même avant les autres. C'est aussi « subir » les conséquences de nos paroles ou gestes. Pour moi, c'est ça s'assumer. J'ai aussi appris que je suis la seule responsable de ce qui m'arrive, les autres sont des déclencheurs ou des accessoires. Mon but n'est pas la perfection, loin de là, il est d'être en harmonie avec moi-même. La seule chose que je pourrai ne jamais fuir c'est moi, donc je suis mieux de m'apprivoiser et être capable de vivre avec moi-même. C'est mon seul objectif.

# Mes croyances et la religion

Je me permets de mettre les choses au clair immédiatement avant d'écrire sur mes croyances personnelles. Je refuse de prendre part à toute cette vague d'accommodement raisonnable d'idéologie religieuse. Je suis québécoise et malgré tout ce qui peut se dire et être écrit de part et d'autre, la culture et l'histoire du Québec sont étroitement liées avec l'Église catholique romaine. Renier cette partie de mon héritage culturel revient à renier mes racines québécoises. Je ne dis pas que la religion catholique est la meilleure au monde, je dis juste qu'elle fait partie de ma culture et du patrimoine de mon coin de pays. Je ne suis ni pour ni contre la religion. Je suis simplement consciente qu'elle fait partie intégrante de notre histoire en tant que peuple et la banaliser serait comme amputer une partie de l'histoire de mes ancêtres et pionniers de ce pays. Des atrocités ont été commises à travers le monde durant des siècles au nom de la religion et sont encore commises aujourd'hui, mais de grandes choses ont aussi été réalisées en son nom.

## La religion catholique

Mon éducation religieuse a été comme celle de milliers de gens, je suis de religion catholique. Mes parents ne sont pas pratiquants et ne m'ont jamais imposé de religion en particulier. J'ai été baptisée comme 95% des Québécois avant les années 1990 et j'ai reçu mes sacrements durant mes années d'école primaire. À vrai dire, c'était très simple puisque mes parents ne fréquentaient pas l'église. Parfois, ma grand-mère maternelle m'y envoyait. À l'école, nous avions des cours de catéchisme une fois par semaine, ils étaient plaisants. Avec mes yeux d'enfant, je voyais les histoires racontées par le professeur comme des contes, au même titre que cendrillon. Elle ne parlait que de belles histoires, disant qu'un homme avait créé une pêche miraculeuse, changé l'eau en vin, marché sur l'eau ... exactement comme le ferait un magicien ou une fée marraine dans un conte pour enfants. De plus à chaque fois, nous devions dessiner une partie de l'histoire comme dans les cours d'art plastique. Tout pour me plaire. Comme la plupart des gens de ma génération, je me suis détournée de la religion à l'adolescence. Choisissant de suivre des cours de morale au lieu de la religion.

Ma vision de la religion n'a pas changé due à ce choix de cours ou du fait que mes parents ne sont pas pratiquants. C'est la curiosité qui a apporté ce changement et aussi le fait d'avoir 2 choix seulement : le paradis ou l'enfer. Je n'aimais pas l'idée que ma religion soit si répressive. La menace n'a jamais eu d'emprise sur moi donc ce n'était pas pour m'aider. Encore aujourd'hui, j'ai de la difficulté à concevoir que des personnes disant porter le message du « messie », qui est un message d'amour, de pardon et de partage, me font du chantage et des menaces. Ils rendent ce discours très négatif. Il ne faut pas se leurrer, ce n'est pas la religion le problème, mais l'interprétation et l'utilisation de celle-ci qui lui porte préjudice. Si mes souvenirs sont bons, jamais « Jésus » n'a parlé d'enfer. Il n'a jamais menacé personne avec cette punition. Il est venu pour racheter nos pêchés, nous apprendre à nous aimer et pas à nous détester. Je ne pense pas qu'il aurait voulu d'un peuple maintenu dans l'ignorance dans un but mercantile.

Mon église a été la première à ne pas respecter ses propres commandements. Si la tête dirigeante d'un mouvement ne respecte pas les règles qu'elle a fixées. Il est normal que ses adeptes ne le fassent pas.

Voici les 10 commandements avant que Constantin impose la religion chrétienne comme religion d'État au V$^{\text{le}}$ siècle :

1° je suis l'éternel ton dieu.
2° tu n'auras pas d'autres dieux que moi et donc, tu ne feras pas de sculpture à l'image de ce qui est dans le ciel, sur la terre ou sur les eaux, et tu ne te prosterneras pas devant elles, car je suis un dieu jaloux.
*retiré afin de pouvoir faire des milliers d'images (icônes) et de statues dans un but mercantile*
3° tu ne prononceras pas le nom de ton dieu à l'appui du mensonge.
4° observe le jour du shabbat, pour le sanctifier.
5° Honore ton père et ta mère.
6° Tu ne tueras point.

7° Tu ne commettras point l'adultère.

8° Tu ne voleras point.

9° Tu ne porteras pas de faux témoignage contre ton prochain.

10° Tu ne convoiteras pas la femme, la maison, le champ, le serviteur, la servante, le bœuf, l'âne, bref : rien de ce qui appartient à ton prochain.

Avec les croisades et l'inquisition, l'Église catholique a bafoué les commandements suivants : ne pas prononcer le nom de Dieu à l'appui de mensonge, tu ne tueras point, ne pas commettre l'adultère (on sait tous pour les viols commis envers les conquis), tu ne voleras point, pas de faux témoignage et ne pas convoiter les biens des autres. Pas très reluisant pour une organisation qui me menace d'aller en enfer si je ne respecte pas les commandements. Je me demande combien de papes et membres du clergé sont en enfer.

Mes années d'études collégiales ont accéléré le processus de réflexion. J'ai fait des études en art et en histoire. La naissance de la religion catholique fut naturellement évoquée au même titre que tout grand changement historique. Apprendre que l'empereur Augustin s'est approprié la religion catholique pour empêcher son empire de se morceler, prendre les fêtes païennes et les ajouter au calendrier catholique et leur donner une saveur religieuse est d'une hypocrisie sans nom. De plus, il en était la tête dirigeante. Les papes sont arrivés lentement pendant la chute de l'Empire romain et la scission avec le judaïsme. Je comprends les millions de personnes qui croient en la religion catholique ou en toute autre religion. J'ai eu des discussions géniales avec des personnes croyantes. L'une d'elles avait un regard critique malgré ses croyances. C'est elle, qui la première m'a parlé des conciles, me disant que la bible fut épurée à plusieurs reprises, que la nature divine de la vierge a disparu et que Jésus a perdu son unicité pour devenir un être double, une partie humaine et une partie divine distincte. Il est difficile de savoir quelle était l'histoire de départ. Je n'aime pas qu'on me mente.

J'ai aussi discuté souvent avec le prêtre de ma paroisse. C'était un homme génial et d'une grande générosité. Nous avons eu des discussions à cœur ouvert. Il me disait exactement ce qu'il pensait et non ce que l'église lui dictait de me dire. Nous savions tous qu'il était amoureux d'une femme et je trouve aberrant qu'un employeur empêche ses employés de vivre avec la personne qu'ils aiment. Ce droit leur fut enlevé au concile de Latran II, en 1139. Au fil des ans, il avait perdu la foi, disant que Dieu ne lui répondait plus. La pauvreté et la haine que les hommes se portent entre eux ont eu raison de sa foi. Il a continué à célébrer la messe jusqu'à sa retraite, effectuant son travail avec passion. Je me souviens lui avoir déjà demandé pourquoi nous avions besoin d'un diable quand Dieu pouvait nous détruire par colère. Il s'est mis à rire et m'a demandé à quoi je pensais précisément. Et ma réponse l'a surpris un peu. Je lui ai parlé de l'arche de Noé tout simplement. Je lui ai dit : « Dieu a anéanti tous les hommes à l'exception de Noé et sa famille. La raison de ce génocide; ils utilisaient leur libre arbitre. Si par colère, il peut tout détruire, je ne vois pas l'utilité du diable. » Il m'a dit ne pouvoir apporter d'argument contredisant ce que je venais d'affirmer. Nous avons continué notre conversation sur cette lancée. Il y a plusieurs questions qui sont restées sans réponse, il comprenait que je ne désirais pas dénigrer Dieu avec mes multiples questions. J'essayais juste de comprendre certaines choses qui m'ont toujours dérangé dans la religion. Je suis cartésienne et je m'assume. Il m'appelait affectueusement sa mystique préférée.

Si vous saviez le nombre de questions que j'ai pu lui poser, c'est incroyable. Sa patience avec moi a toujours été infinie ainsi que son plaisir de me parler. Jamais il ne m'a jugé ou m'a dit que mes interrogations n'avaient pas leur raison d'être. Il a répondu avec honnêteté en se basant sur sa religion et son expérience d'une quarantaine d'années à la tête d'une paroisse. J'ai poussé l'audace jusqu'à lui demander si nous étions vraiment faits à l'image de Dieu, car si c'était le cas, il a des qualités et des défauts comme moi, qu'il est parfait dans son imperfection. Il disait souvent que c'était rafraîchissant d'être avec moi et de partager comme nous le faisions. Avec moi, il avait des conversations qu'il n'aurait jamais eues avec ses autres paroissiens. Ils étaient conquis d'avance et moi pas. Il est décédé il y a peu de temps et je peux vous dire qu'il me manque. J'aurais encore des milliers de choses à lui dire.

Depuis que j'ai quinze ans, je récite « Le Notre Père » avant de dormir. J'ignore pourquoi j'ai commencé à le faire, mais je sais qu'il fait partie intégrante de ma vie. Quand je l'ai terminé, j'ajoute

« merci pour la magnifique journée que j'ai eue et pour la prochaine ». Même si la journée a été pénible et moche, je suis heureuse de l'avoir vécue. Jusqu'à mes vingt-neuf ans, j'étais incapable de me souvenir du « Je vous salue Marie ». J'ai eu beau la lire des centaines de fois, jamais je n'arrivais à la retenir. Et un jour, un fait bizarre est survenu. J'ai découvert en jouant avec un jeu de soixante-douze cartes de tarot que j'étais capable de prendre exactement la ou les cartes que je désirais en choisissant au hasard (je l'ai déjà fait en jouant aux cartes avec des amis). J'ai trouvé cela fascinant. J'ai appelé un ami et lui ai parlé de ce qui se passait. Il m'a demandé d'aller chez lui, ce que j'ai fait. Nous avons discuté durant des heures, puis par curiosité, il a pris son jeu de tarot et brassé les cartes. Tenant les cartes entre ses mains, face contre terre, il m'a demandé de prendre certaines cartes précises. Je les ai toutes sorties, sans exception. Nous avons beaucoup rigolé. Puis il a repris ses cartes, les a brassées de nouveau et il m'a dit : « je veux que tu sortes la carte représentant l'énergie féminine et je te garantis que plus jamais tu n'oublieras le « Je vous salue Marie ». Je lui ai répondu que c'était impossible, car je ne connaissais pas cette prière malgré le nombre incalculable de fois que je l'aie lu. C'est avec scepticisme que j'ai pris une seule carte entre ses mains. J'avais une chance sur soixante-douze et j'ai sorti la seule et unique carte féminine du jeu, « l'impératrice ». Il m'a regardé avec un grand sourire et m'a demandé de lui réciter la fameuse prière. Pour la première fois de ma vie, je la savais. Depuis ce temps, je la récite tous les soirs après avoir dit merci.

Pour plusieurs, je suis une pratiquante, car je fais mes prières chaque soir. Bien, je me moque de ce qu'ils pensent. Ça fait partie intégrante de mon rituel de coucher et j'ai bien l'intention de le continuer tant que je serai capable de le faire. Parfois, je m'endors avant de les avoir faites, d'autres fois j'ai de la difficulté à me concentrer pour les faire, mes idées partent dans tous les sens. Mais j'aime croire que ce petit moment de recueillement m'est bénéfique. La vie fait parfois des petits clins d'œil pour aider les croyances. Lors de la naissance de ma fille, je désirais qu'elle soit baptisée, mais l'hypocrisie de l'église m'en empêchait. Un soir, alors qu'elle avait environ un an et demi, j'ai demandé à la vierge de la bénir afin que j'aie la tête tranquille. Je n'ai rien précisé dans ma demande, seulement qu'elle soit bénite et j'en ai parlé a personne. Environ une semaine plus tard en allant faire des courses avec ma fille et son père, elle a fait un faux pas et elle est tombée. En s'étendant de tout son long, son front a heurté le cadre de porte en métal du magasin. Lorsqu'elle s'est relevée, elle avait une coupure au centre du front, une ligne droite de haut en bas qui a nécessité trois points de suture. Le médecin nous avait avertis qu'elle garderait une cicatrice de cet événement. Un mois après cet « accident », en jouant avec son père, elle sautait dans notre lit et elle est encore une fois tombée. Cette fois, la coupure fut horizontale dans le haut de la première. La son père m'a dit : « qu'as-tu demandé ?? ». Et je me suis mise à rire, je lui ai parlé de ma demande. Depuis ce jour, ma fille a une croix en cicatrice sur le front, preuve (pour moi) que Marie l'a bénie. Après maintes demandes de l'arrière-grand-mère paternelle de ma fille, j'ai accepté de la faire baptiser un an plus tard. J'ai choisi le monastère des sœurs Clarisse et un prêtre que je connais. L'abbé Murray n'a jamais été capable de lui faire une croix sur le front lors de son baptême. Il a dû lui faire sur le bras.


Depuis que j'ai commencé à écrire ce chapitre, j'ai réalisé qu'avec ma curiosité, j'ai appris beaucoup plus de choses sur les religions que je pensais. Je prends des notes de tout ce que je lis qui m'intéresse et j'ai retrouvé mes notes sur les religions. Il y des différences entre la religion, la religion antique et la mythologie. Pour tout le monde, incluant moi, lorsqu'il y a vénération et célébration de culte, c'est une religion. Mais je me trompais. Si l'on prend le panthéon romain, c'est de mythologie, mais le culte qui leur était voué est de la religion antique. Pourquoi faire simple quand on peut faire compliqué, pour moi ça revient au même. À chaque fois que je relis mes notes, je suis étonnée de voir que les premières traces de religion de l'humanité remontent à 3500 av. J.-C. Ça ne date pas d'hier que la religion et les croyances existent et je suis certaine que la controverse a commencé à ce moment-là. Pourtant, il y a une grande différence entre croyance et religion. Croire en quelque chose ne veut pas dire croire en la religion. L'interprétation de la religion que j'ai est très personnelle, elle ne conviendra pas à tous. Je n'y ai pas songé durant des mois ou des années, c'est venu naturellement. Longtemps, j'ai cru que j'étais une athée, car je ne croyais en aucune religion et j'ai réalisé que je ne le suis pas. J'ai des croyances différentes de ce qui est prôné par les religions en général. Ma définition de la religion est peut-être erronée ou déformée par mon côté cartésien, mais je pense qu'elle résume bien ma façon d'analyser les choses. La religion est une invention humaine pour essayer de contrôler la population. On se sert de la peur, de l'insécurité et de la naïveté naturelle de l'humain pour l'avilir.

## Les religions

Toutes les civilisations confondues ont toujours cru en un ou des êtres différents d'eux, elles les ont nommées Dieu, Déesse, demi-dieu, ange ... Ces peuples se sont éteints, mais leurs croyances sont restées, récupérées et transformées par les conquérants. Je ne dis pas que parce que des millions de personnes ont cru que je dois croire. J'ai lu tout ce que j'ai pu trouver sur les Dieux égyptiens. Cette religion a vu le jour vers 3000 av. J.-C. Elle a été vivante durant plus de 3400 ans, à vrai dire jusque vers la fin du IVe siècle de notre ère. Encore aujourd'hui, il y a des adeptes de cette religion partout autour du globe. Elle a laissé une trace indélébile sur l'évolution de la civilisation. Enflammant les esprits à la suite des découvertes archéologiques. Elle transporte l'humain vers la divinité. Et c'est la beauté de cette religion, chaque Dieu a foulé la terre. Ils y ont tous vécu. J'aime bien leur histoire. J'adore Isis, comme des centaines de personnes, mais probablement pas pour les mêmes raisons. C'est son côté « manipulateur » qui me fascine. Elle a trompé Ra pour avoir son nom secret et ainsi obtenir le même pouvoir que lui. Elle est l'équivalent féminin de Dieu. Sa ruse la rend humaine à mes yeux. C'est avec ce pouvoir qu'elle est devenue la magicienne et celle qui a pu faire renaître Osiris afin d'enfanter Horus. Au cours des siècles qui vont suivre, son culte ne cessera jamais. Elle aura sa place parmi le panthéon Grec et Romain. Pour les Grecs, elle sera à la fois Déméter et Aphrodite. Isis présente de multiples facettes et son culte prend des formes aussi bien mystiques que populaires. Symbole de l'amour conjugal et maternel, elle est une déesse secourable, dont on attend réconfort et guérison. Déesse de la fertilité et de la fécondité, nourricière, elle est aussi, comme à Alexandrie et en Grèce, la protectrice des marins et du phare. Magicienne puissante, elle fait des miracles. C'est cet aspect universel qui la fait nommer la " déesse aux mille noms " : elle est la déesse qui est toutes les déesses à la fois - sans que l'on puisse parler de monothéisme, elle est pourtant la divinité qui transcende toutes les autres. Elle deviendra par la suite la Vierge Marie. Voici ce qui était gravé en lettres sacrées sur une colonne qui serait en Arabie :

« Je suis Isis, la reine de l'Égypte, éduquée par Mercure.
Ce que j'ai institué par des lois, personne ne le désagrégera.
Je suis l'épouse d'Osiris.
Je suis la première inventrice des productions
Je suis la mère du roi Horus.
Je resplendis dans la constellation du chien
C'est pour moi que la ville de Bubaste a été fondée.
Réjouis-toi, réjouis-toi, Égypte, toi qui m'as nourrie. »

Il y a aussi une citation célèbre d'elle a Sais : « Je suis tout ce qui a été, qui est et qui sera, et mon voile, aucun mortel ne l'a encore soulevé »


En même temps que les Égyptiens, les Sumériens fondaient eux aussi leur propre religion, deux peuples, deux religions différentes. Les Sumériens avaient plusieurs dieux, mais les quatre principaux représentaient les éléments. Elle influença la Mésopotamie durant presque 3000 ans. C'est son héritage religieux qui est le plus surprenant. Nous lui devons les onze premiers chapitres de la bible. Abraham était originaire d'Ur, ville de Sumer, étant le « père » des religions catholique, judaïque et islamique, on y retrouve l'influence de ses croyances dans son récit. Il a « pratiqué » la religion sumérienne jusqu'à ses 75 ans avant d'avoir sa révélation et vénérer particulièrement « EL ». Il n'a jamais dit de renier les autres Dieux sumériens, mais d'accorder une attention particulière à EL, car il est le père des autres dieux. L'héritage sumérien est très présent dans les trois religions qui en découleront. Nous lui devons de plus; l'éden, Adam et Eve ainsi que le déluge et Noé.


La mythologie grecque a commencé vers 3000 av. J.-C. sur une île de la mer Égée, où le peuple de Crète s'est installé. L'apogée de cette « religion » se situe entre le IVe et le 1er siècle av. J.-C. Les récits des dieux grecs sont époustouflants. Pour moi, ce sont les meilleures histoires que j'ai lues. J'aime le côté humain de leurs dieux, ils ne sont pas parfaits loin de là. Zeus est un infidèle, un menteur et j'adore ça. Ils sont si humains et pourtant ils les ont vénérés. J'aime la mythologie parce qu'elle parle de dieux imparfaits, des naissances et des vies incroyables de leur panthéon. Ce sont des déités que j'apprécie. J'aurais eu moins de difficulté avec la religion catholique si elle avait gardé ce côté humain pour Dieu. Mes préférées dans les divinités grecques sont Gaia, Déméter, Hadès et Perséphone. Gaia est la terre mère, la « Déesse-mère » et l'ancêtre des dieux. Elle enfanta Ouranos (le ciel), Pontos (le Flot marin) et Ouréa (les Montagnes et les Monts). Unie à Ouranos, elle donne ensuite naissance aux Titans et Titanides (divinités de très grande taille), ainsi qu'aux Cyclopes. Pour leur histoire commune, j'aime le récit de l'amour qu'Hadès porte à Perséphone. « Hadès vit pour la première fois Perséphone en Sicile, il en tomba amoureux immédiatement. Il alla voir son frère Zeus pour lui parler de sa fille. Zeus n'osa refuser la demande d'Hadès. Donc un jour Hadès enleva Perséphone et l'emmena en enfer avec lui. Déméter, affolée, chercha sa fille partout durant 9 jours et 9 nuits. Ne la trouvant pas, elle alla trouver son frère Zeus qui se retint d'intervenir. C'est finalement Hélios qui lui dit où sa fille était. Déméter cessa de s'occuper de la terre, plus rien ne poussait. Zeus dut donc intervenir avant que la population ne meure de faim. Déméter resta sur ses positions et refusa de négocier avec Hadès. Zeus dut intervenir de nouveau et jugea que si Perséphone avait mangé durant sa captivité c'était qu'elle n'était pas si malheureuse en enfer. Après enquête, il fut découvert qu'elle avait mangé trois pépins de grenade, donc elle resterait trois mois par année avec son mari Hadès et passerait le reste de l'année avec sa mère. Trois mois par année Déméter pleure sa fille qui est sous terre, les feuilles se flétrissent, les graines ne germent plus et les arbres semblent morts : c'est l'hiver. Puis brusquement, la nature revit, c'est le retour de Perséphone. » Les divinités romaines me laissent un peu froide, j'ai l'impression qu'elles sont une pâle copie du panthéon grec. Dans le fond, c'est la même histoire, mais à saveur romaine.


Je n'ai jamais croisé une personne qui pratiquait le judaïsme. C'est peut-être pour cette raison qu'elle m'interpelle très peu. Je connais les grandes lignes de cette religion. Je sais qu'elle fut fondée par Moïse à Canaan autour du XIIe siècle av. J.-C (les Juifs diraient par Abraham). Qu'elle a un dieu unique qui répond au nom de YHWH (Yahvé) et que sa loi est la Torah. Je n'ai jamais eu le plaisir d'échanger avec une personne pouvant m'apprendre ses croyances donc elle reste, pour moi, un peu obscure. La Torah est l'Ancien Testament de la religion catholique et elle est aussi présente dans un des trois livres du Coran. Elle est le texte transmis à Moïse sur le mont Sinaï. Sa tradition orale est aussi compilée dans le Talmud. Voilà où s'arrêtent mes connaissances bien maigres sur cette religion, peut-être qu'un jour j'aurai le plaisir d'échanger avec quelqu'un ou de lire la Torah.


J'ai survolé l'hindouisme, c'est une religion qui pourrait m'intéresser avec ses centaines de Dieux et ces célébrations. J'ai hâte de me plonger dans la lecture et la recherche sur cette religion, je sens que je vais adorer lire sur leurs dieux. La religion druidique ou celtique ne m'attire pas vraiment, il est certain que je vais me documenter et l'explorer tout comme je vais le faire pour la religion maya. Il n'y a que trois religions qui sont sans fondateur et dont les autres religions découlent; la religion égyptienne, sumérienne et l'hindouisme. Toutes les autres sans exception ont été créées suite à une insatisfaction quelconque du peuple. J'aime l'évolution des croyances religieuses au fil des siècles.


J'aime bien le bouddhisme et le chamanisme. Deux religions complètement différentes, mais qui se ressemblent terriblement d'une certaine façon. Les deux prônent la recherche intérieure et l'harmonisation avec l'univers. Je pourrai même dire que j'ai des affinités avec les deux. J'ai commencé des recherches sur le chamanisme et j'ai survolé le bouddhisme. C'est la paresse qui a fait que mes lectures ne sont pas terminées. Et surtout, je me suis dispersée comme d'habitude. Je n'ai pas du chamanisme la vision féerique que véhiculent les films. J'ai le privilège d'avoir comme mentor Ashi, je sais qu'il n'a pas partagé avec moi toutes ses connaissances. Il en a gardé le principal en réserve. Il a commencé mon initiation lentement, je suis certaine que mon apprentissage s'échelonnera sur plusieurs années si ce n'est pas des décennies. Je suis à l'aise avec cette approche, elle me permet de comprendre et savourer lentement ce qu'il me dit. Un chamane est plus qu'un guérisseur, il est aussi le lien entre les vivants et le royaume des ancêtres. Il est celui par qui une partie de la tradition se transmet. Il veille sur le voile entre les deux mondes, réparant les brèches et accompagnant les mourants jusqu'au royaume des ancêtres. Il est celui par qui les liens se forment entre l'humain et son animal totem, prenant soin de tous les gens de sa tribu. Il est un herboriste exceptionnel, aimant de la nature. Il comprend mieux que quiconque la fragilité des écosystèmes et le cycle des saisons. Il est de ceux qui a mal à l'âme de voir ce que l'homme fait à la terre. Il essaie de faire prendre conscience aux dirigeants de ce monde que la destruction de la nature pour du profit pécuniaire ne pardonne pas. Il n'y aura pas de retour en arrière possible et que toute la richesse du monde ne pourra racheter, reconstruire et remplacer ce que mère nature a créé sur des milliers d'années. Nous ne pouvons pas nous prendre pour Dieu et encore moins pour mère Nature. Il pardonne malgré tout les blessures de son peuple, l'ignorance et l'arrogance des autres. Il porte sur ses épaules le fardeau de plusieurs générations. La science moderne a relégué son savoir aux oubliettes, même son peuple commence à se détourner de ses enseignements. La science peut expliquer beaucoup de choses, mais jamais elle ne remplacera l'expérience. Je ne cherche pas une religion de remplacement. Je n'en ai pas besoin. J'ai mon propre système de croyances.

## Mes croyances

Il y a une chose qui n'a jamais changé au court de mes recherches, j'ai toujours cru en une force divine, peu importe le nom qu'on lui donne. Pour moi, il est le créateur. C'est peut-être naïf de ma part de croire qu'il y a un être ou une énergie plus grande que moi. Mais je suis à l'aise avec cette croyance, elle rejoint une partie de moi qui est en paix avec cette idée. J'espère être une croyante lucide, je ne me dis pas que tout ce qui m'arrive est de SA faute ou grâce à lui. Je suis pleinement responsable de ma vie, de mes choix et des résultats de ceux-ci. Je n'ai pas besoin d'une église pour lui parler. Je vois cette force créatrice tous les jours dans mon jardin. Je suis le genre de personne qui s'émerveille devant une fleur, un papillon, un animal sauvage qui croise mon chemin ou simplement la forme des nuages. J'adore prendre le temps de regarder ce que la nature et la vie m'offrent. Je peux passer une heure à regarder les nuages changer de forme au gré du vent. Je suis de celles qui vont s'arrêter pour regarder un oiseau prendre son envol ou une abeille butiner les fleurs. La nature me fascine, elle est versatile, obéissant seulement aux lois de la physique. Elle ne se plie pas aux exigences de l'humain, lui laissant l'impression qui va la dompter, mais elle finit toujours par reprendre son cours et ses droits. Les quatre éléments sont purs, ils n'ont pas besoin de l'homme pour être. Tous ses événements n'ont pas diminué ou amplifié ma croyance en une force divine.

Mes croyances ont évolué et changé avec le temps. Je suis en harmonie avec chacune d'elles, toutes ont fait vibrer une partie de moi à leur façon. La réincarnation, vaste sujet qui trouve un écho en moi. Penser que nous sommes ici pour apprendre de nouvelles choses à chaque vie me fascine. Que des gens que nous aimons sont presque toujours autour de nous, mais dans des rôles différents, nous montrant un nouveau chemin est rassurant d'une certaine façon. Imaginer que mon âme évolue et devient plus lumineuse à chaque incarnation me séduit. Me dire que j'ai autant appris au cours des siècles dans les 2 sexes, que nous choisissons certaines épreuves afin de changer et que les moments clés de notre vie sont déterminés, peu importe le chemin qu'on prend pour me faire réfléchir. Je crois en la « vie », c'est peut-être une autre façon de nommer Dieu, mais j'aime cette façon de voir. Je me dis que peu importe le chemin que je vais prendre, je me rendrai toujours à bon port. La réincarnation et le chamanisme m'ont amené naturellement à croire à l'invisible, à l'âme, aux énergies, la lumière, l'unité des éléments.

Mes croyances sont multiples et forment un tout. Elles s'emboîtent naturellement l'une avec l'autre sans se heurter ou être en conflit. Croire seulement en Dieu est impensable pour moi, d'une certaine façon j'ai besoin de cet équilibre que me procure cette multitude. Combien de fois ai-je entendu : « intelligente et cartésienne comme tu l'es, comment peux-tu croire en ces choses si ridicules ? Il n'y a pas de preuve de l'existence de Dieu ou de toute autre divinité. » Et je réponds invariablement : « il n'y a pas de preuve du contraire ». Ma vie n'est pas basée sur mes croyances, mais sur mes désirs et mes choix. Je ne me fie pas à « eux » pour vivre ma vie. Mes croyances ont une importance, car quand ça va bien ou ça ne va pas dans ma vie, je peux toujours leur parler et me vider le cœur. Cette technique me permet de mieux voir ce qui se passe, faire le tri dans mes pensées et trouver une solution. Si j'ai besoin d'une aide extérieure quelconque, je vais aller la chercher. Ou si le besoin de parler avec quelqu'un pour comprendre certaines choses ou pour affiner mon raisonnement se fait sentir, je vais le faire. Je suis le seul maître de ma vie et j'adore ça.

# Deuxième partie

## Relations interpersonnelles

# L'amitié et l'amour

L'amitié, l'amour et les hommes de ma vie m'ont amené les plus grandes leçons que j'ai vécues. Chacune d'elles ont laissé une trace en moi, elles ont façonné ma perception actuelle des relations interpersonnelles. Elles ont changé des croyances et ma naïveté sans pour autant me rendre amère. Au contraire, chacune d'elles m'a appris tellement sur moi-même et le genre humain que j'ai su gardé ma confiance en l'autre. Je suis privilégiée, des gens merveilleux ont traversé ma vie, tous sans exception avaient quelque chose à accomplir dans mon existence. Ils ont tous rempli leur « contrat » à merveille et quand ce qu'ils avaient à m'apporter fut fait, ils ont simplement repris le cours de leur vie en sortant de la mienne. J'espère avoir pu leur apporter autant qu'ils l'ont fait pour moi. Tous m'ont fait évoluée, parfois doucement et parfois avec violence. Je ne regrette aucune d'elles et si c'était à refaire, je n'y changerais rien.

C'est à l'amitié que je pense en premier quand j'imagine ce chapitre. Le contact humain est important, voire primordial afin d'apprendre à nous connaître et évoluer. Nous venons au monde avec un caractère et une personnalité bien à nous. Notre personnalité va s'affiner avec le temps, mais l'essentiel est déjà là à notre naissance. Nous avons besoin de ce contact et cette interaction pour nous définir. C'est cette nécessité qui a créé les réseaux sociaux que nous avons aujourd'hui et tous les modes de communications dont nous sommes tous friands. L'humain n'est pas fait pour vivre isolé, il doit impérativement socialiser afin de maintenir son équilibre. Avec tous ses outils, nous perdons lentement le plaisir des rencontres réelles, celle de se réunir pour partager des moments privilégiés.

Dans toutes les sphères de ma vie, les gens vont et viennent. Il est très rare que des personnes demeurent pendant une longue période de temps dans mon entourage. Il y a des exceptions, mais elles sont rares. Parfois, j'ai l'impression que je n'ai aucune stabilité, je crée des liens facilement sans pour autant m'attacher à la personne. Je vais l'aimer, l'apprécier, l'accepter tel quelle est, mais je sais qu'un jour nos chemins vont se séparer et je vais la laisser partir. Je ne suis pas une solitaire pour autant, j'ai simplement appris que chaque être humain est libre et la pire chose que je pourrais faire est de l'attacher à moi. Ne pas respecter la nécessité de poursuivre notre route individuelle irait a l'encontre de mes valeurs. La retenir ne ferait que freiner son évolution et l'empêcher de vivre des expériences magnifiques. Je ne dis pas non plus que ce fut toujours facile de les laisser partir, pour certain ce fut naturel, lentement les contacts se sont espacés pour cesser, avec d'autre ce fut des coupures radicales et il y a ceux avec qui j'ai encore des contacts sporadiques. Tous, sans exception, ont eu une place dans ma vie et de l'importance. Chacun fut traité avec tout le respect, l'intégrité et l'amour qui m'habite.


## L'amitié

Il y a les amis d'enfance, ceux avec qui ont joue durant nos années préscolaires. Je n'ai pas de souvenirs d'eux, aucun n'est resté dans ma vie. Ayant déménagé juste avant mon entrée à l'école, mon cercle d'ami a changé. Je me suis adaptée rapidement à mon nouveau quartier, oubliant mes amis d'avant. Je suis une personne dite « sociale », je ne parle pas seulement à une seule personne, je ne limite pas mes relations. J'ai toujours été ainsi faite. Au primaire, je ne peux dire que j'ai été avec une seule personne en particulier. Je jouais avec tous les autres élèves de ma classe. Avoir une « best friend », je ne connais pas. À vrai dire, il y a eu une personne que j'ai appréciée plus que les autres au primaire, mais ça a duré un temps. J'ai eu ma première leçon et je m'en souviens comme si c'était hier. J'avais une copine que j'aimais plus que les autres, nous étions presque toujours ensemble à l'école et en dehors. Ça a duré environ deux ans. Au primaire dans mon temps, l'intimidation était différente. Une personne devenait en « chicane » avec vous pour une niaiserie et elle ralliait toute la classe contre vous pour un certain temps. À vrai dire jusqu'à ce qu'elle « décide » d'être votre amie à nouveau. Et ça s'est produit pour ma copine de l'époque, elle fut en chicane avec toute la classe sauf moi. J'avais décidé qu'elle était mon amie et que par loyauté je resterais solidaire. Donc durant un certain temps toute la classe nous a ignorées. Puis les choses sont revenues à la normale. Mais un temps plus tard ce fut moi qui mise à l'écart pour quelques jours. Et a ma grande surprise, elle n'est pas restée avec moi, choisissant d'être avec le groupe, reniant du coup notre amitié. Je sais aujourd'hui que cet événement a pris des proportions énormes dans ma vie d'enfant. Je ne comprenais pas que mon amie ne fasse pas le même choix que moi. La blessure m'a hantée longtemps, aujourd'hui étant adulte, je comprends la nature de ma réaction, je me suis sentie trahie. À partir de ce jour et pour les trente années qui ont suivi, je n'ai jamais eu une seule relation d'amitié privilégiée. Il y a toujours eu plusieurs personnes dans mon entourage en même temps. Réaction exagérée, peut-être, probablement, mais un enfant ne voit pas les choses sous le même angle qu'un adulte. J'ai compris des années plus tard en lisant un livre que ce qui m'était arrivé jeune avait ouvert en moi une blessure d'abandon et de rejet. Aujourd'hui, je peux remercier cette personne pour le cadeau qu'elle m'a fait. Car depuis que j'ai découvert la blessure, j'ai fait du chemin et me suis apaisée.

Mon entrée à l'école secondaire est à l'image de ce que seront mes amitiés futures. En moins d'un mois, j'avais changé de cercle d'ami, j'ai délaissé les relations de mon primaire pour de nouvelles. J'ai aimé ces années, j'ai rencontré des ados géniaux qui sont devenus pour la plupart des adultes fantastiques. Quand je pense à cette période de ma vie et surtout à eux, un sourire me vient automatiquement aux lèvres. Je ne peux pas dire qu'une personne en particulier me vient à l'esprit quand je pense à cette époque. Mes souvenirs sont emplis de soirées passées à écouter de la musique et de discussion animée à refaire le monde. Comme le font tous les adolescents. Il y a ces journées ensoleillées passées au parc a rigolé et tous ces moments privilégiés que j'ai passé avec eux. Parfois, je les croise, je les revois et à chaque fois c'est un plaisir de leur parler. Puis au cégep, j'ai fait une des plus belles rencontres de ma vie. De plus, mon amitié avec lui est une des rares à avoir traversé le temps. Il a une place bien à lui dans ma vie. Même si nous ne vivons plus sur le même continent, que nos « rencontres » sont rares, nous sommes restés en contact. Il a apporté dans ma vie un regard différent, une perception humoristique des événements. Il ne le sait peut-être pas, mais il a changé beaucoup de choses en moi, il a été comme un souffle nouveau. Il est la première personne intègre qui a croisé mon chemin. Avec lui, il n'y avait pas de faux semblant, il a toujours dit les choses telles quelles sont et qu'il les perçoit. J'ai appris de lui à être moi-même et c'est une des plus belles choses que quelqu'un a faites pour moi.

Je suis embarqué dans la vie adulte avec plaisir, ayant choisi de travailler avec le public, mon cercle de connaissances a pris des proportions énormes. J'ai côtoyé des gens de toutes les sphères de la société; des travailleurs, des politiciens, des médecins, des avocats, des artistes ... Plusieurs ont déclenché en moi de nouvelles pistes de réflexion, m'apportant de nouveaux points de vue. C'est durant les premières années de mon commerce de lettrage que j'ai fait une des plus importantes rencontres de ma vie. De celle-ci ont découlé plusieurs changements majeurs dans mes valeurs, mes croyances et mon intérieur. J'adore cette personne même si elle a un chemin différent du mien, nous nous croisons rarement malgré le fait que nous demeurons dans la même ville. Sa patience, son écoute, ses enseignements et son amitié m'ont permis de me connaître et de prendre mon envol. Il est arrivé à un moment clé de ma vie, j'étais ouverte à ce qu'il avait à m'apprendre. Il a tracé la voie et je l'ai suivi. C'est un chemin que je n'ai jamais quitté depuis. Il m'a donné le cadeau d'une vie à une époque où ce n'était pas monnaie courante de prendre ce chemin. Il a été un guide, un ami et un mentor. Avec cet homme, j'ai eu des discussions des plus édifiantes, des rires et du plaisir. Grâce à lui, des personnes fantastiques et généreuses ont fait leur entrée dans ma vie. Si je suis devenue la femme que je suis, c'est en partie grâce à lui. Une amitié comme la sienne est précieuse et il n'y en a pas beaucoup au cours d'une vie.

Nos rencontres et rendez-vous téléphoniques se sont espacés jusqu'à ce qu'ils deviennent fortuits. Durant cette même période, mon cercle d'ami à complètement changé encore une fois, cette fois-ci je n'étais plus l'élève, mais je redonnais ce que Frank m'avait appris. Et c'est ainsi que la roue à commencer, alternant l'enseignement et l'apprentissage. Je garde un excellent souvenir de cette période de ma vie qui s'étend sur une période d'environ 10 ans. Et pour la première fois de ma vie, ce sont deux femmes qui m'ont marquée. Elles ont apporté chacune quelque chose de spécial à mon évolution. Un côté féminin, un équilibre qui me faisait défaut. L'une d'elles m'a suivi dans mes délires les plus fous et elle le fait encore. Elle a été et est comme une bouffée de fraîcheur dans mon tumulte, j'aime sa joie de vivre, sa façon de voir la vie, son sourire toujours aussi lumineux, mais par-dessus tout, j'aime sa lumière intérieure. Nos chemins se sont séparés et recroisés pour une nouvelle aventure (ce bouquin). Elle a toujours cette place bien à elle dans mon cœur et chaque fois que je pense à elle, je ne peux m'empêcher de sourire. Mes souvenirs sont emplit de rires, de sourires, de conneries, de discussions et de cette certitude qu'elle sera toujours aussi belle a l'intérieur qu'a l'extérieure. Merci d'avoir croisé mon chemin et avoir été ma préférée.

La perle de mon univers est ma « chum », ma complice, ma confidente, ma psychologue a ses heures. Celle avec qui je partage presque tout, mes joies, mes peines, mes incertitudes ... Et elle fait de même avec moi, c'est une relation saine et durable. Autant nous rigolons, autant nous pouvons avoir des discussions profondes sans censure, chacune aidant l'autre à voir plus clair en elle-même. Nous sommes le phare dans la tempête de l'autre. Nos prises de conscience sont généralement teintées d'humour et de franchise. Parfois je me dis que je dois avoir une bonne étoile pour que la vie l'ait mise sur mon chemin. Elles font partie des gens que je détesterai laisser partir.

Puis la maladie a fait son apparition emmenant avec elle, les personnes parfaites pour cette période spéciale de mon cheminement. Deux de ces amitiés sont virtuelles, malgré la distance qui nous sépare et des fuseaux horaires différents. Nous sommes parvenues à créer une amitié qui est géniale et réelle. Nous pouvons nous écrire à toutes heures du jour, laissant à l'autre le loisir de répondre selon sa disponibilité. Souvent, nous nous donnons rendez-vous pour nous parler via les réseaux sociaux. Ces discussions peuvent durer des heures, tous les sujets possibles y sont passés. Elles connaissent mon histoire et font toujours partie intégrante de ma vie. J'aime regarder tout le chemin que nous avons parcouru ensemble. Elles m'ont donné un soutien inébranlable quand j'en ai eu le plus besoin. J'espère avoir pu leur apporter autant qu'elles l'ont fait pour moi. Elles ont été la lumière au bout du tunnel. Durant l'été de l'hormono-suppression, un voisin est devenu un ami, un grand ami. Sa joie de vivre, sa disponibilité, son humour, son écoute et surtout sa vigilance ont fait en sorte que je suis toujours de ce monde. Il a été la à ce moment précis où l'on bascule, celui ou plus rien n'a d'importance, m'offrant avec un sourire une porte de sortie avec son amitié et son soutient. Il a su me comprendre et partager avec moi son vécu, sans artifices. Se mettant à nu et vulnérable autant que je l'étais. Il m'a donné ce petit quelque chose dont j'avais besoin à ce moment et ma reconnaissance envers lui est immense. Je veux simplement lui dire : « merci de m'avoir sauvé de moi-même ».

## L'amour

Pendant plus de deux semaines, j'ai cherché comment aborder ce sujet. J'ai essayé plusieurs formulations et approches sans jamais être satisfaite. Aucune ne correspondait à ce que je veux dire. C'est un sujet qui a été traité de toutes les façons possibles et imaginables. On pourrait presque dire qu'il est surexploité. Pourtant, on ne peut vivre sans. Là, j'entends déjà les gens dire, oui je peux, je vis seul et je suis bien. L'amour n'est pas seulement dans la vie de couple, il est omni présent dans les liens familiaux et amicaux, mais le plus important est celui qu'on éprouve envers soi-même. Il est important de s'aimer, c'est primordial. Nous ne pouvons pas demander aux autres de nous donner ce que nous ne nous donnons pas. Je ne dis pas de devenir narcissique, mais un minimum d'amour personnel est toujours nécessaire. Si nous jugeons qu'il nous est impossible de nous aimer nous-mêmes, nous allons nous retrouver dans des relations non saines. Nous allons être à la merci de l'autre, devenant esclaves de l'amour qui nous sera dispensé. Voguant d'une relation à l'autre, répétant toujours les mêmes schémas. La solitude nous pèsera, elle sera source d'angoisse et d'une course effrénée vers les relations non viables. L'échec est prévisible et la roue continuera. Peu importe la personne qui se présentera, la peur sera plus forte que la raison et une nouvelle relation naîtra. Jamais nous ne serons heureux et le blâme se fera facilement sur l'autre. Rejetant sur lui (ou elle) l'échec de la relation. Nous dirons qu'il ne nous comprenait pas, qu'il n'était pas attentif à nos désirs, qu'il ne nous correspondait pas ... Tout sauf la vérité, nous étions dépendants de lui parce que nous ne nous aimons pas.


Mes relations n'ont pas toutes été saines, loin de là. Durant une grande partie de ma vie, j'ai eu ce qu'on appelle le syndrome « de la sauveuse ». Cela m'a pris des années à comprendre que la seule personne que je peux sauver est moi et non eux. De toute façon, ils ne désiraient pas être sauvés. Je n'ai pas perdu de temps contrairement à ce que l'on peut croire. Elles m'ont amené vers un cheminement et une prise de conscience qui m'a été bénéfique. J'ai toujours pris un temps d'arrêt entre chaque relation, fessant mon deuil afin de ne pas poursuivre la même relation sans en être consciente. Lors d'une certaine rupture, j'ai regardé les hommes qui ont traversé ma vie, ceux qui ont eu un impact. Ils sont peu nombreux. J'ai vu leur point commun, j'ai pris du recul et me suis questionnée sur ce qui m'attirait vers eux. Et j'ai compris que j'attirais les alcooliques ou dépendants de toute sorte parce que je les comprends. Je comprends le fonctionnement de leurs pensées, ils le sentent et viennent vers moi facilement. Je les attire encore et ça sera toujours le cas, le fait que je les comprenne ne changera pas. À la différence que maintenant, je ne me laisse plus attendrir par leur côté victime.


Mon premier vrai amour a duré presque toute ma vie adulte malgré le fait que nous nous soyons fréquentés durant environ cinq ans. C'est la seule fois où je suis partie étant toujours amoureuse. Je l'ai adoré, mais un avenir avec lui était impossible. Une vie d'alcool et de drogue n'était pas pour moi. J'étais assez consciente pour m'en apercevoir. J'ai passé mon adolescence avec lui et mon début de vie adulte. La décision de partir ne s'est pas prise à la légère, j'y ai réfléchi durant des mois. Je savais que ses priorités étaient différentes des miennes et malheureusement non conciliables. Puis un jour une situation particulière, impliquant un client et ses enfants, est survenue à mon travail. La première chose à laquelle j'ai pensé à ce moment précis est qu'un jour ça serait moi dans cette situation. J'ai su exactement ce que je devais faire, le quitter. J'ai eu mal et j'ai pensé à lui des centaines de fois durant les décennies qui ont suivi. Son décès a mis fin à toutes ces années de rêves, d'espoir et de batailles intérieures. Le jour de son enterrement, j'ai dit à un ami commun : « ça fait mal ». Il m'a répondu avec un sourire : « je sais ». C'est à ce moment précis que j'ai réalisé que je n'avais jamais cessé de l'aimer. Mon ami l'avait compris bien avant moi. Durant toutes ces années, je l'avais mis dans un coin de mon cœur et ma tête sans y prêter attention. Je n'avais pas fait mon deuil de « nous ». Ça m'a donné un grand coup, me déboussolant pour un certain temps. Je ne regrettais pas mon choix, loin de là. Mais ça m'a permis de comprendre mon cheminement amoureux qui a suivi.

Au début de la vingtaine (deux ans plus tard), j'ai rencontré un homme qui m'a séduite rapidement. J'ai été attiré par sa nonchalance et son côté « victime ». Nous n'avons jamais eu de relation sérieuse, nous fréquentant de façon sporadique. Nous avons passé des vacances dans le sud qui ont été pratiquement catastrophique. Nous n'étions pas faits pour vivre ensemble, tout nous séparait. De plus l'amour, le vrai n'était pas au rendez-vous, ce que j'ai compris plusieurs années plus tard. Malgré ces vacances nébuleuses, nous avons continué de nous voir durant quelque temps. Jusqu'au jour où nous nous sommes croisés et avons continué notre chemin. Environ trois mois plus tard, je me suis rendue à un événement musical dans son patelin. J'espérais le revoir, lui parler, avoir de ses nouvelles. Mon but n'était pas de reprendre notre aventure, je voulais passer un bon moment avec nos amis communs et lui. La soirée ne s'est pas déroulée comme je le pensais. Lors ma rencontre avec nos amis, la première chose qu'ils m'ont dite a été : « salut, sais-tu qu'il est décédé dans un accident de voiture la nuit dernière ? ». Mon univers s'est écroulé, il y avait une foule autour de moi et pendant trente secondes le silence a été total en moi. Comme si la terre s'était arrêtée. Pendant des années, j'ai pleuré, un ami et un amant. J'ai cru être amoureuse de lui. Je me suis menti, ne voulant pas voir qu'en réalité, je cherchais l'autre en lui. Ils étaient différents, mais avec chacun d'eux une relation durable était impossible.


J'ai rencontré mon ex-mari lors de cette période trouble de ma vie. Il était la somme des deux autres. Il savait me faire rire, me séduire et me troubler comme le premier et venait cherche mon côté « sauveuse » comme le second. Mes faiblesses étaient ses forces et mes forces ses faiblesses. J'ai passé de magnifiques moments avec lui. Durant tout le temps de notre union, je n'ai rien à redire, aucun reproche, tout a été parfait. Jamais nous n'avons eu un mot plus haut que l'autre, aucune argumentation ou désaccord. L'homme parfait jusqu'au jour où il m'a annoncé qu'il me quittait. Il m'a détruite avec une seule phrase. Mon deuil fut douloureux et long. J'ai cherché à comprendre pourquoi. Comprendre pourquoi l'appel de la drogue avait été si fort pour lui. Je n'étais pas prête à le laisser partir, mais je ne voulais pas d'une vie avec un toxicomane. Le plus difficile n'a pas été d'accepter la rupture, mais de revenir sur la parole que j'avais donnée en l'épousant. Lorsque je prends un engagement, je le fais jusqu'au bout. Et il venait de frapper de plein fouet dans mes valeurs les plus profondes. Lors de cette rupture, il n'y pas que mon couple qui a été détruit, mes valeurs et ma confiance l'ont été aussi. De plus, je perdais mon boulot. Nous avions un commerce ensemble et il était impossible que la relation d'affaire se poursuivre. Pour être honnête, ça m'a pris des années à m'en remettre totalement. Je me suis reconstruite lentement, j'ai repris ma vie en main. Ma confiance est revenue et mes valeurs sont sensiblement les mêmes. J'ai plus de souvenirs de l'après-rupture que de la relation en tant que telle. Ce n'est pas parce que la rupture ne s'est pas faite dans l'harmonie que je me souviens plus de cette période. C'est simplement parce qu'elle a apporté un grand questionnement en moi, elle m'a obligé à regarder au plus profond de moi, dans ma noirceur et d'accepter ce que j'y ai vu.

Le père de ma fille m'a appris de grandes choses. Nous avons chacun notre vérité sur la relation que nous avons eue et c'est parfait ainsi. Chacun voit les événements avec sa compréhension et son analyse propre. Il n'a pas été un grand amour, ça, je le sais. C'était un amour confortable, pas un qui chavire ou qui nous fait vibrer. Un qui est « correct », un qui est rassurant jusqu'à un certain point. Durant quatorze ans j'ai évolué à l'extérieur de ma vie de couple. Trouvant ce donc j'avais besoin pour mon équilibre en dehors de la maison, avec les amitiés que j'ai développées durant cette période. Nous sommes restés ensemble pour de mauvaises raisons. Nous avons placé le bonheur de notre fille avant le nôtre. Lors de notre séparation, même l'amitié n'était plus possible, nous l'avions épuisée à force de rester ensemble. Probablement qu'il dirait qu'il a perdu quatorze ans de sa vie, moi je pense plutôt que j'ai eu quatorze belles années quand même. Ni l'un, ni l'autre n'avons écouté nos instincts, durant ma grossesse j'ai fait ses bagages, cinq fois. Et il a sûrement pensé les faire autant de fois au cours des ans. Il aura fallu la maladie pour qu'enfin nous passions à l'acte. Lui m'a annoncé qu'il me quittait pendant mon traitement, je lui ai seulement demandé d'attendre que je me remette sur pied. Quand tout fut terminé, j'ai réalisé que je regardais ailleurs, ce qui n'est pas dans ma nature. Lorsque je suis amoureuse, les autres hommes n'existent pas. Et la je me suis surprise à regarder de près. J'ai compris que le deuil de notre relation s'était fait en même temps que le deuil de plusieurs choses durant la maladie. Je lui ai donné comme cadeau d'anniversaire sa liberté. L'après-relation est à la hauteur de la relation et non surprenante. Ça m'a pris une éternité à comprendre la « raison » de cette relation, je dois faire mes choix pour moi, me respecter et suivre mon instinct.


Celle d'après n'est pas celle dont je suis la plus fière. L'amour, je ne sais pas, mais l'attirance sexuelle, ça oui. J'ai pris cette relation sérieusement, voulant construire. Me fermant les yeux, un peu trop, sur des choses donc je ne veux pas dans ma vie. Me reniant totalement, vivant mon syndrome de « sauveuse » à son maximum. C'est probablement ce qui m'en a guéri d'ailleurs. J'ai imaginé une chose qui était impossible avec cette personne. Aujourd'hui, avec le recul, je constate que cette relation était en réalité une amitié avec avantages. J'avais besoin de cette relation dans ma vie pour comprendre mon syndrome et les raisons qui font que j'attire les alcooliques. J'avais besoin d'atteindre mes limites dans pratiquement tous les domaines pour pouvoir me défaire de cette peau qui me collait depuis plus de trente ans. C'est avec sérénité et une paix intérieure incroyable que je suis sortie de cette relation toxique.


Je suis de nouveau en amour. Cette relation est récente, et je peux déjà voir certaines « leçons » se profiler. Il est beaucoup plus que ce que j'ai demandé à la vie. Je me souviens de la demande que j'ai faite. Je me souviens quand et comment je l'ai faite. Et il est apparu dans ma vie. Il me rend zen, mais me fait travailler ma patience. Je vois aussi que je m'oublie, n'extériorisant pas mes besoins, laissant les siens dominer. Par contre, il y a une grosse différence cette fois-ci, je ne désire pas le sauver. Ce n'est pas de mon ressort ni ma mission. Il me fait vibrer entièrement, positivement et négativement. Il réussit à faire ressortir le meilleur et le pire en moi. J'ignore ou cette relation va nous mener, j'ai décidé de laisser les choses se faire comme elles se doivent.

# Les manipulateurs, les profiteurs et plus

J'ai eu le plaisir ou le déplaisir de tous les croisés, les manipulateurs, les profiteurs, les égocentriques, les alcooliques, les écorchés de la vie, les victimes et j'en passe. Vous allez dire : « c'est certain tu as travaillé dans l'hôtellerie ». Je vais vous surprendre, mais je ne les ai pas tous croisés dans les bars. Vous pourriez être surpris des endroits ou j'en ai croisé. Et comble de malheur, j'en ai laissé quelques un entrés dans ma vie. J'en ai payé le prix et je paye encore.

## Les manipulateurs

Un sujet tabou, pour plusieurs les manipulateurs n'existent pas. Mais mon dieu qu'il y en a beaucoup. Tout être humain fait de la manipulation, à divers degré. Les enfants le font pour obtenir des choses et tester les limites des parents. Les adolescents le font pour obtenir des permissions et les adultes le font aussi. Sauf que la plupart du temps, c'est inconscient et pas une façon de vivre. Un exemple, quand on appelle notre mère et que nous avons des enfants, dans la conversation nous allons glisser la phrase suivante : "es-tu occupé demain ?" Si elle répond non, invariablement nous dirons : "alors pourrais-tu garder mes enfants ?" Nous l'avons tous fait à un moment de notre vie. Pour la plupart d'entre nous, nous ne le considérons pas comme de la manipulation, mais une façon de faire. Mais les vrais manipulateurs sont dangereux et sournois.

Jamais on ne penserait en croiser un sur notre route. On se dit tous : « moi, ça ne m'arrivera pas ». Personne n'est vraiment préparé à les affronter, il y a une infime partie de la population sur qui un manipulateur sera incapable d'arriver à ses fins. Comme si ces gens étaient immunisés. J'étais et je suis une proie idéale pour eux pour diverses raisons; je suis généreuse, je déteste le conflit, je fais confiance facilement et j'ai trop d'empathie. De magnifiques qualités qui les attirent. J'ai eu le bonheur d'en croiser plus d'un au cours de ma vie. J'espère avoir compris et ne plus tomber dans le panneau la prochaine fois. Il ne faut pas se leurrer, je suis naïve et je crois toujours en la bonté humaine. C'est ce qui me perdra. Avoir une relation avec eux est destructeur, la « survivante » est marquée au fer rouge et ça prend beaucoup de temps pour guérir. Si vous abordez le sujet avec certaines personnes, elles peuvent vous dire : « moi, j'ai quitté la relation quand j'ai vu clair dans son jeu et ça a été facile. Je n'ai eu aucun problème ». Je vais vous dire quelque chose à propos de ces gens, il y a quatre solutions; 1; elle se ment ou vous ment, 2; elle n'a pas encore réalisé l'ampleur des dégâts, 3; ce n'était pas un manipulateur, mais un profiteur qui a croisé sa vie (ce qui est très différent) et 4; elle fait partie de l'infime partie de la population à ne pas être affecté par eux.

J'ai découvert tardivement, on pourrait dire après ma deuxième relation avec un manipulateur, un bouquin merveilleux. J'ai lu beaucoup de livre sur les manipulateurs et je n'avais jamais vraiment compris leur fonctionnement avant de lire celui-là. Il est écrit par une psychologue[1] et elle y a inclus une liste des trente caractéristiques propre aux manipulateurs. Pour être « classé » comme manipulateur, il faut que quatorze critères s'appliquent à la personne désignée. J'ai eu trois conjoints manipulateurs. Le premier a traversé ma vie à l'adolescence. On est naïf, on ne sait rien de l'amour. On fait nos apprentissages de la vie. Ça a duré un peu plus de quatre ans, nous nous sommes laissés à plusieurs reprises. Pour moi c'était normal, les amours d'adolescents, ça va et ça vient. Ce n'est pas stable. Il avait quatre ans de plus que moi, il entrait dans la vie adulte. Il avait 15 des critères et je suis certaine que d'autres doivent s'être ajoutés au fil des ans. De cette relation, je conserve des souvenirs mitigés. Certains sont merveilleux, mais d'autres sont catastrophiques. J'ai quitté cette relation, lorsque j'ai réalisé qu'elle ne me mènerait nulle part. J'avais dix-neuf ans à l'époque et je ne désirais pas la vie qu'il m'offrait. J'aurais travaillé, tout payer et lui se serait soulé et profiter de la vie sans jamais penser aux autres. Pour la première fois de ma vie, je me suis écouté et j'ai quitté cette relation. Je l'ai revu plusieurs fois au cours de ma vie et chaque fois je me disais : il n'a pas changé et il ne changera jamais. Il a laissé de profondes traces, malgré tout je l'ai adoré.

---

[1] Les manipulateurs sont parmi nous d'Isabelle Nazare-Aga, les éditions de l'homme

La manipulation n'a rien à avoir avec l'amour, bien au contraire, elle émane d'une personne narcissique qui souhaite seulement atteindre son ou ses buts. Je ne dis pas que ces personnes sont incapables d'aimer, loin de là. Je dis simplement que ce sont des personnes qui s'aiment eux ou leur compte bancaire. Leur amour sera proportionnel à ce qu'ils obtiendront de la relation. Puisque j'étais trop jeune pour comprendre le premier, le deuxième, je l'ai marié. Il était tout ce que je voulais, mais la réalité est tout autre. Il est devenu ce que je désirais d'un homme. Son but était d'avoir un million de dollars avant trente ans. Je ne sais pas s'il a atteint son but, mais il était bien parti pour le réaliser au détriment des autres. À force de m'écouter parler, il a retenu ce qui m'a attiré chez mes anciens copains. Et il a adopté les comportements appropriés. Il a fait fort, il avait de l'expérience en la matière. De plus, il m'a fait le coup de l'orphelin, je n'avais aucune chance. Je suis tombé dans le panneau. Le souvenir qui me vient toujours quand je pense a lui, est le même depuis plus 20 ans. Et il ne change pas. Je nous revois sur la route et la chanson « Life is a highway » de Tom Petty s'est mise à jouer. Il a aussitôt immobilisé la voiture, il est sorti et c'est mis à danser au milieu de la route. Wow !!!! ça a été le coup de grâce ! Je suis certaine que vous sentez qu'un sourire flotte sur mes lèvres, juste à évoquer ce souvenir. Ça m'a fait l'aimer encore plus. J'ai adoré cette spontanéité, ce côté impulsif juste pour me plaire et me faire rigoler. Il m'avait conquise et il savait que je n'offrais aucune résistance. J'ai compris après quel était son but avec moi. Avec lui, la manipulation a été faite dans la douceur, oui ça existe la douceur. Je l'ai déjà dit, je n'ai rien à lui reprocher. Il a été parfait, plus que parfait. Il a comblé le moindre de mes désirs, ne s'est jamais imposé dans ma vie. Au contraire, il m'a permis de m'épanouir d'une certaine façon. Il voulait un bar et il l'a eu aussi simple que ça. Il m'a amené exactement là ou il le voulait. Et ça n'a pas été long, il m'y a conduite en main de maitre. Je me revois lui dire : « tu veux un bar, pas de problème, on en achète un ». C'était moi qui pouvais avoir le crédit pour le faire pas lui. J'avais déjà une entreprise. En avoir une autre n'était pas si difficile que ça. Un an après notre mariage, nous avions un bar. Un peu plus de deux ans plus tard, *il* avait un bar. Le but était atteint, je n'avais plus aucune utilité dans sa vie. Il jeta son dévolu sur une autre afin d'atteindre un autre but.

Avec moi, il a prêché le faux pour avoir le vrai, je veux dire, il a abordé tous les sujets possibles afin de me connaitre le plus. Pas dans un but amoureux, mais dans un but mercantile. Il connaissait mes valeurs et mes désirs, c'est exactement l'endroit ou il a frappé. Quand il m'a laissé, j'étais détruite. J'essayais de comprendre et je n'y arrivais pas. Jusqu'au jour où certains de ses amis parlaient de lui au bar et ça m'a frappé. Personne ne le connaissait de la même façon. Je veux dire, il était comme un caméléon qui change de couleur pour passer inaperçu. Lui, il devenait ce que les gens désiraient qu'il soit. Si vous parlez à toutes les personnes qui ont traversé sa vie, aucune ne vous le décrira de la même façon, aucun ne vous donnera les mêmes qualités ou défauts. Par contre lorsqu'il sort de leur vie, tous sont unanimes, ils refusent qu'il y entre à nouveau. Tous ont réalisé avoir été manipulés. Et c'est cette constatation qui détruit. Celle de savoir que la personne avec qui vous avez partagé votre amitié ou votre amour n'était qu'un mirage. Que cette personne n'a jamais été franche avec vous, que toutes vos années passées dans son sillage n'ont été que mensonges, tromperies et escroquerie. Votre confiance en l'autre et votre estime de vous-même en prend un coup. Vous revoyiez tous les moments passés en sa compagnie, cherchant ce qui vous a échappé. Comment vous avez été assez naïf pour vous faire berner.

Le pire est la culpabilité qui nous ronge, celle de s'être laissé faire. Cette culpabilité est dévastatrice. Elle entraine avec elle le doute. Et quand c'est fait, la destruction devient presque totale, la culpabilité et le doute sont pires que des poisons. On finit toujours par s'en remettre, mais nous ne sommes plus jamais pareils. Il est impossible de revenir comme avant, on se reconstruit certes. Mais nous avons perdu une certaine innocence, une partie de nous est éteinte a jamais. La trace sera en nous pour le restant de notre vie. Et la confiance en l'autre sera pratiquement inexistante. Nous allons instinctivement chercher les signes chez les gens qui vont entrer dans notre vie. Nos craintes qu'elles soient fondées ou non, feront en sorte que nous garderons une partie de nous cachée. La partie la plus importante de notre être restera enfouie en nous. Notre sensibilité, notre romantisme, nos espoirs, nos blessures et nos sentiments seront protégés avec excès. Nous en dévoilerons parfois un bref aperçu, mais la non-confiance fera en sorte que ça ne durera pas. Et si un jour, nous nous ouvrons à une tierce personne, c'est qu'elle en sera digne.

Le troisième n'a pas eu de chance, je l'ai vu immédiatement. Il avait 28 des caractéristiques. Ça aurait fait mal. Il a été dans ma vie durant un certain temps, mais c'était écrit d'avance qu'il n'y resterait pas. Le pire dans tout ça c'est que les trois manipulateurs qui ont croisé ma route étaient des alcooliques. Et j'en ai rencontré qu'un seul des trois dans un bar.

## Les profiteurs

Si on est le moindrement attentif, ils sont transparents. On voit qui ils sont, ils s'affichent sans le savoir. Ils désirent profiter de vous. Que ce soit de vos sentiments pour eux, de votre générosité ou de votre côté naïf. Inévitablement, vous allez  voir les signes. Vous allez avoir l'impression que votre cuisine devient tout doucement un restaurant, que votre maison un hôtel avec tous les services inclus. Durant un certain temps, la personne vous donnera l'illusion de vouloir bâtir avec vous et de s'investir. Il participera légèrement à votre vie familiale, se gardant toujours une porte de sortie. Il sait qu'un jour vous allez le jeter. Donc durant toute la relation, lui, il va préparer sa sortie. Il va vouloir vous engloutir dans son univers rapidement, car son temps est compté. Plus vite, il va vous inclure dans sa vie, plus rapidement vous allez baisser vos défenses. Et la commencera pour lui, la réelle raison de son apparition dans votre vie. Ne vous leurrez pas, les profiteurs choisissent leurs proies. Ils passeront beaucoup de temps en votre compagnie avant de vous faire la cour. Ils doivent être certains qu'ils obtiendront ce qu'ils désirent le plus longtemps possible. Ils ne gaspilleront pas de temps et d'énergie inutilement, donc ça doit être « payant ». Contrairement au manipulateur, il ne changera pas de personnalité. De plus, il ne quittera pas une relation tant qu'il va obtenir ce qu'il désire. Il n'a pas de plan défini, il veut juste profiter de la personne qui partage sa vie. Le but ultime est de ne rien faire de ses journées, de profiter de la vie pendant que vous pourvoirez à ses besoins. C'est d'une simplicité désarmante par contre ça use le partenaire qui fait abuser de lui. Jusqu'au jour où il ou elle mettra un terme à la relation. Il ne changera pas malgré toutes les promesses et les beaux discours. Il ne gardera pas un travail longtemps, il fera tout pour le perdre et il inventera, pour vous, des excuses afin de justifier le renvoi. Vous êtes en relation avec un profiteur ? vous avez deux choix : 1 - vous l'aimez assez pour que cela perdure dans le temps, 2 – vous vous aimez assez pour passer votre chemin et profiter de votre vie.

## Les égocentriques

Ha ! Que je les aime ceux-là ! Les vrais pas les imitations ou ceux qu'on pense qu'ils le sont parce qu'ils sont égoïstes. Il ne faut pas confondre égoïsme et égocentricité. L'égoïsme est nécessaire pour notre équilibre mental, il faut penser à soi parfois et tracer une ligne. Je n'ai pas honte de le dire, sur  certains aspects de ma vie je le suis, je devrais dire je le deviens. Avant, j'étais celle qui fait tout pour les autres et rien pour moi. Maintenant, je suis celle qui essaie de s'en donner autant que je donne aux autres. L'égocentrisme est différent, la personne ne vit que pour ses désirs personnels. Ceux des autres n'ont aucune importance à leurs yeux. Ils sont capables d'une grande écoute et de générosité autant matérielle que de leur personne. C'est ce qui est le plus troublant, on pourrait les confondes avec les gens empathiques. Sauf qu'ils ne le sont pas. Ils vont vous écouter, mais sans vraiment vous entendre, ils vous donneraient la lune sans problème, mais a leur choix. Ils vous donneront ce qu'ils pensent que vous avez besoin qui est parfois aux antipodes des besoins réels. L'intention est toujours louable, mais parfois le résultat est source de conflit. Vous avez une vie remplie, vous courrez pour le boulot, les enfants et la maison. Vous aimeriez un soir arrivé à la maison et que le repas soit prêt. Simplement pouvoir profiter d'une soirée sans courir avec votre famille. Votre besoin a été entendu, mais votre conjoint choisira de vous amener au resto. L'intention est noble, mais ce choix impliquera que vous courrez encore plus au retour du resto pour les devoirs, les bains et le coucher des enfants. Si vous expliquez que vous auriez préféré faire livrer le repas. L'autre se sentira offenser, car il a fait un choix en pesant bien faire. Il aime aller au resto et il ne comprendra pas votre raisonnement.

Ils sont généreux de leur temps, mais ils comptent les coups. Lorsqu'ils auront besoin d'un coup de main, ils diront : « j'espère qu'un tel va m'aider parce que je l'ai déjà fait pour lui ». Pour eux, la notion que les services sont toujours remis, mais pas obligatoirement par la même personne est intangible. Et si la personne escomptée a le malheur de dire non, car elle à d'autres obligations, lentement elle sera mise de côté. Et un jour, elle sera exclue. Ce sont de bonnes personnes, qui placent leurs besoins en priorité. Lorsqu'on comprend leur fonctionnement, on peut arriver à vivre avec eux. Il s'agit de ne pas avoir d'attente ou de projet de couple. Ils sont instables dans le sens ou ils vont changer d'idée sans crier gare. La solution est de ne pas tenir compte de leurs projets, si ça réalise tant mieux sinon il n'y aura pas de déception. Ils vont dire : « j'ai changé d'idée, car je me fie à mon instinct », mais en réalité c'est leur désir qui a changé. Et parfois, je me demande s'ils sont conscients que c'est leur désir qui a changé. On dirait qu'ils oublient une idée aussi rapidement qu'elle est venue. Et c'est déstabilisant au début pour les gens comme moi. Je prends une décision (réfléchie) et je m'y tiens, surtout si elle implique d'autres personnes. Les égocentriques ne tiendront pas compte des autres même s'ils ont fait des projets les impliquant. Ils vont changer d'idée et être offusqués si les autres osent dire leur désaccord. Mais si l'inverse se produit gare à leur changement d'attitude. Ils seront déçus et perdront confiance en l'autre. Ils ne sont pas faciles à vivre pour une écorchée comme moi. Ils me font vivre des montagnes russes émotionnelles, me déstabilisent et ouvrent en grand mes blessures. Je dois soit apprendre à me protéger d'eux ou les éloigner de moi. Mais je ne pourrais pas vivre à long terme sainement avec l'un d'eux.

## Les victimes

Ils sont énervants. Ils provoquent en nous une de ces deux réactions; la pitié ou le découragement. S'ils n'obtiennent pas notre pitié, c'est catastrophique pour eux. Ils seront encore victimes. Parler avec une victime de la vie est démoralisant et parfois enrageant. On a juste le gout de leur dire : « prends ta vie en main et fais quelque chose de toi ». Ils répondraient : « c'est ce que je fais ». Les victimes sont des gens qui ne voient que le noir dans la vie (fataliste). Tout ce qui les entoure est contre eux, il n'y a rien de positif. Ils ont un trop payer du gouvernement, ils le savent et doivent rembourser, ils sont victime du système. Ils auraient dû mettre le trop payé à l'abri pour l'avoir lors de la réclamation, mais ils en ont profité et maintenant ils sont victimes. Ils ne trouvent pas de travail, mais ils postulent seulement à des endroits où ils n'ont pas les compétences requises. La vie est injuste, ils veulent travailler, mais ne trouvent pas. S'ils ont un dégât d'eau suite à une pluie abondante, ils vont dire que mère nature est contre eux. Et c'est comme ça pour tout ce qui arrive dans leur vie. Ils ne sont jamais responsables et ils vous le diront. Ils ne font RIEN pour que la merde leur tombe toujours sur la tête. C'est bien le problème, ils ne font rien que ce soit dans un sens ou dans l'autre. S'ils ne se plaignent pas, ils sont misérables. Ils doivent impérativement être victimes. Et si vous avez le malheur de ne plus les plaindre parce que vous en avez marre. Ils seront offusqués, vous accuseront de ne rien comprendre, d'être sans-cœur et de ne pas être réceptif à leur malheur. Pour vous faire sentir coupable, vous devez les voir en victimes. Ils auront l'audace de vous dire : « je suis désolé de t'avoir dérangé ». Quand ça m'arrive, j'ai le gout de crier toute ma frustration, pour moi ils sont frustrants. Ils se complaisent dans leur « victimisation » et jugent votre taux d'amitié en fonction de votre pitié et de votre compassion.

## Les alcooliques

Ils méritent leur place dans ce bouquin, il y en a tellement eu dans ma vie. Je sais que l'alcoolisme est une maladie, prouvé scientifiquement avec un gène différent dans l'ADN. Il est difficile, voire destructeur, de partager sa vie avec un alcoolique. Avec eux, vous avez réuni en une seule personne tous les autres. Ils passeront allègrement du manipulateur à la victime, de l'égocentrique au profiteur en passant par la dépendance. Un alcoolique qui va boire toute sa vie et qui va renier son alcoolisme fera de votre vie un enfer. Il détruira tout ce que vous ferez pour avancer, il prendra l'argent pour assouvir sa dépendance, il manquera à toutes ces promesses et engagements. Seul son besoin de boire dirigera sa vie. Et si vous restez dans sa vie, il vous entrainera dans son enfer. Il n'y a pas de demi-mesure avec un alcoolique. Il vous vendrait si ça lui permettait de boire. Il négligera sa famille, son travail et lui-même. Toutes les raisons seront bonnes pour boire et si sa consommation devient son unique raison de vivre, il se cachera pour le faire. Il mentira, trahira, volera et perdra toute dignité. Il vous accablera d'être responsable de son comportement, que vous le poussez à boire par vos reproches et vos demandes. Vous serez son bouc émissaire de prédilection, il dira à tous ceux qui veulent l'entendre que vous ne le comprenez pas. Et dans un certain sens, il aura raison. Vous ne pouvez effectivement pas comprendre son besoin viscéral de boire. Si vous osez le quitté car vous n'en pouvez plus, vous serez la « méchante » dans l'histoire, lui il sera blanc comme neige.

J'ai déjà assisté à des rencontres des Alcooliques Anonyme et eu le plaisir de lire leur « bible » et certaines de leur publication. Je trouve que c'est un bel organisme pour leur venir en aide, ça fonctionne et c'est le but recherché. Le programme des 12 étapes fonctionne vraiment à qui se donne la peine de le suivre. Ça prend une énorme volonté pour cesser de boire pour un alcoolique. Et encore plus pour ne pas retomber. Il est difficile de se battre contre une partie de soi-même et je les félicite pour leur réussite.

## Les dépendants

Un ami m'a déjà dit : « quand je suis allé aux AA, j'ai changé une dépendance pour une autre ». Il avait arrêté de boire, mais il était devenu accro aux rencontres. Comme il le dit lui-même, il n'avait pas plus de vie familiale. La dépendance nous touche tous à divers degrés, nous avons tous un niveau de dépendance en nous. Mais pour certains, c'est problématique, elle peut toucher différentes sphères de leur vie. La dépendance est variée; le jeu, l'alcool, le sexe, l'affection, le shopping, la compulsion ... Le comportement d'un dépendant est semblable a celui d'un alcoolique. Le jeu, les drogues, l'alcool et le magasinage sont ceux ont un impact psychologique et financier important. Ce sont des dépendances onéreuses qui peuvent littéralement mettre la personne à la rue. Toutes les dépendances entraineront des détresses psychologiques, certaines plus profondes que d'autres. L'alcool et les drogues sont destructeurs, souvent elles ne laissent peu de chance à ses victimes. Un dépendant affectif va passer d'une relation à l'autre. Ils sont incapables de vivre seuls. Et ils sont prêts à être malheureux pour ne pas être seul.

Il est difficile de faire comprendre à un dépendant sa « maladie ». Il va nier et refuser de voir la réalité en face. Puisque la dépendance est là depuis toujours et fait partie intégrante de sa personnalité, la personne ne verra rien de « malade » en lui. Jusqu'au jour ou la dépendance deviendra hors contrôle, la il devra faire face et souvent ce n'est pas de la manière la plus plaisante. Deux solutions s'offriront alors : continuer comme si de rien n'était ou entreprendre une thérapie. La thérapie est une solution à long terme à la condition de ne pas changer une dépendance pour une autre. On peut vivre avec un dépendant affectif, ils auront tendance à nous étouffer par leur insécurité. S'ils décident de rompre, souvent ils seront infidèles pour être certain de ne pas être seul. La dépendance au « shopping » reflète souvent un manque dans la vie de la personne, elle comble un vide. Plus les séances de magasinage sont rapprochées et intenses, plus le déséquilibre dans la vie de la personne est grand. Pour les dépendances à l'alcool, les drogues, le jeu et le sexe, il est préférable de se tenir loin. Car ses gens vous entraineront dans leur enfer et il est difficile de s'en remettre.

## Les écorchés

Généralement, ce sont des gens bien, ils ont été malmenés par la vie. Ce sont des personnes qui ont été abusées, leur gentillesse, leur sensibilité, leur grandeur d'âme et leur authenticité en on fait des proies parfaites pour les agresseurs de toute sorte. Normalement, ce sont des gens doux, patient avec un don de soi immense. Ils détestent le conflit, leur confiance en l'autre est ce qui cause leur perte. Ils se feront détruire par l'incompréhension de l'autre, la manipulation, la fourberie et surtout du plaisir malsain du pouvoir. Au départ, ce sont des êtres fort, mais fragile en même temps. Leur force est dans leur empathie, mais c'est aussi le chemin pour les détruire. Chaque cicatrice qu'ils portent représente les relations malsaines qui ont façonné leur vie. Avec le temps, ils vont cesser de se dévoiler, ils vont se refermer sur eux-mêmes et devenir l'ombre de ce qu'ils sont vraiment. Pour les faire sortir à nouveau de leur forteresse, ça prendra un travail colossal et une confiance absolue. Souvent, ils sont devenus par la force des choses, des personnes craintives ou la confiance est inexistante. Leur gentillesse et leur sensibilité ont fait place à la froideur et la désinvolture pour se protéger. Ils cachent leur grandeur d'âme. L'authenticité est disparue, ils sont devenus ce que les autres ont fait d'eux. À un certain moment, quelques un d'entre eux ne prendront plus la peine de se reconstruire, la douleur aura eu raison d'eux. Ils deviendront malheureusement des loques humaines. Pour notre plus grand malheur, des gens merveilleux auront été détruits simplement pour le plaisir de quelques imbéciles.

## Les contrôlants

Je ne pourrais terminer ce chapitre sans parler d'eux. Ils sont si énervants. Ils doivent avoir un contrôle absolu sur leur entourage et les évènements. Vous ne pouvez bouger sans leur accord et même là ils vont trouver à redire. Vous devez faire les choses à leur façon sinon il y aura conflit. Ils prendront un droit de regard sur votre habillement, vos fréquentations, votre alimentation, etc. Ils vous taperont sur les nefs à vouloir contrôler vos déplacements et vos finances. Peu importe où vous allez avec eux, armez-vous de patience. Ils garderont avec eux vos billets et voudront planifier votre horaire. La vie avec eux est pénible si vous avez la moindre indépendance. De plus, ils voudront contrôler les évènements de la vie. Ils vont se rendre malades et vous par la même occasion, à trop vouloir prévoir, prévenir et surtout anticiper. Ils agiront de la même façon vis-à-vis leur santé et leur corps. Ils doivent avoir un contrôle absolu sur tout.

Ce sont souvent des gens qui vivent de l'insécurité et c'est leur moyen d'y faire face. Cette réaction démesurée va devenir partie intégrante de leur vie. Des problèmes vont surgir rapidement avec ce choix de vie. L'insécurité va devenir plus forte et entrainer encore plus de contrôle. La confiance aux gens de leur entourage va baisser à chaque fois que la personne va refuser d'agir comme ils le désirent. De plus, ils ne comprennent pas qu'il est impossible d'avoir un quelconque contrôle sur la vie, les gens et même notre propre corps. Les leçons seront difficiles pour eux. Ils vivront régulièrement de la confrontation avec leur entourage. Ils ne comprendront pas que les gens ont besoin de liberté et de faire les choses par eux-mêmes. La vie va se faire un malin plaisir à contrecarrer leurs plans. Et un jour, ils vont perdre le contrôle de leur corps et ça sera la catastrophe. Le contrôle est une illusion et penser le détenir est une utopie.

Peu importe lequel d'entre eux, qui croisera notre vie, nous vivrons un apprentissage intense et inoubliable. Nous apprendrons à nous connaitre plus profondément à leur contact. Ils seront fidèles à eux-mêmes. Le choix de les côtoyer nous reviendra, il faut être conscient qu'ils ne changeront pas. Mais si le désir ou l'amour est trop fort, nous saurons dans quoi nous nous embarquons. Il n'y a rien de mieux que de faire un choix lucide.

# La vie à deux

J'ai déjà parlé de l'amour ou plutôt des relations amoureuses que j'ai eues. Ici, je vais parler de la vie à deux. Ce n'est pas toujours facile et je pourrais même dire qu'avec l'âge ça ne s'améliore pas. Il est parfois difficile de vivre avec soi-même donc imaginez avec un autre.

## Vivre avec soi-même

Plusieurs ne verront pas le lien entre êtres capables de vivre avec soi-même et la vie à deux. Pourtant il est important. Il faut pouvoir vivre seul, sans fuir afin de pouvoir vivre avec une autre personne. Beaucoup de gens m'ont dit au fil du temps qu'ils vivaient très bien seuls. Qu'ils n'avaient aucun problème avec la solitude. Pourtant ce sont ces mêmes personnes qui ne sont jamais chez elle. Elles vous diront qu'elles ont des activités et des sorties pour socialiser. Par contre, la réalité est tout autre, ils sont incapables d'être seuls à leur domicile. Vivre avec soi-même implique que nous allons avoir du temps pour apprendre à nous connaître, nous apprécier, nous aimer. Nous allons nous analyser au lieu d'analyser les autres qui nous entourent. Malheureusement, la plupart des gens refuseront de le faire par peur. Peur de ce qu'ils vont découvrir. De plus, les gens ne veulent pas apprendre à s'aimer, ils pensent pouvoir y arriver au travers du regard de l'autre. C'est une illusion, nous n'y arriverons jamais. Et alors commencera la roue de la dépendance affective. Pour avoir une relation saine avec une tierce personne, il faut en avoir une avec nous-mêmes. Il est tellement facile de se mentir que pour certaines personnes ça devient un automatisme. Ils ne veulent pas voir qui ils sont réellement. De ce fait, ils n'auront jamais de responsabilité s'il y a rupture de leur relation. Ils ne se connaissent pas donc impossible de savoir quels sont leurs torts. Profiter de l'occasion que la vie nous offre d'être seul est le plus beau cadeau que l'on puisse s'offrir. Savoir qui nous sommes vraiment, nos goûts, nos buts et nos attentes de la vie, feront en sorte que nous pourrons nous épanouir seul ou en couple.

## Les compromis

Ce n'est pas un de mes mots préférés. Mais il est nécessaire dans toute relation, qu'elle soit amoureuse, amicale ou professionnelle. Nous devons tous, à certains moments, faire des compromis ou des concessions selon le cas. Nous allons devoir lâcher-prise sur quelque chose qui nous tient à cœur tôt ou tard. Nous allons accepter, ou à tout le moins tolérer, faire passer les désirs ou besoins de l'autre avant les nôtres. Dans la relation, il y aura toujours une des deux parties qui fera tout pour ne pas engendrer de conflit. Et l'autre profitera allègrement de ce fait. Au bout d'un certain moment, il aura l'impression de toujours plier. Lorsque cet état ne sera plus toléré, que la patience aura atteint sa limite, les choses peuvent basculer. Celle qui a l'impression de toujours se « trahir » entrera dans un cycle de colère et deviendra vindicative. Elle ne pliera plus. Devenant agressive et ne laissant aucune marge de manœuvre à l'autre. Tôt ou tard, il y aura éclatement de la relation. Les compromis doivent se faire des deux côtés pour avoir une relation harmonieuse. Elles doivent se faire avec plaisir et non pour acheter la paix. On doit se sentir libre d'accepter ou de refuser le compromis. Et le plus important est de ne pas se sentir coupable, peu importe la décision que nous prendrons.

## L'oubli de soi

Il arrive parfois que nous soyons tellement immergés dans la relation que nous nous oublions. Surtout dans les premiers mois, nous avons peur de déplaire. Nous faisons des concessions, ne disant pas honnêtement ce que l'on pense, de plus nous refusons de faire des vagues. En réalité, nous donnons une fausse image de nous-mêmes. Par conséquent, nous embarquons dans une roue qui sera difficile à arrêter. Lorsque nous réaliserons que nous nous sommes oublié, que nous ne prenons plus de temps pour nous, nous ne voyons  plus nos amis. Et que nous vivons seulement au travers du regard de l'autre. Des habitudes de vie ont été acquises par l'autre. Des conflits éclateront lorsqu'on voudra recommencer à penser un peu à soi.

Il y a des gens qui passeront leur vie à s'oublier, ne vivant que pour leur entourage; conjoint, enfants … Parmi ces personnes nous retrouverons les dépendants affectifs, les personnalités soumises, certains écorchés y figureront, ceux qui ont peu d'estime d'eux-mêmes et ceux qui pensent qu'ils ne méritent pas d'être aimé. Ils se définiront en étant la conjointe d'un tel. L'oubli de soi sera tellement ancré en eux qu'ils ne parleront que de leur famille. Peu importe le sujet abordé avec eux, ils n'auront aucune opinion personnelle. Tout sera toujours basé sur les opinions de leur conjoint. Il faut insister pour leur faire dire ce qu'ils désirent. Pour eux, souvent ce qu'ils pensent, ressentent ou désirent, n'est pas important. Ils seront anéantis s'ils se retrouvent seuls.

La vie de couple est à l'image de la vie en général, nous devons avoir un certain équilibre. Nous sommes « nous », mais il ne faut jamais oublier que nous sommes « je » aussi. Se réserver des moments pour soi, se gâter, avoir des passions, suivre des cours, lire, flâner ou toute autre activité que l'on fait pour se faire plaisir est la bienvenue. Ces moments nous aiderons à nous épanouir en tant que personne et apporterons à notre vie de couple une certaine sérénité.


## La confiance, le respect et l'honnêteté

Ils sont importants ces trois mots. Pour moi, ils sont la base même d'une relation durable et belle. Nous avons besoin de ces trois ingrédients pour que toutes relations s'épanouissent. De plus, ils vont de pair, il est impossible d'avoir la confiance si l'honnêteté est manquante, de même pour le respect. Pour ma part, la confiance je la donne toujours complètement. Je suis faite comme ça par contre la personne doit la garder. Je me dis que c'est leur choix de la détruire ou pas. Mais si jamais je la retire, elle ne reviendra jamais. Je ne la donne qu'une seule fois. Il est facile de la garder, car les « offenses » pour la perdre sont peu nombreuses. En tête de liste, l'infidélité, c'est radical. Il y a le mensonge, la manipulation, la fourberie et l'hypocrisie. Avec eux, elle va aller en diminuant à chaque fois, jusqu'à ce qu'il n'en reste plus. Je vais vous donner des exemples.

Certains des hommes qui ont traversé ma vie n'étaient pas fidèles. Pour moi, l'infidélité commence avec le premier baiser même si les choses ne se rendent pas à la relation sexuelle complète. Le baiser est révélateur de l'intention, le premier pas est franchi. Les gens qui me connaissent vraiment savent que je sais toujours tout. Donc, j'ai su chaque fois. Le premier, j'ai eu le front de lui présenter celui avec qui je serais infidèle. Il est certain que la relation a été terminée sur le champ. Le deuxième a commencé une autre relation pendant la nôtre. Il a toujours pensé que je ne savais pas et j'ai laissé les choses telles qu'elles étaient. Je savais, il y a des signes qui ne trompent pas. Lorsque vous vivez avec une personne depuis un certain temps, vous remarquez les petits changements. Ils ne se rendent pas compte, mais à force de vouloir cacher quelque chose, ils se trahissent. Et à quoi ça m'aurait servi de faire une crise ? Pour commencer, il aurait nié et le mensonge ce n'est pas ma tasse de thé. De plus le deuil de notre relation tirait à sa fin, je savais que je le quitterai de toute façon. Je choisis mes batailles et celle-là ne valait pas la peine d'investir du temps et de l'énergie.


     Quand la confiance est vacillante, il est difficile de demeurer serein dans la relation. Jamais je n'aurais cru possible ce qui m'est arrivé. La confiance et ma patience ont été mises à rudes épreuves. C'était la première fois de ma vie qu'une personne est arrivé en si peu de temps à bout de ma patience. Je n'en reviens pas ! L'irrespect et le mensonge me font grincer des dents. Et j'en ai eu pour mon argent actuellement. Je sais ce que j'ai à apprendre, je ne me respectais pas totalement dans cette relation. J'achète la paix trop souvent, je n'aime pas le conflit et je fais tout pour l'éviter. Donc, je ne dis pas toujours ce que j'ai à dire et j'ai paié le prix fort. Je mens pratiquement à chaque fois que je lui ai dis : « c'est correct ». Mais le miroir fut frappant, il mentait sur tous les sujets, le pire est qu'il se mentait à lui même. Je ne peux accorder la moindre confiance à ses paroles sinon je vais passer ma vie enragé. Et pour le respect, on repassera. Il n'en a aucun, pour lui les autres sont à son service. Pourquoi les respecteraient-ils ? Mais la leçon, je l'apprends et je sais que les choses vont changer pour moi. En ce qui le concerne, ce n'est pas mon choix, mais le sien. Et lorsque ma confiance est arrivée à sa fin, la relation s'est terminée en même temps.


## Les limites

On en a tous, des limites. Il y a un point qu'on refuse de franchir par principe, amour propre ou tout simplement parce que c'est un point que nous avons défini. Avec l'expérience et l'âge, il y a des choses que nous ne désirons plus dans notre vie. Les limites sont des balises qui nous le rappellent. Le problème lorsque nous sommes en amour, souvent nous repoussons nos limites à notre détriment. Nous acceptons des choses que nous ne voulions pas. Souvent, c'est la peur d'être seul à nouveau ou pour la première fois qui nous fait agir de la sorte. Nous craignions la solitude et cela nous pousse à accepter des choses qu'on ne devrait pas. Repousser continuellement ses limites est nocif pour nous-mêmes. Il arrive un moment où nous avons le dos au mur et plus rien à repousser. Quand on commencer à se dire : « ça va faire, c'est ici que ça s'arrête, je lâche prise » et que nous continuons. C'est qu'il y a quelque chose d'anormal dans la relation et que nous ne respectons pas nos limites. Je le sais, je l'ai dit quelques fois depuis un certain temps. J'essaie de comprendre les raisons qui me poussent à accepter des choses que je refuse dans ma vie depuis des années. Probablement que j'ai encore beaucoup de choses à apprendre sur moi-même.

## La rupture

On ne la souhaite pas, on la repousse le plus qu'on peut. On sait qu'elle serait salvatrice, mais elle nous fait peur en même temps. Elle n'est jamais plaisante, il y en a toujours un des deux qui est encore amoureux. Et cette personne va avoir mal. Peu importe de quel côté on se trouve, ce n'est jamais de gaieté de cœur qu'on la vit. La rupture peut survenir pour plusieurs raisons, elle n'est jamais simple. Et nous avons toujours cinquante pour cent des torts, qu'on le veuille ou pas. À moins que nous ayons affaire à un manipulateur, un dépendant ou un infidèle chronique. La décision ne se prendra pas en deux jours. À quatre-vingt-dix pour cent du temps, elle sera réfléchie durant une longue période. Pesant le pour et le contre, analysant notre relation au microscope, nous ne voulons pas nous tromper. On veut avoir la certitude que la décision finale sera la bonne. Que nous ne regretterons pas notre choix, car souvent le retour en arrière est impossible. Mais il n'y aura aucune certitude tant que nous ne serons pas passés à l'acte.

Pour la personne qui est laissée, son univers s'effondre. La douleur ressentie est intense. Les sentiments de rejet, d'abandon et de trahison seront forts. L'incompréhension nous tourmentera. Les questions sans réponses seront légion. Nous en perdrons le sommeil, l'appétit, la concentration et parfois le goût de vivre. Nous serons obnubilés par ce qui nous arrive pendant un temps. Et nous devrons entamer notre deuil. Ça ne sera pas facile, car contrairement à un décès, la personne qui nous laisse est toujours vivante. Et les gens de notre entourage commun, nous donnerons des « nouvelles » de l'autre. Ravivant la douleur à chaque fois. Et si par malheur des enfants sont en causes, le deuil sera plus difficile à faire, car nous devrons parler à l'autre régulièrement. C'est cette situation qui provoque les conflits à ne plus finir après la rupture. La personne qui a mal, vit un affront à chaque fois qu'elle voit l'autre. Amplifiant sa colère jusqu'à en être entièrement habité. Durant cette période, il serait préférable de limiter, voire refuser les contacts. Afin de laisser la colère s'estomper et que la suite du deuil se poursuive.

Ce n'est pas plus facile pour celui qui quitte la relation. Difficile a croire, mais c'est la réalité. Ce n'est jamais avec plaisir que la personne va annoncer la rupture. Il n'y a aucune « bonne » façon de faire. Peu importe comment on va le dire, l'autre va avoir mal et sera anéanti. Nous allons le voir se briser devant nous et assister à l'éteinte de sa lumière intérieure. Inévitablement, nous aurons mal aussi. Nous ne désirons pas voir l'autre souffrir. Nous savons à partir de ce moment que plus rien ne sera comme avant. Nous serons tristes pour l'autre. La plupart du temps, notre deuil sera déjà fait. Il a été fait durant la période de réflexion. Mais ça ne nous empêchera pas d'avoir mal pour l'autre, d'être mal en sa présence, conscient que nous sommes la cause de son désarroi. Aux yeux de l'autre, nous aurons la partie facile et il est normal que nous refassions notre vie plus rapidement. Pour elle, cela sera un signe que nous ne l'avons pas aimé. Elle ne comprendra pas que notre deuil est fait et qu'elle entame le sien. Nous recommencerons à vivre pour nous uniquement, jusqu'à la prochaine rencontre.

## Recommencer

Lorsque nous sommes la personne qui a été laissée, cela semble impossible. Le discours est toujours le même : « c'est fini, plus personne n'entrera dans ma vie. Ça fait trop mal et je n'ai pas besoin de quelqu'un ». Je l'ai dite cette phrase et je l'ai entendue plusieurs fois. Maintenant, elle me fait rigoler, je sais que c'est faux. Nous allons guérir, prendre un peu de temps pour nous et profiter de la vie. Et à un moment, quelqu'un fera chavirer notre cœur de nouveau. Et si c'est réciproque, nous voilà embarqués dans une nouvelle relation. Par contre cette fois-ci il y aura une différence. Nous avons du vécu et l'autre aussi. Il n'est pas toujours facile de concilier les habitudes des deux personnes. Chacun portera ses blessures, ses regrets, ses craintes et sa méfiance. Il ne sera pas facile de faire tomber nos défenses, à vrai dire elles ne tomberont jamais pleinement. Il y aura toujours une partie de nous qui sera préservée « au cas ». Nous ne désirons plus avoir mal, nous avons trop souffert. Nous ne nous livrerons pas entièrement à l'autre, nous l'avons déjà fait et nous nous souvenons. En réalité, la nouvelle personne dans notre vie paiera pour l'autre. Si dans notre ancienne relation, il y a eu infidélité, nous douterons toujours de ceux qui entreront dans notre vie après. Durant un certain temps, nous ne nous épanouirons pas complètement ni ne serons nous-mêmes dans cette nouvelle aventure. Parfois, la relation durera assez longtemps pour que nous puissions enfin être nous-mêmes. Mais si par malheur elle ne dure pas longtemps, cela nous confortera dans notre résolution de ne plus s'investir à 100% dans une relation.

Peu importe les raisons qui ont mené, notre ancien couple a la rupture. Les autres personnes qui entreront dans notre vie n'en seront pas responsables. Il est dommage pour nous et pour eux de leur en faire payer le prix. Mais la nature humaine est ainsi faite, notre mémoire et nos blessures feront en sorte qu'une certaine crainte de l'autre sera présente. Cette crainte nous rendra malheureux et amers. Nous allons devoir nous battre contre nous-mêmes si nous désirons dépasser nos peurs. Et vivre pleinement la nouvelle relation qui se présentera a nous. Ce n'est pas facile et c'est un combat de tous les jours, mais parfois il en vaut la peine pour nous-mêmes. Pour notre évolution et notre bien-être. Et si on recommençait !

# La sensualité, la sexualité...

Je pourrais choisir d'ignorer ce sujet. Ça serait facile et je suis certaine que personne ne le remarquerait. Par contre, il serait hypocrite de ne pas en parler. J'ai abordé tous les sujets qui touchent notre vie. Tout ce qui a trait à la sexualité fait partie intégrante de la vie. Elle est une composante de notre survie, de plus elle occupe une place importante dans nos interrogations lors des changements majeurs dans notre vie. Que nous soyons seuls ou en couple, elle a sa place.

## La tendresse

Très importante, elle est une nécessité. On peut se passer de sexualité, mais pas de tendresse. Demandez à une personne célibataire ce qui lui manque le plus d'une relation de couple et elle vous dira automatiquement, sans même y réfléchir : « les soirées coller sur le sofa à regarder un film ». La tendresse, c'est ces petits ou grands moments passés avec l'autre sans arrières pensés. Seulement apprécier sa présence. Moi, ce qui me manquait le plus, c'était dormir dans les bras de la personne que j'aime. Sentir son odeur, sa chaleur et la respiration calme et profonde d'une personne endormie. Je pourrais même dire que parfois les ronflements m'ont manqué. La tendresse nous accompagne depuis notre naissance. Nos mères nous ont bercés par plaisir, pour nous endormir, nous calmer, nous rassurer. Enfant, nous avons eu droit à des marques d'affection régulièrement même à la période où nous la refusions. Pour la plupart d'entre nous, nos souvenirs sont empreints de douceur maternelle.

Adultes, nous allons recréer ces contacts avec l'être aimé. Nous allons marcher main dans la main. Machinalement, sans y penser nos doigts vont chercher à toucher l'autre. Nous allons nous blottir contre notre amoureux à la moindre occasion. Jouer dans ses cheveux simplement pour sentir le contact entre lui et nous. La tendresse peut prendre une multitude de formes. Un sourire quand nous le regardons, l'embrasser lorsque nous passons près de lui, le toucher pour le contourner… Des milliers de petits gestes au quotidien qui nous font sentir vivant, aimé et aimant. La tendresse est une façon de démontrer notre amour à l'autre. Elle est apaisante, enrichissante, bienvenue, appréciée, recherchée et surtout démonstrative.

## Faire la cour

J'aime le côté vieillot de cette expression « faire la cour ». J'apprécie cette période entre la rencontre et le premier pas. Celui où l'on se dévoile lentement. La première fois que l'on rencontre une personne, ne se doutant pas de l'impact qu'elle aura sur nous.

Souvent, au premier regard, on sait. Notre corps réagit avant que notre cerveau ait enregistré quoi que ce soit. Nous sentons la chaleur montée à notre visage, nous rougissons, nos genoux cèdent et nous devenons incapables de parler. C'est très amusant quand ça arrive à une autre personne, mais quand ça nous arrive, nous ne savons pas quoi faire. Nous imaginons plusieurs scénarios le concernant. On cherche les occasions pour le revoir et l'on tente de cacher le trouble qui nous envahit en sa présence. On essaie par tous les moyens de mieux le connaître. On se revoit, nous « flirtons » et nous montrons le meilleur de nous même.

Pour ma relation actuelle, je fus celle qui a été courtisée. Je ne m'en cacherais pas, j'ai aimé. Il a été d'une patience exemplaire, deux étés à me courtiser, c'est long. Il a vu le meilleur, mais aussi le pire de moi. J'ai refusé plusieurs fois ses invitations, j'avais surtout peur de perdre mon travail si j'acceptais. Mais le meilleur souvenir de cette période me fait toujours sourire. Il m'a joué Roméo et Juliette au quai de service ou je travaillais. Lui, dans son canot pneumatique de sauvetage, et moi, sur le quai. Il m'a fait rire avec son humour attendrissant. Son surnom provient de cette anecdote. Il est mon Roméo. Il a été « gentleman » et respectueux. Tout, pour plaire. Il a fini de me conquérir à cet instant.

## La sensualité

La sensualité est quelque chose de beau et de bien. Les gens pensent a tord qu'elle est reliée au sexe et ce n'est pas le cas. La sensualité est reliée au sens et elle est ancré dans l'ici et maintenant. Elle englobe les sens du toucher, du goût, de l'ouïe, de l'odorat et de la vue. La particularité avec le toucher est qu'il ne fonctionne pas seulement lorsque nous touchons les choses avec nos mains. Il fonctionne aussi quand ce sont les choses ou les gens qui nous touchent. Cette sensibilité est sur tout notre corps. C'est une expérience magnifique qui peut-être renouveler quand bon nous semble. Il y a des expériences que nous avons régulièrement sans nous en rendre compte. Lorsque nous nous couchons le soir et que nous savourons le contact des draps sur notre corps. Nous nous « lovons » dans ceux-ci voulant poursuivre cette sensation de bien-être. Bien, c'est ça la sensualité. Elle nous touche chaque fois que nous apprécions nous faire laver la tête chez la coiffeuse, lors d'un massage, l'appréciation du goût et de la texture d'un mets.

La sensualité ne débouchera pas sur la sexualité si le contexte ne s'y prête pas. Elle peut être une de ses prémisses, mais elle est d'une classe à part. Nous allons dire d'une personne qu'elle est sensuelle, car elle dégage un bien-être personnel qui transparaît. Souvent, c'est une personne qui est bien dans sa peau et qui s'accepte telle qu'elle est. Nous allons aussi dire de ces personnes qu'elles sont belles à l'extérieur autant qu'à l'intérieur. Que leur paix intérieure se reflète sur l'extérieur, ce qui les rend si sensuelle. Elles n'ont pas besoin d'être dévêtues pour attirer automatiquement notre regard. Les gens en publicité l'ont compris depuis longtemps. Ils utilisent à profusion les images sensuelles pour nous vendre leurs produits. De plus, ils misent sur le fait que les gens ne font pas la différence entre sensualité et sexualité. Ils vont dire: « le sexe a toujours fait vendre ». Mais, en réalité, ils se servent de sensualité, pas de sexualité.


## La sexualité et le sexe

Très différente de la sensualité, elle a pour but de plaire et de pouvoir passer à l'acte. J'ai toujours dit « qu'un esprit sain dans un corps sain passe par une sexualité bien entretenue ». Le sexe fait partie des besoins de l'humain au même titre que manger. Pour plusieurs c'est un sujet tabou, pas pour moi. Je suis née à une drôle d'époque. Mes parents sont de la génération des « baby boumeurs ». Avec eux, les mœurs ont commencé à se libérer et discuter de sexualité devenait normal. Les femmes commençaient leurs émancipations. Elles ont toujours échangé sur la sexualité avec leurs amies, mais toujours discrètement dans leur cuisine. Les changements apportés par les années '60 ont fait en sorte que maintenant les gens peuvent en parler librement. En cinquante ans, nous sommes partis d'un sujet tabou à un qui devint anodin. Aujourd'hui, nous sommes à l'autre extrémité du balancier. Maintenant, la sexualité est banalisée. Elle est traitée avec la même désinvolture que choisir un chandail. Notre société de consommation a perverti le sexe à une vulgaire marchandise à consommer.


J'aime le sexe et je ne m'en cache pas. Un seul ex-amoureux vous dirait le contraire. Et il a raison en ce qui le concerne. Il m'a fallu des années pour comprendre qu'il était un ami. J'ai pensé à la maladie, les médicaments, les ennuis financiers et la maternité pour mon manque de désir. Lorsque j'ai réalisé que les relations sexuelles sont différentes en intensités, en émotions, en tout, selon le partenaire. J'avais compris depuis longtemps que nous n'aimons jamais deux fois de la même façon, chacun des partenaires qui sera dans notre vie nous fera vibrer de façons différentes. Et ça s'applique aussi à l'acte d'amour. Même si les gestes sont les mêmes, nous ressentirons différemment cette union. Le sexe ou la sexualité n'est pas seulement une question de besoin physique. Il doit y avoir du désir, de l'attirance, un désir de partage de notre intimité avec l'autre et surtout des sentiments. Avoir du sexe pour du sexe, ce n'est pas pour moi. Je n'aime pas ce sentiment de vide émotionnel qui l'accompagne. Les amis n'entrent pas dans la catégorie relation sexuelle possible, sauf une personne choisie comme ami avec avantage. C'est une personne ou l'attirance sexuelle est forte, mais nous savons que nous ne serons jamais amoureux d'elle.

Pour moi, le sexe n'est pas une monnaie d'échange ni un outil pour faire des pressions ou du chantage n'a l'autre. Je considère que dire à l'autre : « je ne te donnerais pas de sexe si je n'obtiens pas tel truc » n'est pas du chantage, mais se vendre. Je ne me priverai pas d'une bonne baise pour des conneries. J'aime les jeux amoureux qui précèdent l'acte, attiser le désir de l'autre durant la journée, provoquer, faire monter « la tension ». Arriver au point où nous avons hâte de nous retrouver avec l'être aimé. Penser aux folleries que l'on peut faire pour attiser subtilement ou provoquer ouvertement. Souvent, ces jeux rendront la « rencontre » plus intense. Il y a des moments ou le long sexe est génial. Prendre le temps de caresser, d'embrasser, d'explorer l'autre, prendre le temps de savourer chaque minute. Il faut avoir du temps devant soi. Et à l'opposé, il y a la « petite vite » quand l'envie est pressante. Peu importe la forme que prendra ce moment d'intimité, l'important est d'être avec la personne qui nous fait vibrer

Malgré le fait que j'aime le sexe, je peux m'en passer durant de longue période. Je ne suis pas du genre à aller à droite et à gauche. Voyez-vous, lorsque je suis célibataire, je prends le temps de faire mon deuil de l'ancienne relation. Je ne désire pas retourner dans une relation tant que cette étape n'est pas terminée. Et lorsque je suis en couple avec une personne et que les relations sexuelles sont géniales. Il est normal d'en vouloir souvent. Je déteste les hommes qui cataloguent les femmes qui ont des désirs, de « nymphomanes ». Il en existe, je le concède, mais une femme normale peut vouloir avoir des relations sexuelles plusieurs fois par semaine. C'est un stéréotype de dire que la femme refuse toujours. Il faut trouver pourquoi elle refuse, il y en a qui n'aime pas le sexe, ça peut être une corvée, pas de tendresse, les soucis, la maladie. La liste peut être longue, mais essayer de comprendre est généralement salvateur.

## Les amis santé et l'auto-exploration

Ils existent, le sujet est moins tabou qu'il y a quelques années. Les amis santé ou amis avec avantages ont la cote. Les gens ne veulent plus s'investir dans une relation à long terme. Ah! Ils vous diront qu'ils désirent vivre en couple, mais pas au détriment de leurs habitudes et de conciliation. En réalité, ils veulent vivre une vie de célibataire dans une relation de couple. Ils désirent avoir la stabilité qu'un couple apporte, mais pas les responsabilités. Donc inévitablement, les relations durent moins longtemps et le retour au célibat est assez fréquent. C'est là qu'entre en jeu l'ami santé. J'en ai eu deux, pas en même temps, et je n'ai pas honte de le dire. Ils m'ont permis de vivre sereinement le deuil de deux relations. J'ignore pour les autres, mais les amis santé que j'ai eus étaient des personnes géniales. Et je pense que nous répondions à un besoin que les deux avions à ce moment précis. Je ne désirais pas être en couple et eux non plus. Nous nous sommes vus parfois simplement pour le plaisir de ne pas dormir seul. Mais la plupart du temps c'était pour le sexe. Il y a une certaine complicité qui s'installe avec un ami santé, le sexe n'est plus dénudé de sentiments, ce n'est plus seulement un désir charnel. J'ai choisi ces personnes, car la tension sexuelle était forte entre nous. Il y avait une certaine chimie.

L'auto-exploration ou l'autosatisfaction est importante. Pour tous, connaître notre corps est un plus. Nous apprenons ce qui nous plaît, ce qui nous laisse froids ou ce qui nous agresse. Si nous voulons nous épanouir sexuellement, nous devons savoir ce qui nous stimule. Il est important d'en faire part à notre partenaire. Car il pourrait, sans savoir, poser des gestes que nous n'aimons pas. Et du coup, la partie de plaisir devient moins plaisante. Il n'y a rien de honteux ou de dépravé à se donner du plaisir. Au contraire, c'est un comportement sain.

## Le non-désir

Il n'est jamais apprécié, il perturbe et il est frustrant pour la personne qui l'éprouve. Les raisons sont multiples, allant de la fatigue à la maladie, en passant par la psychologie et la médication. Il n'est jamais plaisant quand il arrive, souvent notre conjoint ne comprend pas ce qui nous arrive. Je l'ai vécu de différentes façons au cours de ma vie. La première fois est en lien direct avec la grossesse et l'accouchement de ma fille. J'avais trente ans et elle est mon bébé miracle. C'était ma dernière chance d'avoir un enfant. Donc le sexe a été mis de côté durant la grossesse et durant une longue période après l'accouchement. Je n'avais aucun désir charnel, cette baisse de libido était psychologique, car le physique était en parfait état. Je ne me suis jamais questionnée sur ce manque de désir, je savais que plusieurs femmes l'éprouvent suite à un accouchement.

Il y a eu la période de la maladie. J'avais perdu le « contrôle » de mon corps. Le sexe était ma dernière préoccupation. Je n'en aurais pas eu durant quatre ans et ça ne m'aurait pas affecté. Mais pour mon conjoint de l'époque, c'était impensable. De toute façon, je ne pouvais pas lui en demander autant. Il avait déjà vécu la période « maman ». Il avait assez donné. Donc durant ces quatre années, j'ai eu sporadiquement des relations et ce n'était pas par désir. Lorsque le désir fait défaut, la « mécanique » ne coopère pas et les relations sont dépourvues de plaisir. Donc on se retrouve dans une situation qui s'envenime et ça devient une corvée. Pour une personne qui aime le sexe, c'est une situation incongrue. Par contre, on comprend rapidement que le questionnement, le reproche et la culpabilité n'ont pas leur place. On n'a pas à justifier cette panne de désir.

Il y a eu celle causée par l'antidépresseur, c'est un effet secondaire de son utilisation. Donc combiné à la maladie. On peut dire que mon désir est passé aux oubliettes. Je ne pensais pas que le désir pouvait disparaître « chimiquement ». Je n'avais aucun problème physiquement, mais l'antidépresseur masque certaines émotions et sans émotion il n'y a pas de désir. Par contre pour un homme ça influe aussi sur la « mécanique ». J'ai fréquenté un homme qui en prenait et malgré le désir, le corps ne répondait pas. Une aide supplémentaire était nécessaire. Il faut le vivre pour comprendre la frustration que ça engendre chez un homme. Et plus il y a frustration, moins le corps réagit. Dans la même veine, on peut retrouver le « calme plat » causé par les abus de drogue ou d'alcool. Ce sont des dommages collatéraux irréversibles. Rien ne réparera le système nerveux qui a été touché par ses abus. Il faut être conscient que la médication appropriée sera nécessaire, ce qui enlève la spontanéité. De plus lorsque les dommages seront trop avancés, même la médication ne fonctionnera plus.

Que la baisse de libido soit causée par un problème financier qui occupe toutes nos pensées, un problème familial ou professionnel. Il est important de ne pas focaliser dessus. Plus nous allons éprouver de la culpabilité, plus le problème perdurera. Il faut se dire que c'est temporaire tout comme le problème qui nous préoccupe. Si elle est causée par un médicament ou un traitement. Se prendre la tête est inutile. La situation reprendra son cours normal à la fin du traitement. Ce n'est pas de minimiser son impact, mais il faut regarder la situation pour ce qu'elle est, rien de plus, rien de moins. Durant cette période, on peut en profiter pour apprendre à apprécier notre partenaire avec de la tendresse, des massages et de la compréhension. Le sexe est un plus à une relation, mais il n'est pas la base.

# Troisième partie

Tout ce qui touche les émotions

# La vie au féminin

Je ne pourrais parler de la vie et de tout ce qu'elle comporte sans aborder ce sujet. Désolé messieurs, mais je vais parler de trucs de femme. Je ne suis pas la femme la plus féminine du coin, si l'on se fie aux critères de féminité qui nous pourrissent la vie. Je ne me maquille pas, il est hors de question que je perde une demi-heure de sommeil pour ça. Je m'aime au naturel, sans artifice. Aussi paradoxale que ça puise l'être, je peux changer de couleur de cheveux comme je change de chandail. C'est selon mes humeurs du moment. Mes tenues vestimentaires sont choisies pour me plaire à moi. Je ne choisis pas en fonction des autres, mes critères sont simples; les tissus doivent être doux et confortables. Je ne remplis pas les critères de féminité, je suis autonome dans plusieurs domaines, certains hommes m'ont déjà dit que j'étais une femme castrante à cause de cette autonomie. Pour moi, la féminité n'est pas dans la tenue vestimentaire que l'on ne porte, ni dans notre autonomie ni dans tous les stéréotypes que la société nous impose. C'est un état d'esprit, un état d'être, c'est se sentir bien dans notre corps et l'aimer. Je me sens féminine même si j'ai un marteau dans les mains ou une scie. Je n'ai pas besoin de porter une robe pour me sentir belle et désirable.

Je n'ai pas toujours été comme ça. J'ai appris à m'aimer et à m'accepter tel que je suis. Ça m'a pris des années, voire presque trois décennies, pour enfin accepter mon corps. À partir de l'adolescence jusqu'à mes quarante ans la seule partie de mon corps que j'aimais, c'était mes fesses. De plus, je ne comprenais pas l'hostilité des autres filles autour de moi envers moi. Pour elles, j'étais parfaite je mesure 1 mètre 64 et je pèse 49 kilos. Je n'ai jamais eu de gras et depuis mon adolescence je me bats pour engraisser. Je suis certaine que pour vous je me plains pour rien. Bien, voyez-vous lorsque nous n'avons pas de gras du tout, c'est problématique lorsqu'on est malade. Notre corps n'a aucune réserve et parfois c'est dangereux. Je ne peux me permettre d'être 3 jours sans manger à cause d'une gastro. Ma perte de poids est rapide et prise dans la masse musculaire. Médicalement, pas de réserve est aussi dangereuse que trop. Je me trouvais trop mince, trop maigre. Je détestais mes bras, mes jambes et mon nez par-dessus tout. À l'adolescence, j'ai commencé à mettre des pantalons en tout temps, peu importe la température extérieure, je les portais. Je peux dire que j'ai eu souvent très chaud, mais je détestais à ce point mes jambes et je refusais les montrées. De plus, je portais des chandails trop grands ou d'homme afin de cacher ma poitrine et mes bras. Des complexes, j'en avais des tas. Tous les gens qui me connaissent bien s'étonnent encore lorsqu'ils me voient en robe. Lorsque je me suis marié, mes amis disaient que c'était impossible que je porte une robe ce jour-là. J'en ris encore aujourd'hui, car j'ai bel et bien porté une robe.

Le plus difficile a été mon entrée dans l'hôtellerie, mon cauchemar ! Je ne détestais pas l'emploi, bien au contraire j'ai adoré. Mon cauchemar était l'habillement pour le travail. Dans le premier bar où j'ai travaillé, le port du pantalon était interdit et les souliers à talons hauts étaient obligatoires. Je peux affirmer que pendant plus d'un an et demi, j'ai été mal à l'aise de louvoyer entre les tables pour faire mon travail. Ensuite, j'ai toujours trouvé des « bars » ou le port du pantalon était permis. Ce qui ne m'a pas empêché de faire ce métier durant dix-huit ans et de posséder mon propre bar.

## L'adolescence

Les femmes vous le diront, ce n'est pas facile de trouver son identité parmi tout ce que l'on voit ou entend. Au lieu de se plier a nos besoins et désirs, les compagnies font tout pour que ce soit nous qui nous plions au leur. Je comprends les jeunes femmes qui doivent rivaliser avec les fausses images qui sont placardées partout autour de nous. Il y a tellement de fausseté qui perdure au sujet des femmes que l'égarement des adolescentes est quasi normal. Elles doivent se plier aux exigences des compagnies et des garçons qui ne voient que des images retoucher et des corps refaits. Chacun se perd dans le labyrinthe du matérialisme.

Je regarde ma fille garder son intégrité et son identité avec de grands efforts. Quotidiennement, elle s'affirme et ne se laisse pas influencer par tout ce qu'elle voit ou entend. Souvent, elle a été laissée pour compte, ne se conformant pas aux stéréotypes. Je sais que c'est difficile pour elle, d'être qui elle est, de connaitre sa valeur et ce qu'elle veut. Elle ne suit pas les tendances ni ne s'habille avec du linge de marque. Elle est authentique, elle est simplement elle. Elle a une maturité qui fait défaut à sa génération, pour elle, l'être humain et ses sentiments sont plus importants que le matériel. Lorsqu'on discute avec elle, souvent on oublie qu'elle est adolescente. Elle a son côté sombre comme nous tous, elle vit son adolescence d'une façon totalement différente de la mienne. Elle est sereine, ce que je n'étais pas. J'avais besoin de fuir, pas elle. L'adolescence n'est pas plus facile aujourd'hui qu'elle ne l'était à mon époque. C'est ma perception qui a changé, pour tous c'est « l'âge ingrat » ou les changements hormonaux sont majeurs et importants. Le corps de la femme se prépare à donner la vie, le bouleversement est autant physique, psychique qu'émotionnel. Ce qui a changé ma façon de voir l'adolescence est un article de Renée Laurin dans le journal en 2007. Il m'a fait réfléchir, revoir ma conception de la puberté. J'ai pris le temps de m'assoir avec ma fille et de lui expliquer les changements qu'elle subirait. Que c'est quelque chose de bien, de positif.


Je ne pense pas que la perception des gens a beaucoup changé face à la puberté féminine. On se fait dire : « voilà, chaque mois tu auras des menstruations et fait attention a ne pas devenir enceinte ». Fin de la discussion. Mais ce n'est pas que cela la puberté, c'est tellement plus. Il y a la partie hormonale qui nous déstabilise, elles fluctuent en entrainant toutes les autres hormones dans leur sillage. Notre corps ne change pas comme on le voudrait. Pour certaines, l'acné fait son apparition et détruit le peu d'estime d'elle, qu'elles ont. Et psychologiquement, on ne se reconnait plus. Tout change, pour un temps nous perdons notre identité, nous essayons tant bien que mal de nous retrouver dans ce fouillis d'émotions contradictoire qui nous assaille de tout côté. Nous ne sommes plus des enfants, mais nous ne sommes pas encore des adultes. On a l'impression que les règles ne sont plus définies comme lorsque nous étions enfants et que celle des adultes ne nous concerne pas. Nous sommes dans une zone grise, entre deux mondes bien définis qui nous oublient.

Les adultes jugent sans cesse les adolescents, généralisant leur négativité à l'ensemble de cette « population », voyant seulement les jeunes qui confortent leur jugement négatif. Pour eux, tous les adolescents sont irresponsables, drogués et non travaillants. Pour être franche, pour eux, c'est une génération perdue qui ne fera rien de bon rendu adulte. Le plus drôle c'est qu'à chaque génération le discours est le même. Jamais ils ne regardent ceux qui travaillent fort pour réussir et avoir un avenir prometteur. Ceux qui savent ce qu'ils veulent faire de leur vie, qui se conforment à leur valeur et qui vivent respectueusement. S'ils prenaient deux minutes de leur temps, ils verraient que leur conception de la « jeunesse » est biaisée par un infime pourcentage de délinquants. Je travaillais avec des adolescents et ce qui m'a frappé le plus est le fossé qui existe entre ceux qui sont déterminés et ceux qui se cherchent. La vie va trop vite pour eux, la technologie les a englouties, leur enlevant une certaine partie de leur identité pour leur en procurer une qui est fausse. Les médias sociaux remplacent lentement les rencontres, le virtuel prend trop de place dans leur vie enlevant toute la chaleur humaine d'une amitié sincère. Le progrès est leur pire ennemi, quoi qu'on en dise.

L'adolescence ou puberté est un passage obligatoire. Elle fait partie de notre évolution en tant qu'humain, elle nous ouvre de nouveaux horizons en changeant notre façon de penser et de percevoir la vie. Elle permet de nous épanouir, de devenir un adulte qui sera en pleine possession de ses moyens. Si nous nous donnons la chance de bien vivre cette étape importante de notre vie et de ne pas vouloir aller trop rapidement. Devenir un adulte en oubliant d'être un adolescent va a l'encontre de notre évolution. Tôt ou tard, nous serons obligés de passer cette phase et parfois elle revient au moment ou on s'y attend le moins et détruit une partie de ce que nous avons bâti.

Cette année, je suis allée en vacances durant le « spring break américain ». Je regardais les jeunes sur la plage et pour une fois, j'étais fière des jeunes femmes de cette génération. Il y a environ 15 ans, une mode plutôt néfaste avait fait son apparition aux États-Unis. Une nouvelle jeune chanteuse avait fait un tabac dans le monde de la pop et malheureusement, elle s'était fait mettre des implants mammaires. Donc, il était de mise de donnée comme cadeau de graduation des implants mammaires. Je peux vous dire que les chirurgiens de l'époque ne prenaient pas en considération que le corps de ces jeunes filles n'avait pas encore fini de former. Mais cette année, j'ai vu des centaines de jeunes femmes avec des poitrines naturelles. À vrai dire, je n'en ai vu aucune avec des « faux » seins. J'étais et suis fière d'elles. Elles ont « décidé » qu'elles étaient maitresses de leur corps et qu'elles ne se laissaient influencer par les valeurs véhiculées par les médias. Je souhaite qu'elles sachent garder cette intégrité.

## L'âge adulte

Puis nous passons à l'âge adulte aussi doucement que nous sommes entrés dans l'adolescence. La transition se fait toujours subtilement, nous ne nous levons pas un matin et l'adolescence est terminée et nous sommes devenus adultes. Ça se fait doucement, puis un jour notre changement est terminé. Nous, nous sentons bien dans notre peau à nouveau, nous voyons la vie différemment. Et là, pour certaines, le syndrome prémenstruel fait son apparition dans toute sa splendeur. Il a commencé durant l'adolescence, mais on dirait qu'il atteint toute sa puissance à l'âge adulte. Certaines femmes vont avoir la chance d'éprouver un léger inconfort, mais, pour d'autre ça sera la catastrophe chaque mois. Pour ma part, le syndrome me rend impatiente et plus agressive que je ne le suis déjà. J'ai essayé plusieurs options pour le contré mais sans vrais résultats. Mon pire problème était des menstruations irrégulières, abondantes et douloureuses. Et la migraine qui l'accompagnait me rendait in fonctionnelle durant 24h. La pilule contraceptive n'était pas pour moi, je l'oubliais une journée sur deux. Donc ça n'avait aucune utilité, ne la prenant pas en continu. Je l'ai prise de 15 ans (pour régler les menstrues) à 19 ans. J'ai utilisé le condom comme contraceptif durant les 25 années qui ont suivi.

Après mon mariage, j'ai voulu avoir des enfants. J'ai connu la douloureuse défaite face à l'enfantement. Durant une période de quatre ans, j'ai fait cinq fausses couches. Beaucoup trop selon mon médecin. Nous nous sommes questionnés face à ce résultat. J'ai eu mal, j'ai pleuré, j'ai ressenti un vide immense et une incompréhension à chaque fois. Je me suis remise en question, et surtout j'ai longuement réfléchie à mon désir d'avoir un enfant. Je me suis mis une date butoir et j'étais en harmonie avec celle-ci. Si a trente ans je n'avais pas d'enfant, je n'en aurais pas. Je ne voulais pas avoir une plus grande différence d'âge avec mon futur enfant. Quand je l'ai dit à mon gynécologue, il a rigolé et m'a répondu : « on ne menace pas Dieu ». Je me suis séparé de mon mari peu de temps après ma cinquième fausse couche.

Un an plus tard, je rencontrais le père de ma file et je suis devenue enceinte rapidement. Je désirais cet enfant, mais je ne voulais pas souffrir encore, donc durant les trois premiers mois, j'ai agi en ne voulant pas y croire. Surtout que mon gynécologue m'a dit : « c'est ta dernière grossesse, ça passe ou ça casse ! » Quand le quatrième mois est arrivé, tout était parfait et je savais que c'était la « bonne fois ». J'ai eu le plaisir d'avoir une grossesse sans problème, rien, vraiment rien. Pas de maux de cœur, pas de pieds qui enflent, j'ai pris le minimum de poids que l'on peut prendre enceinte. J'ai continué ma routine jusqu'à la fin. Si ça n'avait été du virus que j'ai attrapé quelques jours avant l'accouchement, j'ai eu une grossesse de rêve. Il est certain qu'à partir d'une certaine période les hormones sont difficiles à gérer. Ma patience légendaire a été mise à rude épreuve. J'ai mis à la porte le père de ma fille au moins cinq fois. J'ai aussi mis un terme à mon entreprise de lettrage. Et comme toutes les femmes, je me suis trouvée grosse, laide et non désirable. À un stade, j'avais l'habitude de dire que je ressemblais à un cachalot échoué sur une plage. Pourtant je n'ai pris que 14 kilos. On se regarde dans le miroir et durant les derniers mois, on se trouve laide, les traits tirés par les nuits d'insomnies, les cheveux ternes, nos yeux ont perdu leur étincèlent du début de la grossesse et j'en passe.

L'accouchement ne s'est pas bien passé. J'avais contracté un virus et ça a compliqué les choses. J'ai eu droit à quatre jours de fausses contractions avec vomissement. Je passais la journée chez moi et la nuit à l'hôpital avec un soluté pour me réhydrater. Ça a affaibli mon corps et celui de ma fille. À la quatrième journée, mon gynécologue a décidé de provoquer l'accouchement. J'ai eu l'injection à 8 heures le matin et ma fille est venue au monde à dix-sept heures dix minutes. À la première poussée, son cœur a cessé de battre. L'infirmière qui s'occupait de nous a fondu en larme et le père de ma fille a été gentiment expulsé de la chambre. Le médecin est entré et m'a dit : « tu vas pousser qu'une seule fois, mais il faut que ça soit fort et longtemps. Je dois aller la chercher. » Et c'est ce que nous avons fait, j'ai poussé une seule fois et il a été la chercher avec les « forceps ». Son cœur ne battait pas, une équipe de réanimation l'attendait dans la chambre. Le médecin l'a mise sur ma cuisse pendant qu'il coupait le cordon et qu'un autre médecin lui nettoyait les voies respiratoires. À la minute où elle a été libérée de moi, ils l'ont amené. Le silence était oppressant, personne n'osait bouger et attendait le résultat de la réanimation. À dix-sept heures quatorze, elle reprenait vie. Son cœur battait normalement, elle n'aurait aucune séquelle. Tous les gens présents dans les pièces ont enfin respiré. Mon médecin s'est remis au travail pour sortir le placenta et me recoudre. Il n'a pas fait dans la dentelle pour la sortir, sa vie en dépendait. Lorsqu'il a commencé à me coudre, l'atmosphère était toujours tendue, je lui ai demandé : « allez-vous m'en faire une neuve ? » Et tout d'un coup, tout est redevenu normal, j'avais enfin mon jovial gynécologue en face de moi. Lorsque ma fille a été nettoyée, j'ai pu enfin la tenir dans mes bras. Elle a fait une entrée inoubliable dans ma vie. La température extérieure fessait écho a la tempête que nous venions de traversé, ce fut l'une des premières tempêtes de neige de cet hiver. J'avais mon bébé doublement miracle, elle tenait a la vie.


Après l'accouchement, les menstrues sont devenues moins douloureuses, moins irrégulières, mais toujours aussi abondantes. Il est vrai qu'avoir un enfant change les règles. J'ai beaucoup discuté avec mon médecin, au début il croyait que mes précédentes fausses couches étaient dues à la non-compatibilité des gènes entre mon ex-mari et moi. Maintenant, nous savons que c'était du a ma thyroïde défaillante. Après ma fille, j'ai refait une autre fausse couche. C'était la dernière, il n'était plus question que je devienne enceinte à nouveau. C'était trop dangereux pour moi. À vrai dire, ce n'était plus important pour moi d'en avoir un autre. J'avais une fille. Et comme le disait mon docteur : « tu as mis Dieu au défi, tu es devenue enceinte a trente ans et accouché a trente et un. Il a respecté sa part du marché ». J'ai du reprendre un contraceptif vers quarante ans, ma thyroïde étant hors contrôle, elle avait entrainé avec elle mon système hormonal féminin. J'ai dû me résoudre à prendre du dépo-provera en injection aux dix semaines durant trois ans. Je ne peux pas dire que j'ai détesté, bien au contraire, ça a mis fin à mon cycle durant trois ans. Par contre, ça provoque une fausse préménopause, ce qui est désagréable, et ça diminue la densité osseuse.

## La préménopause

Je ne pourrais dire si la fausse préménopause a enclenché la vraie, mais dans mon souvenir ça fait longtemps que j'ai chaud. Même si je cherchais une réponse pendant des mois, ça ne changerait rien au fait que je suis dedans. Pour être honnête, je trouve que la préménopause ressemble à la « crise d'adolescence ». Nous passons sensiblement par les mêmes étapes à la différence que notre corps fait son changement pour devenir simplement femmes. Nous avons les mêmes soubresauts hormonaux et la même phase colère qui se termine par la phase légèrement dépressive. J'aime la colère de la préménopause, elle nous permet de régler les choses du passé qui traine et de nous défaire de certains bagages. Plus nous acceptons cette colère et ses bienfaits, plus nous sommes légères. Il n'est pas toujours facile de faire face à ce qui remonte ni au besoin de changement qui nous habite.

J'ai lu plusieurs livres sur le sujet et ceux de la gynécologue Christiane Northrup sont géniaux. J'ai pu mettre des mots sur ce qui m'arrive et surtout le comprendre. D'une certaine façon, j'avance plus sereinement. Je sais que ce qui se passe en moi est normal, que ce gout de liberté qui m'habite est une conséquence directe de ce changement. Je réalise que je suis au milieu de ma vie et que je vais avoir de nombreuses belles années à venir. Si je me défais de tous ces bagages inutiles que je traine, elles seront encore meilleures. Je pense que c'est ce besoin qui m'a poussé vers l'écriture de se livre, faire le tour de tout ce que la vie m'a appris afin de faire de la « place » pour de nouvelles choses. Je suis à un tournant important de ma vie et j'ai l'intention de l'embrasser. Je souhaite à toutes les femmes de bien vivre leur préménopause afin d'avancer sans aucun regret dans l'aventure qui se profile à l'horizon. Il ne faut jamais oublier qu'il nous reste pratiquement autant de temps après celle-ci qu'avant. Nous sommes au mi-temps de notre vie.

La préménopause apporte des bienfaits, c'est indéniable. Mais les inconvénients sont parfois « chiants ». Il n'y a pas que les chaleurs nocturnes qui sont harassantes, elles nous tiennent réveillées la nuit. Dans mon cas, c'est pratiquement toujours a la même heure ensuite vient le pic de la « charmante » hormone du réveil. Je la déteste celle-là! Avec le temps, j'ai compris comment faire pour pouvoir me rendormir. Parfois, ma patience (qui est déjà courte) suit la courbe de l'insomnie. Faut pas se leurrer, plus l'insomnie est présente, plus les inconvénients de la préménopause sont actifs. La patience et la bonne humeur s'enfuient, le mal de tête, l'agressivité et la fatigue font leur apparition. On voudrait ne pas devenir un tyran, mais c'est difficile de garder son sang-froid quand on se sent comme si un semi-remorque nous avait frappés. En réalité, on a besoin de temps pour nous, pour faire le vide et le point. En un mot pour respirer. Et dans ces moments, on se sent agressé par les gens qui nous entourent, on a l'impression qu'ils nous vident du peu d'énergie que nous avons. Il est difficile de faire comprendre aux autres que nous sommes moins réceptifs et disponibles. Durant nos années de « mère », nous nous sommes oubliés au profit des autres, notre système hormonal est conçu pour materner et c'est ce que nous avons fait durant une longue période de notre vie. Il est difficile pour eux de comprendre que nous reprenons le cours de notre vie. La période « maternage » est terminée, ça ne veut pas dire qu'on va cesser d'être là pour eux ou qu'on va les expulser de notre vie. Ça veut simplement dire que nous nous réservons des moments pour nous.

Avec le temps, les menstrues sont censées s'espacer jusqu'au jour ou elles vont cesser complètement pour ne pas revenir. Dans mon cas, ça ne s'est pas exactement passé comme ça. Tout est revenu comme à l'adolescence, un cycle court de 14 jours et des hémorragies. Moi, qui rêvais à cette période de ma vie pour enfin souffler un peu et voir mon cycle s'espacer et diminuer. Résultat, mon taux de fer à commencer à descendre malgré nos tentatives pour le stabiliser. Après avoir discuté avec mon médecin de famille et mon gynécologue, j'avais trois choix : le dépo-provera jusqu'à la ménopause, le curetage de l'endomètre ou l'hystérectomie. Concernant le dépo-provera, ce n'est pas une solution viable à long terme. Je l'ai déjà eu donc je ne peux le reprendre pour une période prolongée. Avec le temps, il détruit la masse osseuse. Nous l'avons essayé et ça n'a pas fonctionné comme prévu. Le curetage de l'endomètre ne fonctionne pas toujours donc la seule véritable option qui demeure est l'hystérectomie. J'avais des problèmes de conscience avec le fait de retirer un organe sain. Lorsque j'en ai parlé avec mon endocrinologue, il m'a dit : l'organe n'est pas sain quand il ne fonctionne pas comme il devrait le faire, de plus il met ta vie en danger.


J'ai subi l'hystérectomie vaginale fin mars 2015. L'opération s'est bien déroulée. J'ai passé 48 heures à l'hôpital, j'avais vraiment hâte de revenir à la maison. On est bien traité, mais pour dormir ce n'est pas le meilleur endroit au monde. La douleur est soutenable et par vague. Je ne regrette pas d'avoir choisi cette option, je sais que lorsque la guérison sera terminée mon état de santé va se stabiliser. Je dois par contre faire une mise en garde contre cette opération de « routine ». J'ignore si la procédure est la même partout, au Québec, ils préconisent l'anesthésie locale, l'épimorphe. C'est une technique qui est bien, nous n'avons pas d'anesthésie générale. Le problème est pour les personnes comme moi, très sensibles aux médicaments, la dose de morphine est « énorme ». Je m'explique, la morphine a pour but de ne pas sentir l'opération et durer durant les 24 heures suivantes. Dans mon cas, ce fut catastrophique, mon médecin est venu s'excuser pour la trop forte dose qu'ils m'ont administrée. Mon organisme a été saturé et a fortement réagi. Je vous passe les détails, mais je sais que je ne serais jamais toxicomane juste avec cette expérience.

Pour mon médecin, je suis officiellement ménopausée. Pour lui, l'absence de règles est synonyme de ménopause. Ce qui est le cas pour une femme qui a toujours son utérus. Le problème est que j'ai encore mes ovaires. Donc, tous les mois j'ovule, j'ai le syndrome prémenstruel et les douleurs aux ovaires. C'est énervant avoir les douleurs et le SPM sans le reste. Avec l'absence de règle on oublie facilement notre cycle. Il va être surpris de savoir que j'ai encore mon cycle. Selon lui, lors de l'enlèvement de l'utérus, le corps va automatiquement aller vers la ménopause et cesser la libération d'ovule. Ce qui n'est pas mon cas. Est-ce que ça me surprend? Non, aucun corps humain ne réagit de la même façon et dans les mêmes délais. Ça ne m'inquiète pas outre mesure. Bien au contraire, avoir encore mon cycle est bénéfique pour mon corps donc j'apprécie qu'il soit toujours à l'œuvre. Ce qui veut dire que je vis avec la préménopause et ses « plaisirs ».

# La maladie, les malaises, etc.

*7 janvier 2012*

*Salut tout le monde,*

*Vous savez tous les messages qui sont mis pour le cancer ? Ben ce genre de message parfois me dérange énormément... J'ai eu un cancer, je l'ai vaincu et à tous les ans pour les dix prochaines années je vais devoir passer des tests pour savoir si je suis toujours en rémission... Vous savez, dans mon cas perso, je n'ai pas besoin qu'on me le rappelle sans cesse... J'ai déjà eu bien assez de vivre avec et de savoir qu'il plane toujours...*

*Je sais que ça part d'une bonne intention, mais si vous vous mettiez a la place d'une personne qui l'a eu pendant 5 minutes, je ne suis pas certaine que vous voudriez qu'on vous le rappelle sens cesse... Le cancer, ça fait peur quand tu l'as, ça change tout ! Vraiment tout ! Déjà, avoir le diagnostic, ça détruit pour un certain temps, ensuite il y a l'opération et les traitements. Pour ensuite attendre entre un an, 5 ans ou 10 ans ( car pour le cancer de la thyroïde comme moi, il peut revenir dans un délai de 10 ans) pour avoir la rémission totale c'est long , c'est angoissant, c'est omniprésent dans la vie. La seule* chose qu'on veut c'est de penser à autre chose qu'à ça, simplement...

Je prends la peine de vous le dire parce que je sais que la personne pour qui vous le faites compte pour vous, mais la plus belle chose que vous puissiez faire pour elle, c'est de cesser de ne la voir qu'au travers de celle-ci, car cette personne est autre chose qu'une personne malade, qu'un survivant ou une personne qui n'y a pas survécu. C'est ou c'était une personne qui a marqué votre vie pour d'autres raisons que le cancer et c'est à ça que vous devriez penser quand vous pensez à elle et non à la maladie.

Peut-être que les messages concernant le cancer que j'ai vu aujourd'hui sur Facebook[2] me "dérangent" plus que normalement, car je suis dans la semaine de "rémission" comme je l'appelle. J'ai déjà bien assez d'aller voir le spécialiste pour avoir le résultat de mes tests sans qu'on me le rappelle sans cesse. Je vis avec et je fais tout pour l'oublier et avoir une vie normale.

Donc svp, quand vous mettez ce genre de message, prenez 2 minutes pour vraiment penser à la personne pour qui vous le faites et demandez-vous si elle voudrait vraiment que ce message lui soit destiné. Elle préférerait  peut-être lire: je t'aime, ça va aller, passe une merveilleuse journée .....

La marque de respect, dans mon cas, n'est pas de me le rappeler sans cesse, mais plutôt de me voir comme je suis réellement

[2]Facebook, réseau social sur internet fondé par Mark Zuckerberg.

*présentement et non comme une survivante*

*Bonne journée*

*Message mis sur Facebook par moi à cause du ras-le-bol des messages mis continuellement par les usagers*

J'aurais pu commencer ce chapitre plus doucement, mais je n'en vois pas l'utilité. La maladie n'est pas toujours tendre avec nous. Elle arrive quand le corps a épuisé toutes ses ressources pour nous faire comprendre quelque chose. Je crois et suis convaincue que tous nos malaises et maladies découlent de notre façon de voir la vie. Elles viennent de la peur et la colère, deux émotions qui font des ravages, ou de notre négativité. Souvent, on a de petits malaises, mais on est trop pressé pour s'arrêter quelques minutes et regarder ce qui nous dérange dans notre vie. Si on le faisait, on s'épargnerait beaucoup de désagrément, d'angoisse et visite chez le médecin. Et parce qu'on ne porte pas attention au message véhiculé par les malaises, le corps et l'esprit, d'un commun accord, augmentent l'intensité de leurs messages graduellement de la maladie bénigne a la maladie mortelle.

Il y a des gens comme mon père qui traversent la vie sans jamais être malades. Ils peuvent avoir un rhume une fois par dix ans, mais sans plus. Ils ne prennent pas soin de leur santé ni de leur alimentation. Ils feront un peu de cholestérol ou de la pression. On va dire d'eux que ce sont des forces de la nature. Je pense plutôt que ce sont des gens qui vivent en harmonie avec eux-mêmes. Leur façon de voir la vie est positive, simple et réaliste. Ils voient toujours le bon côté des choses ou des gens et ne se laissent pas influencer par la négativité des gens environnants. Ils peuvent se blesser à l'occasion, mais la guérison sera rapide et s'en encombre. Ils voient un médecin de temps à autre surtout pour faire plaisir aux gens avec qui ils vivent, pour eux ils n'en ont pas besoin. Et ils n'ont pas complètement tort. D'une certaine façon, j'envie leur sérénité.

## Petits malaises et désagréments

Nous en avons tous de ces petits malaises. Ils sont dérangeants, mais ne perdurent pas dans le temps. Une petite indigestion de temps à autre, un mal de tête, un mal de ventre... Notre corps ne fait que nous donner un message, tout ce qui se rapporte à la digestion est toujours relié à un événement que nous avons de la difficulté à « digérer ». Souvent, nous allons passer outre, ne rien dire et passer à autre chose. Mais nous devrions prendre deux minutes pour nous arrêter et tirer la situation au clair. Souvent, nous ne disons rien par peur de blesser les gens ou de créer un froid, et nous en payons la note. Les malaises et désagréments sont là pour nous apprendre à nous respecter et dire ce qui est important pour nous. Nos pensées négatives peuvent aussi à l'occasion, quand notre organisme est saturé, apporter des maux de tête ou des migraines. Nous devrions avoir l'habitude de régler les malaises dès qu'ils se pointent. Nous nous épargnerons bien des désagréments et surtout une évolution des « malaises ».

## Maladie bénigne

J'ignore pour vous, mais pour moi une maladie bénigne est souvent un virus qui passe; un rhume, une gastro entérite, une sinusite... Notre corps augmente légèrement ses signaux. Il essaie probablement depuis un moment de nous faire comprendre quelque chose. Nous avons ignoré les petits malaises. Nous n'avons pas pris le temps de nous arrêter quelques secondes pour faire une rapide introspection. De toute façon, qui prend le temps de le faire, direz-vous. Moi, je vous répondrais. Je ne passe pas des heures à regarder, avec le temps et la pratique ça peut prendre 20 minutes. De toute façon lorsque nous avons ces moments d'arrêt forcé, nous avons pleinement le temps de le faire. La méthode est simple, on s'arrête, on sent ce qui se passe en nous, autre que le malaise ou la maladie bénigne, et on porte notre attention sur les réactions. On peut découvrir un surplus de stress, de la nervosité, une « boule » d'émotion coincée au niveau du plexus... Lorsqu'on a identifié la réaction, on écoute notre discours intérieur. Et là, normalement, on y trouve beaucoup. Il s'agit d'arrêter ce discours, d'y mettre fin afin de retrouver notre équilibre émotionnel et physique. Le virus ne partira pas la journée même, il va continuer son chemin, par contre les symptômes eux vont diminuer de 75 %. Et ce sans médication.

Il y a aussi les croyances et les demandes dont on doit tenir compte. Remarquer le discours des gens de votre entourage. Plusieurs vont dire : « c'est immanquable, tous les ans j'attrape deux rhumes par hiver ». Il est certain qu'ils vont en avoir deux. La croyance est fortement ancrée en eux et en plus il le demande chaque fois qu'ils le disent. Tant qu'ils ne changeront pas leur croyance, rien ne changera. Ou encore, « il ne faut pas que je sois malade, je n'ai pas le temps pour ça ». Faut dire que c'est ma préférée. En disant cette affirmation, la personne augmente son niveau de stress, elle annonce clairement que son horaire est surchargé et qu'elle n'aura pas cinq minutes à s'accorder, de plus elle demande d'être malade. Une phrase, quinze mots et trois réactions, le tout fait en quarante-cinq secondes. On appelle ça de la « performance ». La vie va répondre, elle va nous « donner » un moment d'arrêt non plaisant afin de pouvoir s'accorder du temps.

Peu importe si la maladie bénigne vient de nos croyances, de nos demandes ou du fait que nous n'écoutons pas les messages de notre corps. C'est un signal nous disant qu'il est temps de revoir notre mode de pensée.

## La maladie

À cette étape, notre corps commence à en avoir vraiment marre de « parler » dans le vide. Ses ressources pour nous faire comprendre que notre discours intérieur et notre négativité l'intoxiquent sont pratiquement épuisées. Il nous parle plus fort, il désire que le message passe. Nous n'avons pas le choix, nous devons consulter un professionnel de la santé. Probablement que nous aurons à prendre des antibiotiques. Il est important d'avoir un diagnostic, nous pourrons aider notre corps et les antibiotiques en trouvant la cause de notre maladie. Toutes les maladies sans exception ont une cause émotionnelle. Toutes ! Il ne s'agit pas de faire de la masturbation mentale pour trouver. Ne penser qu'à ça n'aidera en rien. Souvent, c'est par l'écriture que nous finissons par trouver. Les pages du matin sont un excellent outil pour y parvenir (j'en parle en détail dans un autre chapitre). Notre but est de guérir et de faire en sorte que la maladie ne revienne pas.

En trouvant la cause psychologique ou émotionnelle de notre état, combinée à la médecine moderne, nous avons la recette gagnante. De plus en plus de médecins travaillent avec les deux approches; médicale et psychologique. Essayez-le au moins une fois. Vous pourriez être surpris du résultat.

## Les maladies graves

Si le message n'est toujours pas passé, que vous avez occulté tous les avertissements que votre corps a donnés. Il donnera un grand coup avec la phase « ça passe ou ça casse ». Il ne sait plus comment vous demander de vous arrêter et d'apprendre à vous aimer. Il est saturé de négativité, il n'a plus de tolérance. Dans les maladies graves, nous retrouverons les problèmes sévères respiratoires, les maladies cardiaques, les cancers, etc. Vous n'en mourrez peut-être pas immédiatement, mais le chemin va être long et pénible. J'en sais quelque chose, je suis passé par ce chemin.

En janvier 2008, j'ai eu un diagnostic de cancer de la thyroïde. J'ai été chanceuse, c'est un cancer qui a un taux de survie de 90 %, lorsqu'il est sous sa forme non agressive. Le tout à débuter par de l'hyperthyroïdie en 2004. Un kyste est apparu dans le lobe gauche de ma thyroïde vers la fin de la même année. J'ai vécu quatre années d'enfer. Mon corps avait développé une maladie auto-immune qui détruisait ma glande. En 2005, j'étais en hyper sévère et ce jusqu'à mon opération en mars 2008. Pour pallier aux dommages collatéraux de l'hyper, j'ai eu droit aux antidépresseurs, au dépo-provéra (pour arrêter mon cycle menstruel), au xanax pour calmer l'adrénaline et j'en passe. Durant quatre ans, j'ai survécu. J'étais trop dans la souffrance psychologique pour comprendre ce qui se passait vraiment avec mon corps. Pourtant, je pratiquais depuis des années le décodage du corps. Mais avec la thyroïde, j'ai mis des années à comprendre.

Je me souviens comme si c'était hier, lorsque j'ai fait ma demande. Un soir en me couchant, épuiser par ces longues années de combats. J'ai déposé les armes. J'ai dit à la vie : « tu règles ça comme tu veux, mais là j'arrête. Je ne me bats plus. » On était en novembre 2007. Environ une semaine plus tard mon kyste a changé. Je l'ai senti, ma voix à changer d'intonation et sur ma trachée c'était différent. J'ai communiqué avec mon médecin pour lui dire que quelque chose avait changé. Il m'a dit : « tu dois avoir fait une laryngite, tes examens de contrôle ont eu lieu il y a un mois et ton kyste est tel quel depuis plus de trois ans ». Je savais au plus profond de moi que ça avait changé. J'ai vu un autre médecin, qui m'a dit : « je vais te croire, tu connais ton corps et de toute façon c'est toi qui paie pour les examens. Je fais envoyer les résultats à ton médecin traitant ». Une semaine plus tard, je repassais une échographie et le résultat a surpris tout le monde. Mon kyste avait changé. En décembre, je passais la biopsie. Et j'ai eu la confirmation que le kyste avait évolué vers la forme maligne. Lorsque mon médecin m'a annoncé la nouvelle, je me suis mise à rire et je lui ai dit : « elle ne pourra plus jamais rien me faire, vous allez enfin l'enlever. Vous me dites que je vais enfin être libérée de l'hyper et recommencer à vivre. C'est la meilleure nouvelle que vous puissiez me donner ». La vie avait trouvé un moyen de mettre fin à ma souffrance. Je dois vous dire qu'au Québec, un médecin n'a pas le droit d'enlever ou brûler la glande thyroïde sauf en cas de cancer ou de grave danger pour le cœur. Cette glande est considérée comme le « master » du corps humain.

Le mot cancer fait peur, il ne faut pas se le cacher. Oui, j'allais être libérée, mais je devais passer par cette épreuve pour comprendre. J'ai eu l'ablation totale de la thyroïde le 13 mars 2008 et la cure d'iode en septembre de la même année. J'ai fait une thérapie durant cette période et fait le deuil de plusieurs choses. J'ai aussi appris à me pardonner. À ce jour, je reste convaincu que ce cancer a été un cadeau de la vie. Pour moi, sa cause réelle était la colère et les non-dits.

## Prise de conscience

La question est toujours la même, je fais quoi avec toute cette information. Car le mode d'emploi ne vient pas avec nous à notre naissance. On a beau se dire : « ah, c'est cette pensée qui provoque mon mal de tête ». Mais je fais quoi après? Bonne question. Et c'est toujours à ce moment que le trois quarts des gens vont changer de chemin. Ils n'attendront pas d'avoir la réponse à cette question. Ils vont poursuivre leur chemin de la même façon qu'avant. La réponse est simple, mais le travail à faire est long. Lorsqu'on prend conscience que nos pensées et nos émotions façonnent notre condition physique, on a un pas de fait dans la bonne direction. Ce n'est pas toujours facile de changer notre « programmation » intérieure. Notre discours et notre forme de pensée sont négatifs. Par automatisme, nous retournerons rapidement vers cette forme. Pourtant c'est tellement plaisant et rafraîchissant de penser positivement. Avec le temps et la pratique, le corps réagit rapidement à la pensée négative, nous rappelant à l'ordre. Il aime l'harmonie que crée en lui la pensée positive. Pourquoi s'en priver?

Il nous faut apprendre à changer notre discours intérieur. Et surtout à nous accepter et nous aimer tels que nous sommes. C'est ce qui est le plus difficile. J'ai appris des techniques merveilleuses avec les livres de Louise Hay. J'ai mis en pratique mes lectures avec des résultats étonnants. J'ai étendu mes lectures avec plusieurs auteurs de Hay House. C'est le plus beau cadeau que je me suis fait. Je me suis offert l'harmonie et la sérénité intérieure. Chaque jour, j'apprends à m'aimer davantage. Je ne désire pas oublier les raisons du cancer que j'ai eues. Souvent nous oublions ce qui est important. Je peux oublier la maladie, mais pas ce qui l'a causé. Je suis une survivante, peut-être. Mais je suis avant tout cette personne qui désire se souvenir de la leçon que la vie m'a offerte. Elle a fait de moi quelqu'un qui a appris à s'aimer et s'accepter telle que je suis aujourd'hui. J'ai aussi appris, sur le chemin de la maladie, que je dois me respecter en tout temps.

Ça semble simple, apprendre à penser positivement et changer notre discours intérieur. Nous aimer, nous accepter et surtout nous pardonner. Vivre nos émotions et ne pas les mettre dans un coin de notre tête. Gros programme, me direz-vous. Il en vaut tous les efforts que nous y mettrons. La santé, l'harmonie et la sérénité n'ont pas de prix. Que votre changement se fasse dans l'harmonie et surtout « À votre santé ».

# La souffrance sous toutes ses formes

J'ai assez donné dans la souffrance, j'ai fait le tour autant physiquement que psychologiquement. J'ai épuisé mes réserves, je suis vide. Je n'ai plus la force ni l'envie de la combattre. Je suis au point ou j'utilise des moyens drastiques pour ne plus la croiser sur mon chemin. Comme dirait mon docteur : « je prends une masse pour tuer une mouche ». J'en parle dans le bouquin, mais j'ai eu droit à : l'hyperthyroïdie, cinq avortements spontanés, un divorce, un cancer, j'ai eu le plaisir d'avoir un manipulateur, un égocentrique, un dépendant et des alcooliques dans ma vie. Et psychologiquement avec la thyroïde, j'ai eu droit aux extrémités de la dépression au trouble anxieux en passant par le trouble obsessif compulsif (TOC).

## La douleur physique

Elle a diverses intensités. De plus, son intensité est différente d'une personne à l'autre en raison du seuil de tolérance de cette dernière. Dans le domaine médical, ils demandent toujours de quantifier la douleur sur une échelle d'un à dix, dix étant la plus haute. C'est une bonne façon de faire, sauf que c'est trompeur pour deux raisons. La première, c'est qu'un six pour une personne peut-être un trois pour moi. Et la deuxième qui est surprenante, on pense toujours avoir atteint le maximum de la douleur, ce qui nous permet de la quantifier. Et lors d'un banal accident, j'ai révisé mon échelle de douleur. Je pensais que l'accouchement était la douleur maximale chez une femme. Donc j'ai toujours quantifié ma douleur en relation avec elle. Et j'ai eu une surprise de taille, j'installais un plancher de bois franc et une planche ne voulait pas se placer. Je me suis mise à genou sur elle et j'ai pris un élan avec le marteau. Il a rebondi sur la planche et terminé sa course sur mon genou droit. Je peux maintenant affirmer que la douleur peut nous faire perdre conscience par son intensité. Et j'ai testé cette affirmation de nouveau quelques mois plus tard lorsqu'un kyste sur mon ovaire droit a éclaté. Je peux dire que mon échelle de douleur en a pris un coup, elle a été révisée à la baisse, un sept est devenu un cinq.


La douleur est aussi versatile. Il y a les douleurs sporadiques, celles qui se pointent subitement pour nous avertir que quelque chose ne fonctionne pas bien avec notre corps. Elles ont leurs utilités afin d'aider à avoir un diagnostic et lorsque la guérison est complète, elles disparaissent. Il y a celles qui reviennent régulièrement et dont on ne s'habitue pas, nous les tolérons sans plus. Dans cette catégorie on peut mettre, les douleurs menstruelles, les migraines, l'arthrite, etc. Tout ce qui revient et demande une médication appropriée. Et il y a les douleurs chroniques. Elle ne nous quitte jamais, demande une médication en continu et souvent il faut passer par la clinique de la douleur pour apprendre à la gérer. Souvent, le désespoir accompagne les personnes atteintes de douleur chronique, car ils savent que ça ne s'arrêtera jamais.

## La souffrance psychologique

Elle fait des ravages, des dégâts considérables à la personne qui en souffre. Il y a plusieurs sortes de souffrance psychologique. Et aucune d'entre elles n'est plaisante. Je ne parlerais que de celle que j'ai vécue. Je ne pourrais honnêtement parler de quelque chose donc la seule connaissance que j'ai provient des livres que j'ai lus. Surtout sur un sujet si important. Ce n'est pas banal la souffrance psychologique, elle détruit et parfois elle pousse au suicide. Il est important de ne pas en parler si nous n'avons jamais vécu de telles souffrances, nous pouvons écouter la personne qui en souffre. Mais nous ne sommes pas en mesure de donner des conseils, sauf lui suggérer de consulter un professionnel de la santé. Notre expérience personnelle pourra toujours aider un tiers, lui ouvrir de nouvelles pistes, lui servir de repère ou simplement lui prouver qu'on peut s'en sortir. Mais en aucun cas, nous ne devons interférer avec son traitement.

Lettre écrite sur mon forum le 20 novembre 2009

*Bonjour les filles*

*Je vous donne des nouvelles.*

*Ca fait environ un mois et demi que j'ai refait surface. Que je vais* mieux. Parce qu'il ne faut pas se leurrer, j'ai passé un sale moment. J'ai visité l'enfer en long, en large et en travers. J'ai visité tout ses recoins et plus. Mon séjour a été long, plus ou moins six mois. Perdant ma lumière un peu plus chaque jour, j'ai connu la noirceur de mon âme. La rencontre fût dévastatrice et souffrante. J'ai souffert dans mon esprit, mon corps et mon âme.

De mars à fin septembre 2009, j'ai tout fait pour survivre mais ce fut extrêmement difficile. Il y a eu une période d'environ quatre mois, ou je dormais seulement 3 heures par nuit, mangeant parce que ma fille m'obligeait à le faire. J'ai perdu beaucoup de poids durant cette période et aussi mon équilibre mental. Je me suis retirée du monde extérieur, me réfugiant en moi-même afin d'avoir le moins d'impact possible sur ma famille et mes amis (vous incluses)

Durant une période plus rien ne me retenait a la vie. J'ai pensé et voulu mourir pour que cette souffrance s'arrête enfin. Dans un éclair de lucidité, je suis allé a l'hôpital car je sais que si j'étais demeuré chez moi, je ne serais plus de ce monde. Je me souviens de cette journée, c'est tellement clair dans ma mémoire. J'avais dans les mains ce dont j'avais besoin pour mettre fin à mes jours. Je me suis vue le faire et j'ai eu peur de moi-même. Je suis sortie de la maison, j'ai dit à mon conjoint de bien veiller sur poulette et je suis allée a l'hôpital.

J'y ai rencontré un médecin fantastique (merci la vie de l'avoir mis sur mon chemin). Il a refusé de me garder. Mais il a prit le temps de m'expliquer ce qui se passait en moi. Ma détresse était « chimique », elle ne venait pas de moi mais de plusieurs facteurs extérieurs a moi.

1-le synthroide était trop fort ce qui provoquait de l'hyperthyroïdie
2-le dépo-provera qui a induit, par sa longue utilisation, une fausse pré ménaupose et
3-arrêt brutal de paxil (donc effet de sevrage sévère) et commencement de celexa qui ne me convient pas.

C'était la bonne nouvelle du médecin mais il me dit : « Je ne peux rien faire car je ne suis pas ton médecin traitant. La loi m'interdit de changer ton AD ainsi que le dosage du synthroide ». J'ai enduré ce calvaire deux mois de plus. Je devais sevrer celexa et retourner à paxil (ce qui a prit un mois). Pour le synthroide, j'ai du argumenter avec le spécialiste car à cause du cancer, le protocole exige de maintenir le patient en hyper (j'ai enfin eu mon nouveau dosage à la baisse le 30 septembre). Et pour le depo-provera, il n'y a rien à faire car ce sont des injections de progestérone et il faut que le corps l'élimine tout seul (ce qui peut prendre entre 6 mois a 2 ans).

Malgré le fait que c'était « chimique » mon corps, mon esprit et mon âme ont réagi à tout cela. Maintenant je dois me reconstruire, car j'ai perdu beaucoup de chose durant ce « voyage ». J'ai perdu ma créativité, mon amour pour moi-même et pour la vie, ma confiance, ma fougue, l'estime de moi-même, une grande partie de ma force intérieure (je me sens vide). J'y ai perdu aussi mes buts et mes repères.

Durant toute cette période, j'ai travaillé 5 jours semaine, cachant mon désarroi à la face du monde et essayant de mon mieux de survivre (ce qui m'a probablement sauvé la vie). J'ignore ce que cette « expérience » voulait m'apprendre mais je souhaite que ce *soit fini.*

*Aujourd'hui je me reconstruis lentement, la noirceur se retire afin que la lumière remonte.*

*Voila maintenant vous savez tout.*

*Je vais revenir sur le forum mais lentement, j'espère que vous ne m'en voudrez pas.*

*Je vous aime et vous me manquez terriblement*

*Aly*
*PS. Je passe mes examens pour la rémission le 30 novembre*


## La dépression

Elle est sournoise, elle prend le temps de s'installer confortablement pour ensuite nous dire bonjour. Et quand elle le fait, il est trop tard, nous n'avons pas su voir les signes précurseurs. Nous les avons ressentis, mais n'y avons pas accordé l'attention qu'ils méritaient. Lorsqu' elle se manifeste nous sommes pris au dépourvu. Il y a différente dépression; la saisonnière, la légère, le post partum et la sévère. La seule que j'ai vécue est la légère, elle est apparue deux fois dans ma vie, lors de mon divorce et avec l'hypothyroïdie. La dépression hormonale (hypothyroïdie) est exactement comme une dépression normale à la différence que lorsque nos hormones se replacent, elle disparaît.

Je suis certaine que vous pensez tous que c'est la rupture qui a provoqué la dépression. J'y ai longtemps cru moi aussi, jusqu'à ce que je rencontre une psychologue géniale. Et elle m'a fait comprendre que mon réel problème n'était pas la rupture, mais trahir la parole que j'avais donnée en l'épousant. Je suis une personne qui réfléchit avant de prendre une décision, je prends en considération le positif autant que le négatif. Lorsque je donne ma parole, je vais la respecter jusqu'au bout. Je ne reviendrais pas dessus. Et là, je devais rompre la « promesse » que j'ai faite en connaissance de cause. Ça allait à l'encontre de mes valeurs. Et je ne trouvais aucune façon de concilier les deux. Il m'a fallu du travail et une grande compassion pour moi-même. Le plus difficile a été de me pardonner. Jamais je n'oublierais cette période de ma vie. J'étais tellement mal dans mon corps et dans ma tête. Mes idées tournaient en boucle, je suis devenue pratiquement obsessive, je ne mangeais plus ou presque pas, mes nuits étaient courtes. Je suis devenue l'ombre de moi-même, une coquille vide. Et personne ne comprenait que mon désarroi venait de ma promesse et non du fait qu'il quittait ma vie. Il est certain que j'ai souhaité son retour de toutes mes forces. Mais je ne voulais que respecter mon engagement. Quand je l'ai compris, lentement j'ai repris le dessus. Grâce à elle, je n'ai pas eu besoin de médication, mais ça m'a pris environ un an pour me reprendre en main. Et un peu plus pour sortir complètement de cette dépression.

## Le trouble obsessif compulsif

Je le déteste, il est arrivé quelque temps après le début de l'hyperthyroïdie. Quand j'ai eu le diagnostic de TOC, j'aurais voulu mourir. Je savais que c'était un faux diagnostic, mais j'ai dû vivre avec pendant environ quatre ans. Ma psychologue, mon pharmacien et le psychiatre en chef de l'hôpital de ma région, me disaient : « on ne peut rien faire pour toi, c'est hormonal. Et tant que ton problème de thyroïde ne sera pas réglé, tu devras vivre avec ». Malgré leur recommandation, mon médecin est demeuré sur sa position, refusant le problème de thyroïde. Le problème avec cette maladie mentale, c'est qu'elle est toujours accompagnée par le trouble anxieux. Ce sont deux troubles complémentaires. J'ai eu droit à l'antidépresseur, à l'anti anxiolytique et à une thérapie de plusieurs années. J'ai eu de la difficulté à accepter ce problème, car je connaissais la cause, mais je ne pouvais rien faire pour me guérir. Tout est rentré dans l'ordre après l'ablation de la glande thyroïdienne.


Le trouble obsessif compulsif est invalidant. Il introduit en nous de la compulsion. Et j'ai eu droit à une panoplie de ses caractéristiques. Le premier a été le TOC de vérification, je pouvais vérifier si la cuisinière était éteinte 5 fois de suite, même chose pour le verrouillage de la porte de la maison. On perd un temps fou à toujours vérifier. De plus, je devais faire les choses toujours dans le même ordre. Le meilleur exemple que je peux donner est au travail. Lors de la fermeture du bar, j'avais établi une routine afin de ne rien oublier et ne pas devoir revérifier des dizaines de fois si tout était fait. Je commençais par replacer les bancs autour du comptoir, verrouiller la porte arrière, fermer les toilettes, verrouiller la porte principale et après j'allais faire ma fermeture. Par contre, parfois il y avait encore des clients et ils voulaient me rendre service en replaçant les bancs ou fermant les salles de bains. Mais chaque fois, ils bousillaient ma routine et invariablement j'oubliais quelque chose. Mon patron rigolait chaque fois en me disant : « ils ont voulu t'aider? ». Les rituels font aussi partie de ce trouble, lorsque l'anxiété devient trop forte, c'est une des seules façons de revenir à la réalité et ne pas se laisser emporter par le tourbillon. Sauf qu'à la longue, les rituels deviennent pratiquement des dépendances. Le pire, c'est que le corps a une mémoire et vu que j'ai eu ce problème durant des années. Si le « synthroid » se désajuste et prend le chemin de l'hyper, les rituels refont surface rapidement. J'ignore si on parvient à se sortir pleinement du trouble obsessif compulsif, par contre je sais qu'on peut apprendre à vivre avec et le rendre pratiquement inexistant.

## Le choc émotif

Il survient quand nous avons plus d'information qu'on ne peut traiter. Notre cerveau peut en occulter une partie pour un certain temps. Il peut survenir lors d'un décès, d'une rupture, victime ou témoin d'un acte de violence et une multitude d'autres raisons. C'est la combinaison d'un événement négatif et d'un trop-plein d'émotion qui le provoque, souvent quelques séquelles vont subsister et parfois il peut mener à la dépression. Au dernier choc émotionnel que j'ai eu, qui a eu lieu durant la rédaction de ce livre. J'ai fait une prise de conscience et des découvertes. Les voici : je gère le choc émotif comme une spirale. De toute façon, il me fait le même effet. Je vais tourner en boucle les informations pendant 24 à 48 heures, en fait je vais faire que ça. Je serais incapable de manger ou de dormir. Je vais devenir obsédée, je vais en parler, l'écrire et le regarder sous tous ses angles. Il ne subsiste qu'une légère anxiété lorsque j'ai enfin assimilé l'information. Les images vont me revenir en mémoire durant quelques jours pour ensuite s'atténuer. Je vais me questionner durant les deux premières journées. À savoir : comment vais-je vivre avec la nouvelle réalité? Comment vais-je l'accepter? puis-je pardonner et ainsi de suite.

De plus, j'ai fait une découverte majeure sur mon fonctionnement et il n'est jamais trop tard pour en faire. Cette découverte m'a étonnée, car elle est présente depuis un certain temps. Lorsque des pensées toxiques ou fausses font leur apparition, je vomis immédiatement. Comme si mon corps rejetait violemment les émotions nocives qui accompagnent ces pensées. Au début, je pensais que c'était la peur des réponses à mon questionnement qui provoquait cet état. Mais après avoir parlé avec des proches, ils m'ont dit que je me « nettoie » chaque fois. Je peux vous dire que lors du dernier choc émotif, j'ai passé la deuxième nuit à vomir. L'anxiété a duré quelques jours et le calme est revenu. Je sais que je n'oublierais pas, mais les émotions n'accompagneront plus le souvenir.

## Le « burnout »

J'ai goûté à son début, j'ai eu le privilège de ne pas l'avoir de plein fouet. J'ai commencé à ressentir ses effets vers la fin du mois d'août 2010. Il ne restait que deux mois avant la fin de la saison. Sur les conseils de mon médecin traitant, j'ai diminué tranquillement ma tâche de travail en délégant plus aux étudiants. Je n'étais pas sortie d'affaire pour autant, mais ça m'a permis de tenir le coup avant mes vacances qui duraient quatre mois. J'ai béni les premières semaines de vacances, ne rien faire, dormir et surtout se vider la tête. Les causes de l'épuisement relèvent surtout du psychologique. On embarque graduellement dans une roue et on s'y laisse consumer. La plupart du temps, c'est notre orgueil qui a pris les dessus et notre besoin de se sentir indispensable. On pense à tort que si nous en donnons plus que demandé, nous serons davantage appréciés. Ce qui est totalement faux, la résultante est le contraire. Les gens vont tenir pour acquis que nous allons toujours être performant de la sorte et ils ajoutent des tâches sans cesse. Car pour eux nous allons les faire coûte que coûte. C'est là que survient le « burnout ». Notre corps ne fait que nous dire d'arrêter de donner toujours plus. On se fait exploiter avec notre consentement. Admettre que nous sommes l'instigateur de notre malheur n'est pas facile. Nous n'avons su dire non. Nous n'avons pas respecté notre limite et nous en payons le prix fort. Je ne dis pas de prendre notre travail ou toute autre chose à la légère, mais simplement de faire ce qui est demandé et savoir dire non quand il est nécessaire.

Peu importe la souffrance qu'on éprouve, éventuellement la douleur physique jouera sur le psychologique. Nous devons utiliser toutes les ressources mises à notre disposition, le faire pour nous même et aussi avoir le désir de nous en sortir. Avec les bons « outils », nous pouvons accomplir des miracles. Nous ressortons plus forts de ces épreuves et reconnaîtrons les signes précurseurs afin de ne pas retomber. La souffrance n'est jamais plaisante et lorsqu'on en sort, le soulagement et le bien-être ressenti en valent la peine.

# Les peurs et l'anxiété

On est en novembre 2014, et je prends seulement conscience aujourd'hui de tout ce qu'il y a de tapi en moi. Je suis de nature sensible et émotive, certains diront que c'est mon côté artiste qui s'affirme, mais je sais que ce n'est pas le cas. Depuis quelque temps, la colère gronde en moi. Elle est omniprésente, sortant à la moindre occasion. Me laissant avec plus de questions que de réponses. Et à cela, c'est ajouté, il y a une semaine, le chagrin, le besoin de pleurer. Je me suis dit : « c'est le deuil de mon travail. Je vais le quitter et ça me remue. » J'avais tort, je n'imaginais pas à quel point.

C'est toujours sous la douche que je fais mes prises de conscience. Je sais que l'eau est porteuse d'une énergie particulière. Elle me calme, me recentre et me permet de mieux communiquer avec mon « moi » intérieur. Je me disais que la colère de la préménopause est parfois difficile à comprendre, elle nous incite à « régler » les choses du passées, lorsqu'on ignore ce que l'on doit régler, c'est pénible. Et là, ça m'a frappé de plein fouet. Me laissant étonné et sans mots. J'ai réalisé presque sept ans plus tard que je n'avais jamais réagi au cancer. J'ai eu le diagnostic, j'ai pleuré quinze minutes avec mon patron du temps et je me suis ressaisie. Je savais d'instinct qu'il n'y avait pas de place pour la peine, la peur et la colère. J'ai tout mis de côté pour affronter ce qui allait suivre. Je me suis toujours caché derrière le fait que le cancer de la thyroïde est guérissable à 90 %. J'ai porté les gens autour de moi pour qu'ils ne s'effondrent pas. Je voulais préserver ma file qui était jeune à l'époque. Il y a eu un lot de déceptions à cette époque, j'ai tout mis de côté, empilant le tout dans un coin. Mais là, grâce à la préménopause, tout sort et ce n'est pas des plus plaisants. Ça me déchire, me brule et me remue dans tous les sens.

Je sais quelque chose ne vas pas lorsque mon « dragon » me brule et qu'il a besoin de fumer plus que nécessaire. Ma gorge se sert et limite l'air qui passe, mes mâchoires se contractent tout le temps et l'anxiété apparait sporadiquement. Je deviens susceptible et agressive. Quand je suis rendue à ce niveau physiquement, c'est que je n'ai pas voulu « intervenir » avant. Choisissant la paresse et le déni, au travail qui m'attend. Là, je n'ai plus le choix, je suis essoufflé au moindre effort, je panique à rien et j'ai toujours le gout de pleurer. Je suis seule et je me suis dit que c'était le meilleur moment pour faire le point. Je ne dérange personne avec mes états d'âme et je peux pleurer tout mon soul si ça me chante. Par contre, je ne m'attendais pas à cette découverte. C'est la peur qui m'a envahie et il y avait tellement que je n'arrêtais plus d'en énumérer. Elles remontent presque toutes à l'époque de la maladie. J'ai plus peur du cancer aujourd'hui que quand je l'ai eu, j'ai peur qu'il revienne, qu'il se loge ailleurs. J'ai peur de ne pas retrouver de boulot, j'ai peur de ne pas réussir mon cours ou de ne pas le terminer, peur de ne pas mener à terme mes projets. Peur de décevoir ma fille, de ne pas pouvoir la nourrir et payer la maison. Peur de mes sentiments, de ce que je ressens vraiment. Peur de dire ce que je pense vraiment pour ne pas blesser les gens. Peur de dévoiler ma vraie nature, qui je suis. Je garde toujours une partie de moi caché. Peur de ne pas être a la hauteur, et j'en passe

Certaines peurs viennent de cette période de ma vie et amplifient les autres. Elles grandissent, s'enracinent dans nos valeurs et sortent quand on s'y attend le moins. Dans mon cas, c'est sept ans plus tard. Elles ont eu le temps nécessaire pour bien faire leur chemin. Elles me torturaient sans se montrer, jouant sur ma plus grande peur de toutes, celle de revivre le calvaire de l'hyperthyroïdie, surtout la partie concernant l'anxiété et l'adrénaline. Aussitôt que je sens l'anxiété arriver, la peur me paralyse et je revis chaque fois ce calvaire. Les traces sont encore fraiches à mon esprit et les souvenirs sont à vifs. Ce retour involontaire dans mon passé, perturbe mon présent, m'empêchant de profiter pleinement de ce que la vie m'offre et ça doit influencer mon futur. Il y a des peurs qui sont saines, qui nous protègent ou nous font progresser. Mais les peurs montées de toutes pièces par notre mental sont un enfer en soi. Pour les désamorcer, il faut les prendre une par une et les déconstruire. Et c'est exactement ce que j'ai fait pour reprendre le pouvoir qu'elles m'ont ôté.

Voici comment on procède (merci, ma psy). On regarde chaque peur individuellement et on la contrebalance avec la réalité.

« *J'ai plus peur du cancer aujourd'hui que quand je l'ai eu, j'ai peur qu'il revienne, qu'il se loge ailleurs* ». Je sais pour quelle raison j'ai eu un cancer, et parfois je me vois refaire les mêmes erreurs. Reprendre le même chemin qui m'y a conduit. À chaque fois que j'ai mal à la gorge, qu'elle brule ou que je sens une pression. Je repense automatiquement à la thyroïde (même si je ne l'ai plus). De plus, il y a tellement de gens autour de moi qui ont cette maladie qu'il devient presque impossible de l'oublier. J'ai eu la rémission, je l'ai vaincue et je devrais célébrer la vie tous les jours au lieu d'avoir peur. « J'ai peur de ne pas retrouver de travail », je veux quitter celui que j'ai, je n'y suis plus heureuse, je ne m'amuse plus. J'ai besoin d'avoir un certain salaire, comme tout un chacun, pour payer mes factures. Actuellement, il n'y a pas de travail à ce salaire donc ça m'insécurise et m'empêche de donner ma démission. Elle va amener dans son sillage les trois suivantes « Peur de décevoir ma fille, de ne pas pouvoir la nourrir et payer la maison ». Suite logique de la précédente, elle se renforce avec ses arguments (une mini spirale) et quand ça ne marche pas, qu'elle n'a pas l'emprise voulue ça s'enchaine avec « j'ai peur de ne pas réussir mon cours ou de ne pas le terminer, peur de ne pas mener à terme mes projets. ». Là, c'est le coup de grâce, si je ne réussis pas le cours auquel je viens de m'inscrire et ne mène pas mes projets à terme, je ne pourrais pas changer d'emploi. Je ne verrais pas mon salaire augmenter et avoir l'emploi de mon choix. Voilà, nous avons fait le tour complet de la structure.

Les peurs ne sont pas censées être positives ou constructives même si parfois elles le sont. Elles nous privent de notre libre arbitre, nous empêchant de quitter notre zone de confort. De vaines tentatives pour saper nos projets, nos désirs et nos buts. Elles font ressortir toute la négativité qui dort en nous. Nous avons tous une piètre opinion de nous-mêmes sur certains points de notre vie ou de notre caractère. Et c'est exactement là qu'elle va frapper. J'ai lu beaucoup sur la peur. Comment la gérer et ne plus lui laisser d'emprise. La seule chose que je déplore de chacun de ses livres, c'est qu'il n'y a aucun exemple réaliste. Ils expliquent clairement le mécanisme, la façon dont elle se bâtit et la panique qui va suivre. On apprend qu'on peut la désamorcer en trouvant le mot déclencheur. Mais ça ne dit pas quoi faire avec. Ces lectures m'ont aidée dans le sens où j'ai compris le mécanisme par contre lorsqu'on est dedans, on s'en fout du comment. On sait simplement qu'elle essaie de nous détruire. À force d'avoir peur, j'ai essayé mille-et-une techniques. Je me suis planté la plupart du temps, à vouloir avoir trop de contrôle, on perd le contrôle.


Les peurs constructives sont rares, mais elles existent. Lorsqu'on fait un changement majeur dans notre vie, la crainte et la peur peuvent nous aider à faire un choix éclairé à la condition qu'on ne leur accorde pas toute notre énergie. Elles vont nous obliger à bien regarder toutes les options, ce qui est bien, mais il est impératif de ne pas se laisser emporter par la peur. Quand on a bien regardé toutes les options, on la remercie et on continue notre projet. Les peurs touchent toutes les sphères de notre vie sans exception, souvent elles viennent de l'anticipation d'une situation donnée, comme un rendez-vous, une entrevue, la rencontre de nouvelle personne... Il y a certaines conditions physiques qui aident les peurs; le manque de sommeil, l'épuisement, les hormones et j'en passe. Parfois, elle peut-être un indicateur que quelque chose ne fonctionne plus dans notre vie. Qu'une sphère nous rend malheureux et qu'on n'est pas pleinement conscient de ce fait. Notre corps ne ment jamais et il utilise toutes les ressources nécessaires pour nous faire comprendre un message. Lorsque ce cas de figure se présente, il est important de porter attention à nos autres réactions physiques lorsqu'on pense a certaines choses. Je peux vous donner un exemple concert. Il y a un an, je terminais une saison à mon boulot pour la troisième année consécutive. J'étais épuisée physiquement et psychologiquement. Je désirais quitter cet emploi, mais ma situation financière ne me le permettait pas. J'ai eu comme à chaque année pratiquement quatre mois de vacances. Peu de temps avant mon retour au boulot, j'ai été malade. Mon corps réagissait violement, vomissement, tremblement, insomnie et nervosité.


J'avais une peur terrible de retourner à cet endroit. J'ai fait la seule chose qui pouvait me calmer et me redonner une vie. J'ai remis ma démission, ils m'ont demandé un mois et ils ont eu une saison complète de plus. Par contre, j'ai commis la même erreur une deuxième fois. J'aurais dû partir à la fin du mois demandé, mais mon insécurité m'a poussé à rester jusqu'au bout. J'ai fini la saison à mes dépens, épuisement total psychologique et des surrénales. Je pouvais dire que j'avais fait un an de trop. Mon « écœurantite » aigüe avait atteint des sommets et je l'ai repoussé dans un coin. Ça m'a frappé de plein fouet quelques jours avant de terminer. Peur, pleur, vomissement et tremblement m'ont accompagné durant vingt-quatre heures. J'avais eu des signes avant-coureurs, mon anxiété avait refait surface lentement. Lorsqu'on ne veut pas comprendre une chose, le corps réagit de plus en plus violemment et de façon à se faire entendre. Il va aller dans ce lieu en vous ou vous refuser d'aller et donner un grand coup. Et si vous avez le malheur d'être une personne anxieuse, attention, les peurs vont faire leur apparition. Et toutes les sphères de votre vie seront touchées. Quand ça arrive, il faut prendre un long moment d'arrêt et du recul. Analyser ce qui se passe en nous et en quelle circonstance. C'est la seule façon de décoder le message et de savoir quel domaine précis de notre vie est en cause.


Lorsqu'on a trouvé ce qui ne va pas, plusieurs choix s'offriront à nous. Il ne faut pas se précipiter pour faire notre choix parce qu'on en a marre de souffrir. La solution ne sera pas obligatoirement la bonne. Vu que nous sommes devenus conscients de la cause de notre « mal être », celui-ci va diminuer en intensité. Il ne partira pas, mais il sera moins « présent ». Il faut vraiment regarder toutes les options avec attention et les implications de celle-ci. Il n'est pas dit que la décision sera facile, mais une devra être prise en toute connaissance de cause. Parfois, la solution la plus évidente n'est pas obligatoirement la bonne. Pour continuer avec mon exemple, j'avais 2 choix : rester et garder mon emploi ou terminer définitivement à la fin de la saison. Je savais que quitter mon emploi était risqué. Rien ne me garantissait que je retrouve un emploi au même salaire. Mais rester aurait signé la fin de ma stabilité psychologique. Mon bien-être mental est plus important pour moi que la sécurité financière. J'ai donc choisi de quitter mon boulot. C'est certain que l'insécurité financière va finir par montrer le bout de son nez, par contre le soulagement éprouvé à la prise de cette décision n'a pas de prix. Je sais que j'ai fait le bon choix. Ça a pris environ trois semaines à mon corps à cesser de réagir, j'avais enduré trop de choses et il fallait du temps pour le digérer. J'ai aussi travaillé avec la technique Coué[3] durant cette période. Cela me fut d'une grande aide comme chaque fois que je l'ai utilisé.


Et il y a les peurs irrationnelles, celles qui nous pourrissent la vie. Ce sont souvent ces peurs qui nous incitent à consulter un professionnel de la santé. Elles accompagnent souvent un trouble panique, un trouble anxieux, un trouble obsessif compulsif ou des hormones en vrac. Peu importe la cause, elles nous font vivre un véritable enfer. Elles sont comme un serpent. Elles commencent lentement. On peut passer sur les ponts deux mille fois sans que ça nous dérange, c'est normal et il fait partie de notre trajet journalier pour aller travailler. Puis, un matin, on embarque dessus et un léger tremblement se fait sentir, aussi surprenant que cela puisse être ce matin-là, le pont nous « déstabilise ». On n'y porte pas plus attention que ça, se disant que nous sommes fatigués et continuons notre chemin. Il peut passer quelques jours ou quelques semaines avant que le tremblement revienne avant le pont et au début de la traversée de celui-ci. Encore une fois, nous allons passer outre ce qui se passe en nous et insidieusement, cela va se reproduire plus fréquemment à des intervalles plus rapprochés

---

[3] La **méthode Coué** tire son nom des travaux du psychologue et pharmacien français Émile Coué. Elle est fondée sur la suggestion et l'autohypnose.

jusqu'à devenir permanent. Au début, chaque fois nous allons le traverser la peur au ventre. Puis au bout d'un certain temps, les premiers signes de panique vont faire leurs apparitions à l'approche d'un pont. La traversé sera plus laborieuse jusqu'au jour on nous allons rebrousser chemin. Et là, ça sera la fin. Nous serons dans l'incapacité permanente de traverser les ponts au volant. Nous privant de notre liberté d'aller ou nous désirons. C'est souvent à ce moment que nous déciderons de consulter, mais les dommages seront faits. Il est difficile de revenir en arrière, d'arrêter le processus. Souvent, la thérapie proposée est la même que celle pour le trouble anxieux, la thérapie cognitive[4]. Cela consiste à cesser l'évitement, penser a autre chose et se convaincre qu'on ne s'évanouira pas, ne vomira pas ou tout autre truc qu'on éprouve durant une crise de panique. C'est une thérapie qui a fait ses preuves, elle a un haut taux de réussite, mais ça n'a pas fonctionné avec moi.

J'ai fait tous les devoirs que la psychologue m'a demandés, j'ai lu des livres très intéressants sur le sujet. À un certain point ça m'a rendue pire. Durant une courte période j'étais incapable de sortir de mon stationnement en voiture. Quand j'ai vu le résultat, j'ai cessé les exercices et parlé avec elle. Je régressais au lieu d'avancer, pas bon signe. J'ai fait la seule chose à faire, retourner

---

[4] La thérapie cognitive comportementale est une thérapie brève, validée scientifiquement, qui vise à remplacer les idées négatives et les comportements inadaptés par des pensées et des réactions en adéquation avec la réalité. La TCC aide à progressivement dépasser les symptômes invalidants, tels que : les rites et vérifications, le stress, les évitements et les inhibitions, les réactions agressives, ou la détresse à l'origine de souffrance psychique.

au point de départ et mettre de côté tout ce que j'avais fait. J'ai besoin de comprendre les choses, de savoir d'où elles viennent. Pour moi, penser à autre chose était complètement inutile. Ça ne changeait rien, j'étais toujours incapable de traverser les ponts au volant. Chaque fois, j'avais peur d'avoir un accident ou de tomber à l'eau avec la voiture. Je me suis même convaincu que j'étais un danger public pour les autres sur les ponts. J'ai analysé des milliers de fois le début de ce « malaise », sans jamais le comprendre. Et un beau jour, j'en ai eu marre, vraiment marre. Je me suis dit : « tu as vaincu un cancer, ce n'est toujours pas un satané pont qui va t'empêcher d'aller en vacances ». Ça a marché pour un temps. J'étais un peu nerveuse sur certains ponts, mais il y en avait d'autres que j'étais incapable de traverser (les longs). J'ai rencontré une dame qui m'a aidé à voir plus clair en moi et j'ai encore travaillé avec la méthode Coué. Actuellement, ça va bien, je progresse à un bon rythme et ça me plait. Il me reste encore un bout de chemin à faire, mais je sais que je vais réussir.

# Les émotions et sentiments

Elles sont nombreuses et elles ne se sont pas toutes identiques, malgré certaines similitudes entre elles. Quelques-unes sont douces et parfois euphorisantes, d'autres sont envahissantes et il y en a qui sont comme des éruptions volcaniques. Peu importe la façon dont elles se manifestent, les émotions et les sentiments nous font tous vibrer différemment. Nous devons les vivres pleinement, les laisser frayer leur chemin en nous, et écouter leur message. Les émotions ont toujours quelque chose à nous apprendre sur nous-mêmes. Vous trouverez ici les émotions dont je n'ai pas parlé dans les autres chapitres.

## La colère

La colère vient avec plusieurs intensités, nous sommes quand même chanceux. Elle n'est jamais pareille, elle sera affectée par notre condition physique du moment; la fatigue, la faim, la maladie... Et surtout par notre état d'esprit avant la « crise ». Il y a les petites colères. Celles qui ressemblent plus à de l'impatience puissance 10. Elles ne durent pas, repartent aussi rapidement qu'elles sont arrivées. On les oublie facilement. Elle est facile à gérer, parfois on rit après coup de s'être emporté. Voyant le ridicule de la situation. Il y a celle qui dure quelques heures. Normalement, elle se bâtit au court d'une altercation verbale. Elle vient du fait que l'on se sent soit incompris, manipulé, rabaissé, touché à un point sensible, etc. Elle s'installe lors du « dialogue de sourds », les mots fusent de chaque côté jusqu'à atteindre un point culminant ou il vaut mieux partir et prendre le temps de reprendre le contrôle de soi-même.

Et il y a celle qui me consume, qui me brûle de l'intérieur. Elle est longue à venir, elle s'étale dans le temps. Réduisant ma patience un peu plus chaque fois, devenant plus grosse à chaque petite peccadille qui s'empile sur les précédentes. Plus j'en ajoute, plus elle perdure. Elle traîne dans son sillage un mal de tête, des tremblements et une autocensure qui est la bienvenue. Psychiquement, elle s'auto alimente comme une spirale. Mais lorsqu'elle explose, elle fait des ravages tant physiques que psychologiques. Je la déteste, je ne la contrôle pas et j'ai de la difficulté à l'évacuer. J'ai toujours l'impression qu'elle ne fait que se cacher à l'intérieur de moi pour pouvoir ressortir au moment opportun. Elle me rend malade physiquement; hypoglycémie, diarrhée, insomnie, perte d'appétit, la gorge me brûle littéralement et je fume beaucoup trop. L'injustice, la jalousie non justifiée (comme si ça se justifiait) et l'imbécilité sont les pires déclencheurs qui soient pour moi.

Il faut comprendre que de la colère est toujours dirigée vers la mauvaise personne. En réalité, la personne est seulement un déclencheur. La colère provient d'un désir personnel non assouvi. Nous avons des attentes envers les autres, dont ils ne savent rien, et lorsque ces attentes ne sont pas remplies nous devenons en colère. En réalité, la colère est contre nous-mêmes. Ce sont NOS attentes, NOS désirs qui en sont responsables. La plupart du temps, nous tenons pour acquis que les autres connaissent nos désirs. Nous ne verbalisons pas ce que nous désirons et pensons, à tort, que les autres doivent remplir ces attentes. Ils ne peuvent être tenus responsables de nos déceptions. Nous seuls pouvons l'être.

## La rage

Parfois, la colère devient tellement forte qu'elle change pour devenir de la rage. Et là, c'est la catastrophe. Elle devient carrément hors contrôle. Il faut absolument l'évacuer, sinon c'est nous qu'elle va détruire. Il arrive même parfois que les gens de notre entourage ne s'aperçoivent pas qu'ils sont au stade de la rage. Ils nous mordent lorsqu'ils nous répondent, ils sont agressifs et un seul mot peut les faire changer d'humeur radicalement, de joyeuse à agressive. Ils sont inconscients de leur état. Et si on leur en parle, ils vont dire qu'ils ont eu une longue journée, que ça a mal été, qu'ils sont fatigués... Nous pouvons vivre pendant un certain temps avec une personne qui est enragée. Au début, nous allons souvent penser que nous sommes la cause de cet état, ensuite nous allons essayer de passer outre. Pour nous protéger, nous allons tout faire pour ne pas nous laisser atteindre, penser à autre chose, ne pas répondre à la colère de l'autre, ne plus nous excuser pour quelque chose que nous n'avons pas fait, ne pas prendre le blâme inutilement, mais à la longue ça devient fastidieux. L'impatience fait son apparition et entraîne lentement de la colère. Notre colère alimente la rage de l'autre et nous voilà dans une roue infernale. Elle sera difficile à arrêter, mais non impossible. Il faudra du temps, de la patience et de la détermination. Le plus important est de ne pas s'oublier et que l'autre soit un minimum réceptif.

De plus la rage lorsqu'elle s'accumule devient dangereuse pour nous et pour les autres. Un jour, l'inévitable va se produire, elle va déborder et sortir comme un volcan qui entre en éruption. Des gestes irréparables se produiront, pouvant pousser jusqu'au meurtre. Il est important de ne pas laisser une émotion aussi forte et dévastatrice s'enraciner et vivre en nous. Nous devons apprendre à évacuer la colère le plutôt possible de nous afin que celle-ci ne puise se transformer en rage. Et si malheureusement, nous sommes à ce stade, il est important de consulter un professionnel de la santé afin d'avoir des outils pour l'évacuer.

## La rancune

Si par malheur, la colère et la rage sont toujours présentes, ils peuvent muter en rancune. Et là, il est très difficile de la déloger, il faut en premiers lieux « avouer » qu'on a de la rancune, ensuite il faut désirer qu'elle parte. Pour certains, on dirait que ça les garde en vie, que la rancune les stimule. S'ils savaient comment la vie est beaucoup plus douce lorsque toute cette « merde » n'est plus en nous. La rancune est destructrice pour nous-mêmes, elle monopolise la quasi-totalité de notre énergie et de nos pensées. On ne peut vivre longtemps avec la rage en soi sans en ressentir les conséquences. Psychologiquement, il est facile de la mettre de côté dans un coin de notre tête et continuer comme avant. Par contre aussitôt que le sujet sera évoqué, la rancune montera le bout de son nez de différente façon. Nous allons dire des choses qui ne pourront tromper personne. Notre rancune, si elle est dirigée vers quelqu'un, nous rendra mesquins à son égard chaque fois que nous entendrons son nom. Nous l'accuserons de tous les maux qui arrivent dans notre vie. Mettant notre objectivité au rancart, elle sera toujours présente en nous jusqu'au jour ou nous déciderons de remédier à la situation.

Ce qui est déstabilisant avec la rancune c'est qu'elle ne provient pas seulement de la rage. Elle peut aussi venir du désespoir ou d'un sentiment de trahison. Son visage sera le même, peu importe d'où elle provient.

## La frustration

Elle est énervante et c'est son but. Elle arrive à tout moment pour des peccadilles. Elle est liée à la déception et mène souvent à la colère. Elle va apparaître lorsque nous éprouvons une contrariété, un film qui s'arrête quelques minutes avant la fin, un contretemps, un disque dur qui cesse de fonctionner, une longue attente au téléphone, etc. La frustration apparaît rapidement, elle nous rend agressifs verbalement. Elle peut durer quelques minutes ou quelques heures. La meilleure façon pour la désamorcer est de voir le ridicule de la situation et d'en rire. De cette façon, elle ne se transformera pas en colère.

## La peur

La vraie, pas celle qui est reliée au trouble anxieux. Celle qui entre en fonction lorsque notre vie est en danger. Nous nous imaginons tous dans des situations dangereuses et nous nous disons : « je réagirais de telle façon ». Le pire est que nous ne pouvons savoir quelle sera notre réaction tant que nous ne sommes pas confrontés à un événement. On peut avoir peur pour plusieurs raisons et les réactions sont aussi variés qu'improbable. J'ai fait une « mini » crise cardiaque vers l'âge de vingt-deux ans provoquée par la peur. Je vous raconte. Je roulais avec ma camionnette à l'heure de pointe sur une route à double sens. Nous roulions environ dix kilomètres au-dessus de la limite permise. Il y avait plusieurs automobiles devant moi et à un certain moment, la deuxième freine brusquement. La voiture entre nous se dirige vers le bas-côté afin de ne pas la percuter. Je freine, ma camionnette glisse et je ne vois aucun endroit où me diriger. Il y a la voiture immobilisée sur la voie devant moi, celle dans le bas-côté et trop de voitures en sens inverse. Deux enfants jouent dans la voiture et me font face. Je sais que si je percute l'automobile, avec la hauteur de mon pare-choc avant, je tue les deux enfants. J'ai regardé l'arrière de l'auto s'approcher de moi, je me suis immobilisée à quelques centimètres de celle-ci. J'ai eu peur de les tuer, après coup je ne me sentais pas bien physiquement. Par chance, je me rendais à un rendez-vous avec mon médecin. Une fois assise dans son bureau, je lui ai relaté l'événement qui venait de se produire. Il m'a passé des examens et il m'a dit : « tu as eu tellement peur que tu as fait une crise cardiaque ». Voilà ce que la vraie peur peut faire et beaucoup d'autre chose.

## La tristesse ou le chagrin

On l'a tous éprouvé à divers degré. Nos chagrins d'enfant nous semblent lointains et différent de ceux que nous éprouvons adulte. Pourtant la plupart du temps ce sont les mêmes choses qui nous touchent. On pourrait croire que c'est impossible, que nous avons évolué. Nous ne sommes plus des enfants. Et pourtant nous avons du chagrin pour les mêmes raisons vues sous un autre angle. Enfant, nous devenons tristes pour une non-réussite, pour ne pas avoir obtenu ce que nous désirions et pour une perte. Adultes, nous pleurons lorsque nous perdons ou avons peur de perdre quelque chose ou quelqu'un de précieux. La défaite peut nous rendre tristes et la non-réussite d'un but va nous accabler. Ce sont exactement les mêmes déclencheurs. Notre réaction sera proportionnelle à notre perte.

## L'indifférence

Je me demande encore si c'est un sentiment positif ou négatif. Lorsque nous sommes rendus à l'indifférence, nous n'éprouvons plus rien. Et c'est ce qui m'embête. On peut être indifférent face à une situation ou à une personne. J'ai remarqué que l'indifférence est le dernier sentiment que l'on peut éprouver pour une personne. Je m'explique, soit la personne nous laisse indifférentes à la première rencontre soit nous le devenons. Nous tombons amoureux, il y a rupture, viennent la peine, la colère, le deuil, l'acceptation et l'indifférence. Nous ne nous réjouirons pas des malheurs ou des bonheurs de l'autre. Le tout nous laissera froid. Nous ne sommes pas insensibles pour autant, c'est seulement la suite logique du deuil.

Elle est blessante pour la personne qui la subit. Parfois, il est difficile pour l'autre de comprendre l'indifférence à son égard. Pour eux, nous ne devions pas nous remettre de la rupture et demeurer amoureux. Ils chercheront les failles pensant que nous avons érigé une carapace. Leur ego ne tolère pas l'indifférence. Pour les situations qui nous laissent indifférentes, elles sont reliées directement à nos valeurs. Ce n'est pas parce que nous n'avons pas de cœur ou de compassion. C'est simplement que l'événement ou la situation n'entre pas en conflit avec nos valeurs et convictions.

## La joie et le bonheur

Elle nous transporte, la joie est positive et nous fait voir la vie d'un œil différent. Toutes les joies confondues, petites et grandes, nous rendent sereins et légers. Nous sourirons facilement, nous aurons plus de patience, nous serons calme, nous nous attarderons à la beauté de la nature. Lorsqu'on est heureux, tout est plus facile. Nos idées sont claires et nos décisions réalistes. Nous sommes les seuls responsables de notre bonheur. Si je ne suis pas heureuse, ce que feront les autres pour me rendre heureuse sera éphémère. Ça ne durera pas. Nous pouvons partager notre joie et notre bonheur seulement si nous le sommes intérieurement. Nous devons identifier ce qui nous empêche d'être heureux et d'y trouver des solutions. Notre bonheur n'est pas une chose qui doit être dans le futur, mais dans notre présent. Il est utopique de croire que nous serons heureux lorsque nous aurons telle chose ou tel autre. Le chemin pour s'y rendre devrait nous rendre heureux. Si nous définissons notre bonheur avec nos possessions ou les buts à atteindre, nous ne serons jamais heureux. Nous aurons des joies, mais pas de réel bonheur. Nous désirerons toujours plus de possessions et nous nous fixerons de nouveaux buts. Ça sera une course sans fin vers le bonheur. Nous le cherchons à l'extérieur de nous lorsqu'il est en nous durant tout ce temps. Attendant de pouvoir sortir au grand jour.

Les émotions et les sentiments sont nos plus grands amis. Ils nous accompagneront durant toute notre vie. Nous devons les vivre et les laisser s'écouler de nous. Nous ne devons pas les arrêter ou les emprisonner, ça ne fera que les reporter à plus tard. Et une trop grande accumulation nous causera des problèmes de santé et des débordements émotifs. Vivez-les à fond, chantez, dansez, pleurez, criez, tempêtez et soyez vivant.

# Quand tout fout le camp

Il y a des jours où on a l'impression que l'univers s'écroule. Ça arrive sans crier gare, on perd pied et on s'effondre. Parfois, ces jours durent des semaines voir des mois. On est ébranlé jusqu'au tréfonds de notre âme, balayant nos certitudes et piétinant nos croyances. On se retrouve démunis devant la vie et ses soubresauts. Nos points de repère disparaissent et c'est l'éclatement. Parfois, c'est une parole qui nous est dite, un geste, un regard ou une attitude qui déclenche la chute. Je la nomme affectueusement « ma spirale infernale ».

## La spirale

Elle arrive sournoisement au moment où l'on s'y attend le moins. On surmonte les obstacles que la vie dresse sur notre chemin. Apprenant sur soi-même chaque fois, se disant toujours la même chose : « je vais passer au travers, de toute façon je n'ai pas le choix. Les jours vont se succéder, peu importe la décision que je vais prendre ». Au début, lorsqu'on est jeune, avec notre fougue on va à tous les combats. En vieillissant, on s'épuise de toujours combattre et un jour nous choisissons nos batailles, celle qu'on va livrer et celle qu'on va laisser passer. Et il arrive un temps où l'on se dit que le diable l'emporte et nous ne livrons plus aucune bataille.

Actuellement, je suis entre les deux... je choisis mes batailles et que le diable l'emporte. Souvent, nous allons perdre pied parce qu'on est vulnérable. Nous avons subi plusieurs petits soubresauts, que nous avons surmontés sans trop nous attarder. Nous avons minimisé leurs impacts sur soi et avons accumulé leurs effets. Puis survient une peccadille et nous perdons le contrôle. Notre univers s'écroule comme un château de sable balayé par l'océan. Nous sombrons, nous raccrochant à nos habitudes de crises. Il ne faut pas se leurrer, nous avons tous des « patterns ». À chaque crise, nous effectuons le même scénario qui nous sécurise. Certains s'enfermeront, d'autres se saouleront, pour ma part je dois impérativement verbaliser les événements et mes émotions. Je dois leur mettre des mots, c'est un réflexe de survie.


Par verbaliser, j'entends par là, écrire, parler avec une copine, ma mère et si c'est trop pour moi, ma psychologue. Quand je ne gère plus et que je suis incapable de m'en sortir par moi-même, je fais appel à une professionnelle. Et je n'ai pas peur de le dire. Je préfère la voir que de sombrer dans mon enfer personnel. Je le connais mon enfer, je l'ai visité plus souvent que je le voulais. Je m'y suis réfugiée, j'y ai fait des séjours prolongés. Je me suis assise « dans le fond » et ai laissé passer la vie. Vivant ma destruction de l'intérieur et ne voulant pas que celle-ci cesse. Je m'y suis noyée, laissant volontairement la spirale m'emporter avec elle. J'ai déposé les armes à plusieurs reprises et j'ai laissé faire la spirale ce qu'elle avait à faire. C'est-à-dire me détruire complètement pour pouvoir me reconstruire. Je n'ai jamais choisi le chemin le plus facile. Je préfère la laisser faire ses ravages et « réparer les dégâts » après, que de l'arrêter durant la descente, penser que je l'ai vaincue. Et me faire prendre par surprise et par la force qu'elle va avoir lorsqu'elle va revenir. J'ai appris dans la souffrance que c'est mieux pour moi de la laisser aller. Sinon, un jour, elle va me détruire complètement et je ne pourrai plus rien faire pour me reconstruire.

## La mini

Ce qu'est pour moi la spirale? J'espère pouvoir l'expliquer comme je la conçois parce que c'est un concept que je vois et comprends. Mais j'éprouve de la difficulté à la mettre en mots. Il y a trois sortes de spirales, en ce qui me concerne, la mini; elle dure une journée ou deux, elle se présente comme un coup de blues. Un événement de la journée va apporter dans son sillage de la négativité et je vais être prise dans un tourbillon d'idées pessimistes durant un court laps de temps. Normalement, je m'en sors facilement et je l'oublie rapidement. Parfois, elle est accompagnée d'anxiété qui va durer une heure ou deux tout au plus. Je parviens toujours à « baliser » et reprendre le court de la journée. Elle m'oblige à faire le point sur moi-même. Je vais être pensive et intérieure pour un certain temps. Ces minis spirales arrivent souvent quand je refuse de voir quelque chose. Elle m'entraîne contre mon gré vers la réalité qui me déplaît. Elle m'ouvre les yeux et fait son travail. Je ne peux pas dire que je l'aime, mais j'apprécie ce qu'elle fait pour moi, me ramener à la réalité de la vie.

## La moyenne

La moyenne est celle qui me déstabilise le plus. Elle m'envahit, commence comme une mini, mais perdure dans le temps. Elle débute avec un mot déclencheur ou des émotions fortes. Les idées vont tourner dans ma tête sans me laisser de répit. Je suis incapable de reprendre le « contrôle » de mes pensées. Les pensées inconscientes s'en donnent à cœur joie, prenant toute la place. Elle va durer quelques jours jamais plus d'une semaine. Elle peut me rendre malade physiquement, me couper l'appétit, le sommeil et me faire perdre du poids, pas beaucoup, mais juste assez pour que je réagisse. Elle est accompagnée de sa grande amie l'anxiété et elles vont m'envahir allègrement. Semant le doute et la confusion en moi. Souvent, elle va apparaître lors d'un changement dans ma vie ou quand je gère mal une situation ou les émotions tels la colère, le chagrin ou la peur. Si un conflit dégénère assez pour me pousser dans mes retranchements, elle sera là. Elle m'accompagne toujours dans la négativité de ma vie.

Il n'y a pas longtemps, elle m'a surprise et déstabilisée. Il y a une semaine par année qui est difficile pour moi, je la nomme ma semaine de rémission. J'ai eu un cancer en 2008 (voir chapitre la maladie) et puisque c'est un cancer de la thyroïde, la rémission totale est seulement après 10 ans. Donc, pendant une semaine à tous les ans, je suis dans une spirale. La peur du retour de la maladie me vrille les entrailles et m'ébranle au plus profond de moi-même. J'éprouve des minis spirales lors des tests, mais la moyenne fait son apparition une semaine avant mon rendez-vous avec le spécialiste. Pour les gens de mon entourage, je suis simplement un peu plus à cran. Ils ne savent pas ce qui se passe vraiment en moi et je ne leur dis pas. Je ne veux rien ajouter à leur incertitude, car eux aussi ils y pensent. Chaque fois, elle s'arrête lorsque le docteur dit : « tout est ok, rémission encore cette année ».

Mais pas en 2013, elle a pris de la force chaque jour durant cette semaine, me laissant peu de répit. J'ai réussi à la contrôler dans le bureau du docteur, mais de peine et de misère. Et là, il m'a dit : « il n'y a plus aucune trace de la maladie, pour moi tu es guérie », j'ai demandé pour les cinq années restantes et il répondit : « tout est beau, maintenant on se voit seulement pour le dosage de ton hormone. Fini les échographies et le nucléaire ». Elle aurait dû s'arrêter, partir et me laisser vivre le bonheur et le soulagement de cette nouvelle. J'aurais voulu sauter de joie et crier mon bonheur, mais j'en fus incapable. Elle a pris une force inimaginable, me paralysant et m'emmenant à un niveau où je n'avais jamais été. Je n'avais encore jamais réagi de la sorte et j'en suis encore étonnée. Je tremblais de tous mes membres, incapable de parler ou de me concentrer sur quoi que ce soit. Tous mes outils ont été inutiles face à cette vague de fond. Arrivant à peine à manger, je fus soulagée seulement lorsque j'ai vomi.

Ça m'a pris quelques heures pour comprendre ce qui m'était arrivé. Et pour le voir, j'ai dû discuter avec une copine chère à mon cœur. Depuis cinq ans, je vis avec cette épée Damoclès au-dessus de ma tête, je ne m'y suis pas habituée, mais je vis avec. La transportant partout avec moi, cherchant à l'oublier pour vivre ma vie, elle a fait partie de mon quotidien durant mille-huit-cent-vingt-cinq jours (à quelques jours près), elle a été dans mon ombre, influençant mes choix et ma façon de vivre. J'aurais dû être soulagée, mais il y a eu tellement d'erreurs dans mon dossier que la petite voix négative intérieure me soufflait sans arrêt : « c'est encore une erreur et tu vas avoir mal quand il va le voir ». Je voulais y croire, mais la peur m'en empêchait. La spirale a pris fin lorsque j'ai été malade et que je me suis mise à rire. Elle n'avait plus d'emprise sur moi. Jamais je n'aurais pensé qu'une bonne nouvelle pouvait lui donner de la force. Maintenant, je sais.

Fait étonnant, cette merveilleuse nouvelle qui a réjoui tous les gens de mon entourage a eu le même effet sur ma fille. Je m'explique, lorsque je lui ai dit que c'était fini, que la maladie était derrière moi. Elle était heureuse, mais tout le stress, l'incertitude et la peur accumulés au fil des ans sont ressortis d'un seul coup. Elle avait tout retenu depuis qu'elle a réalisé que j'ai été malade. Elle a été malade, comme si elle avait une gastro-entérite. Je suis certaine que maintenant elle est soulagée d'un grand poids, tout comme moi. Nous pouvons regarder vers l'avenir avec optimiste.

## La grosse

Il reste la « grosse », celle dont j'ai vraiment peur. Pour être honnête, elle me terrorise. Je l'ai vécue à plusieurs reprises, plus souvent que je l'aurais souhaité. Elle m'a accompagnée durant la maladie, elle a fait de ma vie un véritable enfer durant un peu plus de trois ans. J'avais déjà fait sa connaissance des années auparavant. Nous sommes des amies intimes. Elle est venue lors de choc émotif. Faisant de moi son terrain de jeu préféré. Elle m'entraîne au plus profond de ma noirceur. Elle ne commence pas comme une mini ou une moyenne, elle annonce ses couleurs en partant. À quatre-vingt-dix pour cent du temps, je vais me réveiller dedans. Je m'explique, c'est l'anxiété qui va me tirer du sommeil, comme si j'étais en crise de panique en ouvrant les yeux. Chaque fois, la peur me noue les tripes, je sais qu'elle va m'accompagner pour un bon bout de temps. Elle va être présente vingt-quatre heures par jour durant minimum 1 mois et demi. Je vais être une loque à l'intérieur de moi-même, un combat va se livrer entre ma volonté d'en sortir et la spirale. Je vais tout faire pour ne rien laisser paraître refusant d'entraîner mon entourage avec moi. Je me retire de la vie active familiale, si j'ai la chance qu'elle se produise en été, je vais me réfugier dans le jardinage. Par contre l'hiver, c'est beaucoup plus difficile, je vais lire sans arrêt tout ce qui me tombe sous la main. J'ai retrouvé un texte que j'ai écrit à la fin d'une grosse, en mai 2007. Je l'ai mis sur mon forum où je voulais expliquer à mes copines ce qui se passait. Donc je le mets intégralement ici :

« Salut

Ce n'est pas facile, merde que ce n'est pas facile!

Je commence à penser que je ne changerai pas et que je devrai m'y faire.

Penser à moi, dire non, ne pas aider, ne pas donner... ce n'est pas moi. Je réalise que je suis une "boule" d'énergie qui doit donner, aimer, aider... De plus, je suis incapable de retenir et contrôler ce surplus d'énergie qui part dans tous les sens. Parce que quand je me "ferme", j'ai trop d'énergie et c'est l'enfer.

Je me sens coupable de ne pas être là et de ne pas aider. Je me sens coupable de penser à moi. Quand je ne fais rien et que je me repose, je me sens coupable. Et dans ce temps-là, je perds le contrôle de mes émotions et je pleure. Ça me prend des heures à reprendre le contrôle de moi-même.

J'enrage après mon corps. J'ai de l'énergie à revendre, mais pas d'endurance. Pour pouvoir dormir, il faut que je brûle cette énergie, mais le corps ne suit pas. Il se fatigue à rien, mais je ne dors pas pour autant.

Je ne peux écrire et j'ai de la difficulté à faire de la méditation. J'ai perdu ma concentration. Et cela m'enrage. Si vous saviez le temps que ça m'a pris pour écrire ce message. C'est énervant.

Je me bats contre moi-même et je pense que c'est un combat qui est vain. Je ne peux renier qui je suis et ce que je suis. J'ai peur aussi. Peur de me perdre dans ce dédale, peur de perdre ma lumière à trop vouloir l'étouffer, la renier. Peur de l'épreuve qui s'en vient. Peur encore de me briser en morceaux.

Mon corps change et je ne le comprends plus. Je n'ai plus de point de repère. Avant je pouvais décoder ses signes, plus maintenant. Je vis dans un corps étranger.

Je vous aime tellement

Vous me manquez terriblement

Aly »

Que dire de plus que ce qui est écrit plus haut. C'est mon cœur et mon âme qui ont parlé dans ce message, me mettant à nue. Disant simplement ce qui se passe en moi, rien de plus.

À la lecture de ce chapitre, ma fille m'a dit : « maman, ça a un impact sur nous tes spirales! On les sent ». J'ai été très surprise, j'ai toujours mis un point d'honneur à ne pas leur faire subir. Je peux dire que je suis tombée des nues lorsqu'elle m'a fait cette révélation. Puis, j'ai longuement réfléchi, j'ai réalisé que de me terrer dans mon bureau n'était peut-être pas la meilleure solution. En me retranchant de la vie familiale, je ne faisais qu'affirmer haut et fort que quelque chose n'allait pas. Maintenant, je vais lui dire simplement que je suis dans une spirale et que je suis dans mon bureau si besoin est. Avec le recul, je vois que lui dire la vérité et ce qui se passe réellement est la meilleure solution. Je ne sais pas si ce fut une erreur d'agir comme je l'ai fait durant toutes ces années, mais je peux changer la donne pour le futur. Me faire comprendre que peu importe la façon dont je gère mes spirales, ça a un impact sur mon entourage et me le dire, c'est un des plus beaux cadeaux que ma fille m'a fait. Merci, mon ange, d'être là avec ta franchise.

## Être contre soi-même

On apprend tout le temps, je pensais avoir fait le tour sur les spirales et que ce chapitre était clos. J'en avais oublié deux qui sont distinctes des autres, je les ai éprouvées rarement dans ma vie et j'ai eu droit à chacune d'elle à quelques jours d'intervalles. À croire que je devais en parler. Celle que je vais nommer « mon garde fou » arrive comme un ouragan. Elle ne s'annonce pas, elle ne prend pas de gans blancs pour faire comprendre son message. Elle se manifeste à la minute même où je vais poser une action qui est contre moi-même. Je m'explique, si je veux faire ou fait une chose qui heurt de plein fouet mes convictions, mes valeurs et que je ne me respecte pas dans une décision. C'est automatique, elle arrive avec la force d'une grosse, m'envahissant entièrement me consumant sur place. Je n'ai aucune chance avec elle, rien ne l'arrêtera sauf revenir sur ma décision, si elle a déjà été prise ou prendre une décision qui fera en sorte que je vais être en harmonie avec moi-même. Elle va me rendre malade littéralement. La meilleure façon pour l'illustrer est de donner un exemple qui m'est arrivé, il n'y a pas si longtemps.

« Depuis quelques années, j'avais un boulot que j'adorais et qui répondait à tous mes désirs. Un boulot pareil c'est rare dans une vie. Puis un nuage est venu assombrir mon bonheur, je ne pouvais plus travailler avec mon patron pour des raisons personnelles. Il y avait eu trop d'altercations entre nous et à chaque fois mes valeurs étaient mises à l'épreuve. À un certain moment, j'ai atteins ma limite, étant incapable d'en prendre plus. J'ai essayé tant bien que mal de retourner à mon boulot en faisant abstraction de mes émotions et de mon respect personnel. Je me disais chaque jour que si je ne lui parlais pas ça serait ok. Mais en réalité, j'allais travailler la peur au vente, la peur de lui parler et de perdre le contrôle de moi-même. J'éprouvais tellement de colère face à lui qu'il devenait de plus en plus difficile de concevoir faire une journée de plus. Puis l'inévitable arriva, je suis allée trop loin dans le non-respect de moi-même et de mes convictions. Je n'ai pas juste atteins ma limite, je l'ai allègrement dépassée et ce faisant j'ai mis ma santé en péril. Juste à penser, aller travailler me rendait malade, j'ai même cru à un certain moment devoir recommencer à prendre des antidépresseurs. J'ai dû m'arrêter et écouter le message de mon corps. Il ne pouvait pas avoir tort, il avait quelque chose à me faire comprendre et rapidement donc les crises sont devenues de plus en plus fortes jusqu'au jour où elles m'ont littéralement dépossédé de tous mes moyens. Le résultat est un mélange qui me fait peur, la perte totale de mon corps, mais pas de mes pensées. J'avais froid, mal à la tête, l'anxiété à son maximum, l'intérieur qui tremble, vomir, ne pas avoir faim... La seule solution était de m'arrêter, de prendre du recul et de regarder ce qui causait tout ce débordement à l'intérieur de moi. La conclusion est venue d'elle-même, je devais quitter mon emploi si je voulais survivre. J'ai discuté avec mon copain et lorsque ma décision a été prise, j'ai avisé un de mes supérieurs de mes intentions. À la minute où j'ai raccroché le téléphone, le calme, c'est fait en moi. L'harmonie était revenue, j'étais enfin en accord avec moi-même. Ce n'est pas le fait que le calme soit revenu en moi qui m'a le plus surprise. C'est le fait de ne pas avoir peur du lendemain. Normalement, j'aurais dû éprouver une certaine crainte face au fait que je n'avais plus de travail. Mais la seule chose que j'éprouvais, c'était de la sérénité. J'ai su à cet instant que j'avais fait le bon choix et que la vie m'apporterait ce dont j'aurais besoin au moment où j'en aurais besoin. »

L'autre que j'avais oublié concerne directement mon âme. Il y a des choses qui la font vibrer d'une façon différente, qui la réjouissent et qui lui font anticiper certains bonheurs. Je suis incapable de comprendre ses motivations ou ce qui provoque ces manifestations. Je sais que mon corps entier réagit à ce qu'elle éprouve. Que la réaction part de mon plexus solaire comme une chaleur qui parcourt mon corps, au début la sensation est agréable. Elle me baigne de chaleur, de tendresse et de bonheur. Mais on dirait que plus le temps passe, plus elle s'emballe, plus elle vibre et devient trop intense pour la capacité physique de mon corps. Lui ne sachant plus comment réagir, fait comme il a appris lorsqu'il est dépassé par les émotions, il panique. Ce qui était agréable au début devient infernal par l'incapacité à mon corps de gérer ce surplus d'émotions. La seule chose à faire dans ces moments-là est d'attendre que mon âme se calme afin de retrouver mon équilibre.

## Les outils

Il y a plusieurs façons de s'en sortir ou de faire en sorte que c'est moins pénible. Je vais vous parler de tous les techniques et exercices que j'ai appris au fil du temps. Je les ai toutes essayées à un moment ou un autre. Certaines m'ont été conseillées par ma psychologue, d'autres par des personnes vivant la même chose que moi et le reste par des lectures que j'ai faite. Ce ne fut pas facile, les premiers temps je n'y arrivais pas. J'étais trop immergée dans la spirale pour pouvoir me servir de ce que j'avais appris. Et pour être honnête, je peux dire que ça m'a vraiment découragé de ne pas réussir les premières fois. On a les outils, on sait comment s'en servir et quand on passe à l'action, c'est le fiasco total. À ce moment, la spirale peut s'en donner à cœur joie. C'est un à zéro pour elle.

Dans un premier temps, il fallait que je change ma façon de réagir, j'avais mis au point une façon de faire. Chaque fois qu'une spirale arrive, je m'isole, lis afin de me changer les idées, la combat et finis épuisée lorsqu'elle repart. Avec le temps, c'est devenu une compulsion. Ma réaction provient de l'épisode de TOC (trouble obsessif compulsif). Le premier exercice que ma psychologue m'a demandé de faire, en disant : « tu vas voir, c'est facile », est d'écouter les phrases qui tournent dans ma tête lors d'une spirale. Cet exercice a pour but de trouver le mot déclencheur, il y a toujours un déclencheur. Dans mon cas, un des déclencheurs était lorsque quelqu'un me disait : « ha, tu élèves seule ta fille », avec un air condescendant. Et là ça partait, je ne suis pas une bonne mère, je ne lui donne pas le bon exemple, je suis nulle... C'était immanquable, la spirale était partie pour un tour. Je peux dire que ce n'est pas facile d'entendre notre discours intérieur lorsqu'on est en panique. Ça prend du temps pour comprendre et faire le lien. Mais quand on réussit, quelle délivrance. On peut désamorcer les pensées parasites en se disant, mais non, j'ai fait telles et telles autres choses de bien avec elle. Lentement, on vient à bout des déclencheurs en leur enlevant de la force à chaque fois jusqu'à ce qu'ils disparaissent d'eux mêmes.

Ça m'a pris des années avant de comprendre le mécanisme d'une crise de panique. Si on la laisse aller, elle dure tout au plus vingt minutes. Mais si l'on décide de la combattre, elle peut s'éterniser et prendre jusqu'à quatre heures. Je sais, au début, j'avais peur des crises donc je les combattais. Ça se finissait des heures plus tard, complètement épuisées. Puis un beau jour, une est survenue et j'en avais marre. Je me suis dit : « aujourd'hui, je n'ai pas le temps de niaiser avec une crise. Donc, fais-la pour qu'elle finisse au plus vite et qu'on passe à autre chose ». Surprise, elle s'est finie sur le champ, le calme m'a envahi immédiatement. Je venais pour la première fois de la désamorcer. Après cette découverte, j'ai cessé de les combattre, je la sentais venir, m'arrêtais et la laissais faire ce qu'elle avait à faire. Et je reprenais le cours de ma journée. Habitude que j'avais perdue depuis un certain temps.

L'autre spirale qui m'a donné du fil à retorde est hormonale. Avec l'hyperthyroïdie, j'en ai eu plus qu'une. Ça ne s'arrête pas comme on veut. Ce n'est pas un mot ou une phrase qui la déclenche, mais un surplus d'hormones. Et pour celle-là, ça prend une approche différente. Il s'agit de trouver celle qui va fonctionner et nous libérer pour un certain temps. Une bonne copine, qui est infirmière, m'a un jour conseillé de tenir un journal de bord[5]. C'est avec cette technique que j'ai pu apprendre qu'est-ce qui m'aidait

[5]Un journal de bord est utilisé en médecine afin de consigner, le dosage de nos médicaments et comment nous allons, nous sentons... Il est utile pour le sevrage d'antidépresseur autant que pour le dosage d'hormone thyroïdienne. Il donne au médecin un aperçu des réactions physiques à un dosage donné.

vraiment et ce qui me nuisait. Parmi les nuisances (ce qui aide l'adrénaline à augmenter) il y avait; les nouvelles, les films violents, les films d'horreur, les suspenses qui vous tiennent en haleine et pour les lectures, sensiblement les mêmes. Donc, ne restez pas surpris si votre docteur vous déconseille tous ces divertissements, c'est vraiment pour votre bien-être. J'ai dû apprendre à doser mes lectures et aussi ce que je regardais. Durant les périodes où mes hormones sont en vrac, je regarde des dessins animés et j'ai des lectures légères et sur le cheminement spirituel (qui m'aident grandement).

Durant une courte période, lorsque les hormones du réveil (corticotropine et cortisol) atteignaient leur pic vers 6 h, l'adrénaline les accompagnait. Je me réveillais en pleine spirale sans savoir pourquoi. Mon premier réflexe était de me lever et faire n'importe quoi afin de me tenir occupée jusqu'à ce que ça passe. Mais ça m'épuisait rapidement et amplifiait le tout. J'ai longtemps cherché une solution à ces réveils brutaux jusqu'au jour où une copine pratiquant le PLN (programmation neurolinguistique) me dit tout simplement d'essayer une de ses techniques. Premièrement, essayer de ne pas paniquer parce que je me réveille avec l'adrénaline qui s'énerve, me mettre sur le dos, respirer par le ventre, lever mes genoux et mettre mes pieds à plat sur le matelas. Imaginer des racines qui partent de la plante de mes pieds et qui s'enfoncent profondément dans la terre. Cette technique s'est avérée fructueuse dans mon cas. J'ai souvent pu me rendormir grâce au calme qui revenait en moi chaque fois. Le fait de se concentrer sur sa respiration est calmant et rassurant, respirer par le ventre diminue les tensions et les battements du cœur. Et voir des racines nous ancrer dans la terre nous stabilise. Elle fut un ange sur mon chemin le jour où elle m'a parlé de cette mini méditation. Depuis quelque temps grâce à la pré-ménopause, cette hormone s'énerve et m'énerve du même coup. Ma nouvelle technique est de lui dire : « bonjour mon hormone du réveil, tu es en forme ce matin. Mais si tu ne vois pas d'inconvénient, j'aimerais dormir encore un peu ». Je me replace d'une façon confortable et me rendors.

Si ça se produit durant la journée, j'ai plusieurs trucs. Mais le plus important est toujours de s'arrêter et être à l'écoute de ce qui se passe vraiment dans notre tête et notre corps. Si je suis dans un lieu public ou avec des gens, je me retire pour quelques minutes et j'utilise une des techniques suivantes;

- ❖ Je peux utiliser ce que j'ai appris au taïchi, rester debout, écarter légèrement mes pieds, me détendre et me dire que je suis le lien entre la terre et le ciel. Souvent, ça va me calmer et me permettre de continuer ma journée

- ❖ La technique de respiration, qui provient encore du taïchi et du yoga, est un 4-7-8. Inspirez pendant quatre secondes, retenez votre souffle durant sept secondes, et expirez pendant huit secondes. Le faire quatre fois, sans faire de bruit, avant de dire un mot.

- ❖ Être le calme, technique qui vient du livre « being in balance ». Il faut comprendre que le calme ne vient pas de l'extérieur de nous, mais qu'il est à l'intérieur. Donc, il me suffit de fermer les yeux et de me voir dans ce lieu qui est LE calme en moi. Je le laisse se déployer et prendre toute la place.

Il y a une nouvelle façon que je veux essayer si l'occasion se présente, elle provient du livre « power of the soul » de John Holland, fermer les yeux, respirer normalement, mettre ses mains sur le cœur et dire une seule fois « find your center » ou « trouvez son centre ». Laisser le calme revenir lentement. Honnêtement, j'ignore le résultat de cette approche pour calmer une spirale, mais je vais la tester pour le stress.

Pour les grosses spirales, il faut de l'artillerie lourde, car elles sont vraiment tenaces. Elles nous tiennent jusqu'aux « tripes ». Donc les techniques pour les petites n'ont aucune utilité, ce qui nous rend démunis les premières fois. Après on apprend très rapidement à différencier les spirales. Pourtant en se renseignant et lisant un peu, on découvre rapidement qu'il existe beaucoup de techniques qui ont été développées au fil du temps. Faut dire que l'anxiété est une plaie de nos jours, un mal beaucoup trop répandu. Donc voici une liste de toutes celles que j'ai essayées au fil du temps :

❖     Il y a la méditation profonde, prendre quelques grandes respirations par le nez et relâcher lentement par la bouche. Lorsqu'on est prêt, on détend chaque muscle de notre corps. Je commence par les pieds et monte lentement jusqu'à la tête, ensuite on laisse passer les idées sans les arrêter. À ce moment, on peut décider d'aller dans notre jardin secret ou dans un lieu qui nous est cher.

❖ Il y a les exercices de taïchi. Une routine complète nous recentre et nous calme. On peut la commencer avec le stress à son maximum et plus les enchaînements se suivent, plus on se calme. Parfois, j'en fais pendant une heure… de cette façon, le calme est bien ancré en moi.

❖ Il y a le yoga, j'ai dû arrêter, pour moi ce n'était pas concluant, mais il y a une copine qui le pratique régulièrement et pour qui ça marche.

❖ La marche est très bénéfique, si elle n'est pas faite dans un environnement « stressant ». Tout comme la course à pied et le vélo. La natation aussi aide beaucoup.

❖ Regarder une comédie, un spectacle d'humour ou des bandes dessinées est un excellent moyen de relâcher la « pression ». Le rire est très thérapeutique.

❖ La lecture est une autre façon de s'évader, mais il faut faire attention à ce qu'on lit pour ne pas seulement « masquer » la spirale. Un livre peut tenir le cerveau occupé, mais ne fera pas descendre l'adrénaline, s'il y a trop d'action dedans.

❖ Écrire est très salvateur. Ça permet de faire le tri dans nos pensées, voir celles qui sont inconscientes et parfois comprendre ce qui se passe en nous.

❖ En été, la meilleure thérapie pour moi est le jardinage. Mettre mes mains dans la terre me vide complètement de toutes pensées. Ça me permet de faire le vide en moi et sans que je m'en rende compte les choses se mettent en place d'elles-mêmes. Les liens se font, ce qui doit être compris l'est et se recentrer avec la terre est libérateur.

Peu importe la technique utilisée, c'est le résultat qui compte. Mettre fin à la spirale avec le moins de dommage possible. Le pire ennemi d'une personne anxieuse est l'oisiveté. Ça donne trop de temps pour réfléchir et s'attarder longuement sur tout ce qui se passe en nous. Donnant ainsi de la force à notre tempérament anxieux. Oui, quand on est dans la spirale, il est important de s'arrêter et regarder en soi ce qui se passe. Mais il ne faut pas s'attarder inutilement, sinon on va se faire prendre par toutes les idées qui tournent en rond dans notre tête et empirer les choses.

Ce que je retiens de toute cette expérience est d'avoir un jour parlé avec mon médecin. D'être passée par dessus mes peurs et mes préjugés. Sans son aide et celle de ma psychologue, je ne pourrais pas parler de tout ça sereinement. J'ai compris que toute l'aide possible est nécessaire afin de reprendre le cours de notre vie. Avec le médecin, nous avons exploré toutes les pistes afin d'avoir le meilleur plan de match possible. C'est grâce à mon pharmacien, ma psychologue et mon médecin que le verdict est arrivé, « hormonal ». J'avais peur de la médication, mais dans mon cas elle a eu sa place. Aidant mon corps a contre balancé la production d'hormone. J'ai fait une thérapie afin de mieux comprendre ce qui se passait et fait les exercices qu'elle me demandait. J'ai continué à cheminer spirituellement. Toutes ces choses ensemble, on fait en sorte que je m'en suis sortie sans trop de dommages collatéraux. J'ai dû user d'une honnêteté envers moi-même, si je m'étais menti jamais ma psychologue n'aurait pu m'aider. Elle travaille à partir de ce qu'on lui dit. Cette aventure m'a permis d'apprendre sur moi-même, mais surtout de respecter mes limites, d'écouter les signes que mon corps me donne et ne pas avoir peur de demander de l'aide lorsque c'est nécessaire. En un mot, j'ai appris l'humilité.

Après avoir écris ce chapitre, ma fille a vécu une grosse spirale qui a duré presque cinq mois, elle avait lu celui-ci mais n'avait pas compris ce qui se passait en elle. Voici comment elle a décrit sa spirale

« Une coquille vide

Savez-vous ce qu'est de se sentir vide à l'intérieur ? Malheureusement, je le sais. Aucune émotion, rien, juste le vide et une énorme envie de pleurer toutes les larmes de votre corps. Tout vous semble insignifiant, rien ne vous atteint. Sa rend les journées longues, sans vie, sans couleur. Tu tombe toujours malade pour aucune raison et tu perds vraiment beaucoup de poids. Tu perds toute la confiance en toi que tu as mis tant de temps à construire, tu t'isole du reste du monde. Après un certain temps d'isolation tes ami(e)s arrêtent de te parler alors que c'est à ce moment précis que tu as le plus besoin d'eux. Tes notes baisses, vraiment beaucoup, et tes profs pensent que tu fake. Tu ne peux même pas mettre de mot sur ce qui t'arrive, quand ton chum te demande qu'est-ce qu'il ne va pas tu ne sais pas quoi répondre. C'est comme si tu cessais d'exister, tout ton monde s'écroule. Mais un jour, tu vois un film ou tu lis un livre qui te donne des frissons et ce sentiment tellement intense qui te pousse à le terminer. Puis tu te rends compte que tu avais vraiment besoin de ça. Donc, peuple de facebook, prochaine fois que vous voyez l'un de vos amis s'éloigner de vous et abandonner tout ce qui lui tient à cœur aller le voir et donner lui un gros câlin en lui disant que vous n'allez pas le laisser tomber et que vous allez l'aider à s'en sortir peut importe le temps que sa prendra car s'en sortir seule n'est pas aussi facile qu'on peut le croire.

Chelsea »


Dernièrement, elle a relu le chapitre et elle l'a compris. C'est beaucoup pour une adolescente de dix-sept ans. Elle peut maintenant utiliser ce qu'elle a vécu pour être plus forte mais aussi pour faire face si jamais une spirale se représente dans sa vie.

# Quatrième partie

Ce qui nous bloque

# La mort et le deuil

## La mort

Sujet sensible et pour certain à éviter. Malheureusement, c'est la réalité de la vie. La mort, elle fait peur, intimide et terrorise aussi. Elle nous déstabilise par son côté définitif. Elle ne nous donne aucune chance, il n'y a pas de retour en arrière possible. Elle est omniprésente, de cette unique peur découle toutes les autres. Elle est la peur ultime. Elle est à l'origine de toutes les recherches sur les cellules souches, le vieillissement et les maladies. D'elle, des romans fantastiques et les créatures immortelles sont nés.

Elle prend tout son sens après l'enfance, lorsqu'elle nous touche de près. Sinon, c'est un concept abstrait pour la plupart des adolescents. Je ne dis pas qu'ils ne savent pas ce que représente la mort. Je dis simplement que ça n'a pas la même portée. Je peux vous donner en exemple le décès de la belle-mère d'une copine à ma fille. Il est certain que certains de ses amis ont assisté aux funérailles. Mais une de ses amies les plus proches a donné une excuse bidon pour ne pas y assister. Le problème est que la jeune fille a passé devant l'église en pensant que personne ne la verrait. Je comprends que personne n'aime aller à des funérailles et c'est normal. Mais mentir et agir comme si de rien n'était est irrespectueux. Elle ne comprenait pas et ne comprend toujours pas l'importance que pouvait représenter sa présence aux côtés de son amie. Elle ne voulait pas y aller et c'est tout ce qui a compté pour elle. La douleur, le besoin de soutien et le désarroi de son amie ne sont jamais entrés en ligne de compte dans son choix. Tant que nous n'avons pas vécu le décès d'un être proche, il nous est impossible de comprendre les besoins de l'autre. Et c'est peut-être ce qui a provoqué la non-compréhension de la jeune fille. Elle n'a jamais vécu de décès.

## Les croyances face à la mort

Ce qui nous déstabilise face à celle-ci, c'est que personne ne sait ce qu'il y a après. Personne n'est revenu pour nous le dire. C'est l'inconnu qui nous paralyse, dans la vie de tous les jours, il y a toujours des premières. Et lorsque nous passons l'étape de la « première », la peur nous quitte, nous savons ce qui nous attend pour les autres fois. Là, il n'y aura pas de « pratique ». Il va y avoir qu'une seule fois, les spéculations vont bon train. Il y a plusieurs croyances concernant « l'après » et je suis certaine de ne pas toutes les connaître. Il y a celle véhiculée par les religions islamiques et le christianisme. Lorsque nous mourons, deux choix s'offrent à nous en fonction de nos actions commises durant notre vie. Si nous agissons en fonction des préceptes enseignés par notre religion, nous serons récompensés et irons au paradis. Si par contre nous agissons à l'encontre de ses enseignements, nous finirons en enfer, la damnation éternelle pour notre âme. La plupart des autres prônent la réincarnation, mais il y a une différence entre l'hindouisme et les autres. Pour l'hindouisme, nous pouvons passer par les végétaux, les animaux et l'humain. Tous s'accordent pour dire que l'âme quitte le corps physique à la mort et revient dans un autre corps pour vivre une autre vie, et ce plusieurs fois. Je partage cette croyance comme des millions de personnes. La réincarnation n'est pas une croyance nouvelle, elle date des Égyptiens.

## En avoir peur

Malgré la croyance de la réincarnation qui nous garantit un retour sur terre. La mort fait peur. Et pour plusieurs, elle les terrifie. Elle est toujours derrière l'anxiété et le trouble anxieux. Si on regarde ce qu'il y a derrière la plupart des peurs, c'est notre mort ou celle d'un être cher qui s'y cache. De plus, on passe notre temps à le dire inconsciemment : « j'ai eu tellement peur, que j'ai failli mourir ». Beaucoup de gens vont passer à côté de leur vie à cause de ça. Ils ne profiteront d'aucune opportunité qui se présentera à eux, préférant se cantonner à leur routine. Il n'y a pas de place pour l'imprévu dans leur vie, ça les déstabilise trop. Ils doivent avoir le contrôle en tout temps sur toutes les sphères de leur vie, incluant leurs émotions. Ils ne veulent pas voir que ce contrôle est une illusion. Il est impossible d'avoir le contrôle sur les gens qui nous entourent, ils ont leur volonté propre et feront leur choix en fonction de leur désir. Et il est de même pour les événements de la vie. S'ils sont chanceux, leur vie sera un long fleuve tranquille. Sinon, leur vie sera faite de crises de panique et de spirale durant les aléas de la vie.

## L'indifférence

L'indifférence vient avec le syndrome de l'immortalité. Pour ces personnes. La vie n'a aucune valeur, surtout celle des autres. Ils passent leur temps à la mettre en danger. Et s'ils ont le malheur d'avoir un accident grave ou une maladie et qu'ils y survivent. Ils seront pires, pour eux, ils auront avoir survécu à la mort. Ils font preuve d'inconscience, d'irrespect et surtout ils n'ont aucun remords. C'est une notion absente en eux. La mort est un jeu pour eux au même titre que les jeux de console. On meurt, on appuie sur « rejouer » et on recommence. La compassion est aussi absente. À l'adolescence, la « notion d'immortalité » est normale durant une période, on est jeune et la vie s'offre à nous. Par contre lorsqu'elle perdure à l'âge adulte, ils deviennent irresponsables. Pour eux, pleurer une personne décédée est une perte de temps. Souvent, ils n'ont pas de but précis dans la vie, ils se laissent porter au gré des vagues. Pourquoi avoir des buts quand on est immortel? Ils ont l'éternité pour faire tout ce qu'ils désirent. Dans leur tête, ils vont être jeunes pour toujours. Vieillir est dans un futur lointain, pourquoi s'en faire? Ils sont dangereux pour eux-mêmes et pour les autres.

## L'attrait

Oui, il y a des gens pour qui la mort est attrayante. Elle les fascine. Parfois, ils sont même énervants avec cette attirance. Nous allons parler d'eux comme étant des gens aimant la morbidité. Vous allez les voir sur les lieux d'un drame. C'est la mort qui les attire. Ne vous trompez pas, ils ne sont pas pressés de faire le grand saut. Ils vont beaucoup en parler, parler de tous ceux qu'ils ont connu qui sont partis et surtout comment ils sont décédés. Ils vont lire tout ce qui s'y rattache et se documenter autant que possible. Je me demande si cette fascination n'est pas en réalité leur façon de vouloir l'apprivoiser, d'apprendre à la connaître avant l'heure.

## Le pouvoir

Assez surprenant n'est-ce pas ? Retrouver le pouvoir dans cette section. Et pourtant il a sa place. Ne nous leurrons pas, pour certain détenir le « droit » sur la vie ou la mort des gens leur procure du pouvoir. Nous n'avons qu'à regarder l'histoire qui se répète sans cesse avec les dictateurs, les extrémistes... Pour eux, la vie des gens n'a aucune importance, c'est le pouvoir qui les grise. Le pouvoir de décider de la fin de vie d'une personne, de plusieurs ou d'un peuple. Ceux qui initient les guerres et les génocides sont poussés par ce pouvoir. Et c'est ce qui les rend dangereux. Ils adorent être craint et la terreur qu'ils inspirent. Il existe des gens qui ont ce pouvoir à petite échelle et ils ne sont pas mieux. Ils ne sont pas inoffensifs pour autant. Avec ce pouvoir, ils se pensent l'égal de Dieu, n'oublions pas qu'ils tuent sans égard pour la vie humaine.

## Le deuil

Personne ne réagit de la même façon face à l'annonce d'un décès, surtout lorsqu'il s'agit d'un proche. La gamme de réactions est variée, en passant par l'évanouissement, les cris, les pleurs, le soulagement, le déni, la réaction à retardement... Lorsque les gens éprouvent du soulagement normalement c'est que la personne est décédée suite à une longue maladie. Et que la plupart du temps leur deuil est fait ou très avancé. Le soulagement n'est pas négatif, bien au contraire il est salvateur. Voir une personne souffrir est dévastateur, sur le long terme ça devient lourd et ça essouffle. Les gens se sentent coupables de se sentir soulagés, souvent c'est le jugement des autres qu'ils craignent. Nous ne sommes pas censés éprouver ce sentiment lors du décès d'un proche. Seule une personne ayant parcouru le même chemin sera en mesure de comprendre. Il ne devrait y avoir aucune honte à ce qu'on ressent. Voir une personne qu'on aime disparaître sous nos yeux est une des pires choses qui puisse arriver dans notre vie. Nous devrons poursuivre notre route avec ces images imprégnées en nous et avec notre sentiment d'impuissance qui nous a accompagnées tout le long du processus.

## La peur du deuil

Elle existe et elle est bien présente. Je l'ai vécue et j'ai vu beaucoup de gens la vivre. Nous nous battons contre notre deuil, refusons de le laisser faire son chemin en nous. Nous refusons de regarder la vérité telle qu'elle est, avec sa douleur et son incompréhension. Ce n'est pas du déni (une des étapes du deuil), mais bien la peur de laisser partir l'autre. En réalité, nous avons peur d'oublier, d'oublier l'odeur de sa peau, son parfum, son sourire, son timbre de voix. Nous avons peur de ne plus penser à elle, de la rayer de notre vie future et surtout ce que nous éprouvions pour elle. Mais nous avons tort. Par notre peur, nous prolongeons notre douleur. Nous retardons l'inévitable et de plus nous sabordons les étapes du deuil. Nous reculons plus que nous avançons, nous noyant dans la vie pour ne pas souffrir. Mais au contraire, nous souffrons plus. Nous allons avoir beau fuir, la douleur de la perte nous rattrapera toujours tant que nous ne l'accepterons pas. Nous devons dépasser nos peurs si nous désirons revivre un jour et entamer sainement le deuil.

## Les étapes du deuil

Il y en a bel et bien cinq. Il n'y a pas de période de temps allouée à chacune d'elles ni de mode d'emploi. Personne ne vivra les étapes avec la même intensité ou dans le même ordre. Seulement deux des étapes seront immuables, le déni et l'acceptation. Les autres se feront dans l'ordre ou dans le désordre, avec parfois des retours en arrière. La période de déni et du choc qui débute le deuil est normal. Elle ne perdure pas. Nous allons appeler la personne pour lui parler, faire des projets l'incluant. Réalisant chaque fois qu'elle n'est plus là et oubliant de nouveau jusqu'à la prochaine fois. Puis, il y aura une fois de trop et la réalité nous frappera. Le déni prendra fin à ce moment. De plus, souvent durant cette période la personne vivra hors de la réalité. Suivra la période de colère, elle peut durer longtemps, de quelques mois à une année ou plus. Nous allons être en colère contre la vie, contre soi-même et contre tout. Nous allons nous en prendre à notre entourage. Cette colère ne nous quittera pas ou très peu. À cause de la colère, nous n'aurons pas de patience, de tolérance ou de compassion. La culpabilité peut venir brouiller les cartes et attiser notre colère. J'ai trouvé que c'était une phase épuisante. Maintenir la colère demande une grande quantité d'énergie. C'est probablement pour ça que lorsque je suis entré dans la phase de marchandage, j'étais épuisée. Ça ne dure pas longtemps, on réalise rapidement que nos demandes sont irréalisables. Ensuite viennent la tristesse et la dépression. La période la plus longue du deuil et il en passe des idées dans notre tête; remise en question complète, conscientisation de notre mortalité, de la futilité de la vie... Cette période est la plus dangereuse aussi, la détresse qui nous habite est profonde. Si nous croyons que nous n'en sortirons jamais, elle peut conduire au suicide. Ce qui est relativement rare. C'est avec soulagement qu'on quitte cette phase. On refait surface vers la vie pour entrer dans la dernière phase du deuil, l'acceptation.

## La libération

La libération arrive après l'acceptation. Il faut bien comprendre qu'accepter que la personne soit partie et qu'elle ne revienne pas ne signifie pas que nous allons l'oublier pour autant. Nous allons pouvoir penser à elle sans cette douleur qui ne nous quittait pas. Elle sera toujours là. Présente en nous. Nous allons recommencer à vivre, et éventuellement nous attacher émotionnellement à une autre personne. Nous allons être libérés du poids du deuil. Nous pourrons penser à l'autre avec un sourire et sereinement.

# Les regrets et compagnie, les poisons de la vie

Le chapitre des poisons de l'existence. Et il y en a quelques-uns, on leur donne une importance qu'ils ne devraient pas avoir. Nous sommes conscients qu'ils sont nuisibles et pourtant nous continuons à nous torturer. Nous les laissons faire leur chemin en nous, minant nos certitudes et nous enfonçant plus profondément dans notre désarroi. Ils apparaissent toujours lorsque nous sommes fragilisés. Ils corrompent notre discours intérieur et faussent notre vision de la réalité.

## Les regrets

Une plaie, le regret nous ramène toujours en arrière. Si nous lui laissons libre cours, il nous empêchera de vivre notre moment présent. Il nous fera oublier que nous avons pris notre décision avec les données donc nous disposions à ce moment. Et nous fera maudire notre situation présente. Le regret peut toucher toutes les sphères de notre vie. Il visitera les grandes décisions, mais souvent il s'acharnera sur les peccadilles. Celle que nous oublions rapidement. Il se fera un plaisir d'aller les chercher dans les recoins les plus surprenants de notre mémoire. De plus, il les ramènera au moment ou nous n'y attendons le moins. Créant un lien ou normalement il ne devrait pas y en avoir. Les regrets sauront toujours me surprendre par leurs soudainetés.

Lors d'une discussion, il s'annonce toujours avec la phrase « avoir su ». Il est évident que ce qui va suivre est un regret. Je pourrais dire facilement : « avoir su, certain de mes choix auraient étés différents. J'aurais fait les choses d'une autre façon ». Il est toujours facile de dire après coup que nous aurions du faire autrement. Ça me donne toujours l'impression que l'on tente de se justifier devant les autres d'avoir fait certains choix. Avoir certains regrets peut paraître normal, mais rien ne peut nous confirmer que nous n'avons pas fait le bon choix. Il est facile de s'imaginer que les choses auraient été différentes si nous avions agi différemment. Mais l'imagination n'est pas la réalité et il n'y a jamais de bons ou de mauvais choix. Nous ne pouvons regretter ce que nous avons fait ou pas fait. Car se mettre à regretter, c'est perdre un temps précieux pour quelque chose qui ne peut être changé. Et nous n'avons aucune certitude qu'avoir choisi autre chose aurait été mieux.

## Le jeu du « si j'avais... »

Il est assez marrant celui-là. Ne vous méprenez pas. Il peut-être un poison en fonction du moment où l'on se met à y penser. Si on le fait une journée où nous sommes en harmonie avec nous-mêmes. Et que c'est seulement pour le plaisir de s'imaginer une autre vie. Je n'y vois rien de mal. Parfois, c'est même rigolo de voir les scénarios que nous pouvons faire. Nous n'avons aucune limite donc nous pouvons donner les rôles que nous désirons aux autres. Et parfois, il est plaisant de s'imaginer faire autre chose comme métier et avoir une vie complètement différente de celle que nous avons. Mais là doit s'arrêter le jeu inoffensif.

Si par contre, nous le faisons pour fuir la réalité, c'est autre chose. C'est un signal que nous ne sommes pas pleinement satisfaits de notre vie, ou malheureux. Dans ces moments, c'est un jeu dangereux. Notre imagination va nous faire voir un futur qui est irréaliste. Nous pouvons nous convaincre que la vie aurait été plus facile si nous avions fait d'autres choix. Souvent, nous allons occulter les raisons qui nous ont fait choisir notre chemin actuel. Je vous donne un exemple. J'aurais pu devenir psychologue, j'ai les capacités et le talent pour le faire. En plus, j'aime l'école. Mais j'ai choisi les arts et j'ai atterri dans l'hôtellerie. Si je regarde les choses en face, j'ai fait de la psychologie durant 18 ans sans en avoir le salaire. Contrairement à un psychologue, mes clients ne voulaient pas changer. Ils désiraient seulement vider le trop-plein et se faire plaindre. Rien de bien gratifiant. Par contre, j'avais un avantage que les psychologues n'ont pas, le droit de réplique. Et je m'en suis servie. Dans le pire bas de la maladie. Je me disais que ma vie aurait été bien différente si j'avais suivi ce chemin et étudié en psychologie. J'aurais eu un métier honorable et un salaire me mettant à l'abri des coups durs.

Il a été facile de me voir avec cette autre vie. J'étais malade, aucun revenu et pas d'argent de côté pour les mauvais jours. Je m'en suis bien sortie. J'ai guéri et j'avais une dette de plus. Mais durant cette période, j'ai imaginé plusieurs scénarios. Ma lucidité m'a permis de faire la part des choses et d'aimer ma vie telle qu'elle est. Pour beaucoup de gens, ce jeu ne se termine pas aussi bien. Ils finissent par préféré cette vie imaginaire à la réalité. Ce qui les rend doublement malheureux. ils perdent la beauté de la vie présente malgré ses difficultés et se réfugient dans un univers qui ne se réalisera pas. Le rêve créera des déceptions dans la vie réelle et amplifiera négativement la perception de celle-ci. Il est important de ne pas s'accrocher à ces illusions pour notre bien-être psychologique.

## Le doute

Celui-ci est une lame à double tranchant. Il y a un doute qui est positif et salvateur. Il nous permet d'avancer et d'évoluer. Il est toujours bon de remettre en question nos valeurs et nos croyances. Surtout dans le domaine de la spiritualité, le doute a une place bien particulière. Il est vrai qu'il émane de l'ego, mais sa nature nous force à revisiter nos certitudes. Chaque fois que le doute se pointe le bout du nez, ça signifie que l'ego perd des plumes. Il veut que nous revenions sur nos positions et gardions nos acquis. Plus nous évoluons, plus nous approchons de notre vraie nature, plus il perd de la puissance. Donc ce doute est bienfaiteur.

Et il y a cet autre doute, celui qui est comme un cancer en nous. Celui qui peut nous détruire lentement. Il est tenace et difficile à déloger. Sa façon d'arriver est spéciale. Un seul mot ou une expression faciale peut l'enclencher. Il n'a besoin de pratiquement rien pour surgir et il s'auto nourrira. Il trouvera tout ce donc il a besoin pour s'alimenter. Le problème avec lui, est que parfois nous ne pourrons jamais valider s'il était justifié ou non. Surtout lorsqu'il concerne une tierce personne ou notre conjoint. Le doute détruira à long terme la confiance, qui elle détruira l'amour à son tour. Concernant les relations professionnelles, le doute tuera la relation de confiance établie et il deviendra impossible de continuer à travailler avec cette personne. La seule façon de ne rien détruire face au doute, c'est d'avoir la preuve qu'il est infondé. Et si par malheur le doute est fondé, car malheureusement il est toujours porteur de négativité, il n'y aura pas de retour en arrière possible. On peut toujours pardonner et passer l'éponge comme on dit, mais on n'oubliera jamais. Il y aura une cassure qui sera toujours présente.

Un jour, une amie songée m'a dit : « Si tu peux vivre avec ce qui s'est passé. Que tu peux ne pas en reparler et ne pas y repenser constamment. Tu peux continuer ta relation. Mais si tu ne peux pas ne pas en reparler et ne pas faire de reproche à l'autre. Arrête immédiatement ta relation avant qu'elle te détruise ». Elle a ajouté : « mais s'il recommence, la n'oublie pas et quitte-le. On peut pardonner une fois, mais pas deux ». Elle savait de ce qu'elle parlait, elle avait déjà visité ce chemin. J'ai bien réfléchi à son conseil avant de prendre la décision de continuer la relation.


## L'incertitude

Ce poison nous fait hésiter. Elle est souvent présente lors de prise de décision importante. Elle interfère avec notre nous véritable et nous fait perdre un temps précieux. Il est important de bien réfléchir afin de prendre la meilleure décision qui soit. Mais s'attarder sur l'incertitude freine le processus. Nous ne pourrons jamais être certains que le chemin que nous choisirons sera le bon. Lorsque j'ai acheté la maison où je vis depuis des années. Je suis passée par la case « incertitude ». Mon discours intérieur était plutôt négatif, ce qui est normal lorsqu'on est dans l'incertitude. Je me suis demandé si je serais capable de la payer et assumer ses dépenses. Pourtant acheter la maison me revenait à la même mensualité que de vivre en appartement. Et peu importe la décision que j'allais prendre, acheter ou louer, j'étais confronté au même problème de liquidité. De plus, nous n'avons pas le choix, nous devons avoir un toit sur la tête. Et je me suis dit que si le pire arrivait, je pourrais toujours vendre la maison, faire un profit et vivre ailleurs. Je suis aussi passée par la case, j'ai quarante ans passés, je devrais finir de payer ma maison pas commencer.


L'incertitude nous fait oublier l'essentiel de la vie. Qu'elle apporte toujours ce dont nous avons besoin au moment où nous en avons besoin. Elle sape nos énergies par sa négativité. Si nous demeurons trop longtemps dans sa toile, nous allons nous préparer un avenir négatif. J'ai pris la décision d'acheter la maison et je suis certaine d'avoir fait le bon choix. Tout comme les autres choix que j'ai pu faire.

## La « non-acceptation »

Hé oui, ça existe. Je l'ai vu à plusieurs reprises durant mes années « de bar ». Ce que je trouve de déplorable dans la non-acceptation, c'est que la personne refuse d'accepter un fait qui s'est déjà produit. Ces personnes vivent un malheur permanent. Leur vie continue, elle avance et eux demeurent au même stade. Ils ne voient plus leur présent. Ils passent leur temps dans ce passé qui est révolu. Leur vie s'est terminée au moment ou l'événement non accepté a eu lieu. Ils ne vivent pas, ils survivent. Pas une semaine ne passe sans qu'ils repensent à cet événement. Ils vivent dans un abattement continuel, certes ils sourient, rient aussi, mais leur bonne humeur est éphémère.

Ils sont spécialistes dans le jeu « de l'autruche ». Le jeu est simple, on occulte ce qui nous dérange et on fait comme si ça n'avait jamais existé. Autrement dit, on se met la tête dans le sable et on ne voit plus rien. C'est de cette façon qu'ils continuent d'avancer, ils font comme si tout n'avait été qu'un rêve. On ne regarde pas, on ne règle pas et on met tout dans un coin de notre tête tout simplement. Et vous devriez voir tout ce qui peut être mis dans ce coin, les émotions, les deuils, les rancunes, les non-dits…

C'est la façon de vivre de certaines personnes. Ils ne réalisent pas que jouer à l'autruche est dommageable sur le long terme. Car toutes les petites et grandes choses qu'ils occultent et cachent dans un coin vont finir par déborder et refaire surface. Le côté déplaisant de ce jeu, c'est que nous n'avons aucun contrôle sur ce qui va sortir. Et surtout quelle quantité de « surprise » nous allons avoir.

Le jeu de l'autruche peut se jouer longtemps, se poursuivre sur des années. Et lorsqu'il débordera, tout ce qui a été mis « dans le coin », va resurgir avec force. Les émotions seront amplifiées et les souvenirs plus douloureux, ils ont eu tout le temps nécessaire pour prendre de la force. Et ils seront plus difficiles à régler. Les émotions nous prendront aux tripes et nous empêcherons de fonctionner normalement durant un temps. Il faut bien comprendre que plus nous attendons pour régler quelque chose, plus difficile ça sera. Il faudra investir le double ou le triple de temps et d'effort pour faire le travail nécessaire afin de nous libérer. Je parle par expérience, car j'ai joué à l'autruche avec les non-dits. En plus de mettre un temps considérable et souffrir plus que nécessaire, il a fallu la maladie pour me faire comprendre que je jouais à un jeu dangereux. Maintenant, même si je préférerais parfois mettre de côté ce qui se passe dans ma vie. Je fais face et règle immédiatement ce qui doit l'être. Je ne laisse plus traîner les choses, j'ai cessé de jouer.

## La fuite

Elle s'apparente au jeu de l'autruche avec une différence. Au lieu de tout mettre dans un coin et faire semblant que ça n'existe pas. La personne va trouver une façon de ne pas penser en se noyant dans le travail, l'alcool, les passe temps, le shopping ou voyager. La fuite est plus éreintante. Le corps et l'esprit ne sont pas conçus pour maintenir le rythme imposé par celle-ci. Il viendra un moment ou la personne sera épuisée physiquement et émotionnellement. Elle ne comprendra pas que toute cette mascarade à débuter avec un refus de voir les choses en face. Déjà qu'il sera difficile de se relever de l'épuisement, ce que nous voulions fuir remontera facilement, puisque notre esprit ne sera plus occupé continuellement. Nous devrons faire face à plusieurs choses en même temps. Et les voyages, bien qu'ils nous fassent voir d'autres lieux et rencontrer des gens parfois géniaux, n'effaceront pas ce que nous désirons fuir. Avec le temps, la personne comprendra que la seule chose que nous ne pouvons fuir c'est nous-mêmes. Peu importe où nous soyons, nos pensées, nos souvenirs et nos émotions nous accompagneront toujours.

## La culpabilité

Ce n'est pas une de mes préférées. Elle nous ronge, nous tient éveillés la nuit et fait tourner les choses en boucle dans notre tête. Je la compare à un serpent qui lentement fait son chemin en nous. Elle commence toujours par un léger regret pour un acte posé ou une parole prononcée. On se questionne à savoir si nous aurions pu agir autrement. Nous allons repasser en boucle la scène, monopolisant toutes nos pensées, le doute va se mettre de la partie. La culpabilité est toujours présente lorsqu'il y a conflit entre le geste ou la parole et nos valeurs. Le regret accompagne la culpabilité, qui lui est le désir de changer le passé, de le voir disparaître. Les deux combinés, nous pousserons à chercher une solution pour réparer les tords causés. C'est le propre de la culpabilité de vouloir réparer les erreurs du passé. De plus, elle est responsable de nos excuses, c'est cette partie de nous qui nous fait dire à une autre personne : « je suis désolé, je m'excuse d'avoir dit ou fait telle chose. »

## La jalousie

Elle peut tout détruire sur son passage. On va mettre une chose au clair tout de suite. Ça n'existe pas une saine jalousie. Elle nous signale notre manque d'amour et de confiance envers nous-mêmes. Il y a deux sortes de jalousie, celle du « voisin gonflable » et celle qui accompagne la possessivité. On va commencer par celle du « voisin gonflable ». Elle m'a toujours fait rigoler celle-là. Elle débute par de l'envie, envier ce que les autres possèdent. Au lieu de se dire : « wow, mon voisin a réussi à avoir le véhicule de ses rêves. Je suis heureux pour lui. » L'envieux / jaloux va plutôt avoir un discours qui ressemble à ceci : « on sait bien, il étale son argent en achetant cette nouvelle voiture. Je vais en avoir une plus belle. » Et là, il va s'endetter pour en acheter une. Il agira de cette façon avec tout ce que les voisins possèdent, spa, piscine … Il ne se posera pas la question à savoir s'il désire ces objets ou s'il va réellement s'en servir. Le seul but est d'avoir comme les autres. Si par malheur, la personne vit dans un quartier où les gens sont un peu plus fortunés que lui, il courra droit vers la faillite. Vivre pour posséder les mêmes choses que les autres n'est pas des plus judicieux. Il faut vivre en fonction de nos propres désirs.

Et il y a la jalousie dans les relations interpersonnelles, la jalousie familiale, entre membres de la même famille. Elle apparaît toujours lorsqu'il y a favoritisme apparent d'un parent envers un des enfants. Parfois, on peut passer outre cette jalousie et la trouver drôle. Mais dans d'autres cas, elle est trop envahissante pour pouvoir vivre sainement les relations familiales. Il y a celle dans la vie amoureuse. Elle commence toujours avec le doute et puisqu'il est pratiquement impossible de le faire disparaître. La jalousie ira en s'amplifiant. Elle rendra toutes les personnes impliquées malheureuses. Elle entraînera de la colère, de la vengeance et parfois de la rage meurtrière. Il est important de voir les signes précurseurs. Il y a les jaloux qui apprennent à se contrôler, ceux qui après avoir analysé la situation comprennent leur erreur et tendent vers l'acceptation de la liberté de l'autre. Et il y a les jaloux maladifs et possessifs. Ils sont dangereux pour eux-mêmes et pour les autres. Plus le temps avancera, plus ils deviendront violents verbalement et physiquement. L'escalade de la violence ira en s'amplifiant. La meilleure chose à faire est de quitter la relation au moindre signe de violence.

## La possessivité

Elle accompagne souvent la jalousie. Pour certaines personnes, les relations de couple ne signifient pas seulement partager sa vie avec elle. Pour eux, ils possèdent l'autre au même titre qu'un bien. La possessivité est « chiante » pour la personne qui la subit. Elle a l'impression de vivre dans une prison dorée. Elle doit continuellement rendre des comptes. Les gens possessifs auront la même attitude vis-à-vis de leur bien. Ils aiment posséder les choses. Et ils sont incapables de se départir du moindre objet leur appartenant. Ce sont pour la plupart des matérialistes à outrance. Tout s'achète et tout leur appartient. Ils ne sont pas conscients de leur attitude ni de leur façon de traiter les gens. La possessivité n'est pas représentative de l'amour qu'une personne peut porter à une autre. On n'a pas besoin de posséder pour aimer.

## La vengeance

Je l'ai déjà vécue et j'ai détestée. Ce n'est pas moi cela, entretenir la colère jusqu'à vouloir se venger. J'ai de la difficulté avec l'injustice et ça ne s'améliore pas avec le temps. J'ai eu le plaisir d'avoir sur mon chemin un patron qui a réussi à pousser à son extrême mon intolérance face à l'injustice. J'ai travaillé pour lui durant quelques années. Je savais qu'il n'était pas honnête. Il n'a jamais essayé ses arnaques avec moi, il savait que j'avais déjà eu un commerce et que je le verrai immédiatement. Mais il a profité de la naïveté de certaines. Lorsqu'il a vendu son commerce, il a décidé pour le dernier mois d'opération d'augmenter le prix de tous ses produits. Je trouvais que ce n'était pas respectueux envers les clients qui l'avaient « fait vivre » durant toutes ces années. S'ils acceptaient de payer plus sans dire un mot, j'étais qui pour protester. Après il voulait fermer ses livres. Jusque là, je ne pouvais rien dire, ce n'était pas mon commerce. Quand il m'a expliqué les conséquences pour les employées. J'ai vu rouge! La colère m'a envahie et elle est restée durant trois mois. Devenant de la haine et nourrissant un nouveau désir en moi, la vengeance. J'ai éprouvé pour la première fois de ma vie de l'hypoglycémie, diète sévère et arrêt de travail durant trois mois. Pour me calmer, j'ai dû écrire tous les jours et faire de la méditation. J'ai été des années à être incapable de lui parler. Maintenant, je peux le croiser sans émotion.

La vengeance n'est pas pour moi. Elle a besoin d'une quantité d'énergie considérable pour vivre et demande du temps aussi. De plus, elle m'a rendu malade. Il n'est pas question que je revive un tel calvaire pour une tierce personne.

# Les attentes, les non-dits, etc.

J'aurais pu donner comme titre à ce chapitre, la non-affirmation de soi. En réalité, on ne dit presque jamais ce que l'on désire ou ce que l'on attend des autres. Je peux vous dire que je me fais encore prendre au piège. J'ai la fâcheuse habitude de ne pas exprimer mes désirs et penser naïvement que les autres vont y répondre par bonté de cœur. Mais la vie ne fonctionne pas de cette façon. Nous vivons dans un monde nombriliste et nous courrons au-devant de déception en nous taisant. Je connais peu de personne dans mon entourage qui pense à l'autre. Ils comblent leurs besoins, ignorent ceux des autres et se demandent pourquoi l'autre se détache lentement.

## Les non-dits

On le fait régulièrement pour diverses raisons. Nous nous retenons de dire ce que nous devrions dire. Nous laissons les choses en suspens en nous taisant. Souvent, le même sujet va revenir régulièrement et chaque fois nous garderons le silence. Nous préférons nous taire pour ne pas faire de vagues, blesser quelqu'un, envenimer un conflit... Mais ce silence a un prix. Lorsque nous gardons pour nous les choses, les gens tiennent pour acquis que nous les appuyons, que nous sommes en accord avec leurs dires ou leurs actes. Dans mon cas, j'ai préféré me taire, car je savais que la journée où je parlerai, je ne pourrai plus arrêter. J'avais laissé la situation dégénérer sur plusieurs années inconsciemment. Je ne pouvais plus faire marche arrière lorsque je l'ai réalisé. Il était trop tard. J'ai toujours cru au plus profond de moi que ce sont les non-dits qui ont causé le cancer de la thyroïde que j'ai eu.

Je n'ai jamais dit ce que j'avais à dire. J'ai préféré l'écrire et le brûler. Parfois, j'oublie les conséquences de se taire. Mon corps me rappelle rapidement à l'ordre. C'est dans ma nature, je me tais sur plusieurs plans. Par contre maintenant, je le fais d'une façon différente, avec amour pour moi-même. Je me tais par choix, pas pour ne pas faire mal à l'autre ou pour acheter la paix. Mon silence, volontaire et conscient, me permet souvent de prendre du recul et m'empêche de semer de la négativité.

## Les attentes

J'espère un jour en guérir. J'ai beau savoir qu'on ne doit pas avoir d'attente, c'est plus fort que moi, j'en ai encore. Il ne faut pas confondre avoir des attentes et être en attente, les deux sont différents. On espère toujours que les autres, surtout les gens proches de nous, vont faire des trucs sans que nous le demandions, simplement pour nous faire plaisir. La liste des attentes est parfois interminable et irréaliste. Elles proviennent toujours de demandes non formulées. Nous agissons comme si les autres devraient deviner ce qui nous ferait plaisir, nous aiderait ou ce que nous prenons pour des marques d'affection. Mais nous avons tout faux. Si nous n'exprimons pas nos désirs, les gens autour ne peuvent savoir. Les attentes provoquent de la frustration et du mécontentement. De plus, notre discours intérieur et l'ego s'en donnent à cœur joie. Si notre estime personnelle est sous zéro, les attentes vont renforcer nos fausses croyances. Avec elles comme compagnes nous nous sentirons encore plus minables. Les attentes jouent dans notre besoin d'être apprécié par les autres. Nous leur donnons un pouvoir trop grand. Nous la laissons jouer dans notre amour propre. Si nous nous aimions, nous comprendrions que nous n'avons pas besoin de tout ce cirque. De plus, nous gagnerions du temps en disant clairement ce que nous attendons des autres.

Être en attente est plus truqué. Nous devenons en attente lorsque nous mettons une sphère de notre vie sur pause. Cet arrêt volontaire provoquera une réaction en chaîne. Je vous donne un exemple. Je fais une application pour un travail que je désire ardemment. J'attends avec impatience leur appel, si appel il y a. Je ne vis que pour ce contact me disant que je suis sélectionnée pour une entrevue. Je ne vais penser qu'à cela. Et sans m'en rendre compte, les autres sphères de ma vie vont tranquillement s'immobiliser. Tant que cette attente professionnelle perdurera, plus l'immobilité se fera sentir. Souvent, les gens ne se rendent pas compte de cette immobilité. Ils vont vous dire : « non, non, je ne suis pas en attente ». Et tout pointe dans cette direction, les rencontres avec les amis se raréfient, les finances baissent, la vie de couple stagne… La personne a deux choix; continuer d'attendre et rien ou presque ne se passera ou elle remet les choses en mouvement en lâchant prise et regardant pour d'autres emplois. Parfois, nous pouvons vivre longtemps en attente avant d'en avoir conscience. Lorsque nous nous rendons compte du temps écoulé, nous comprenons qu'il faut laisser la vie couler comme elle se doit.

## L'interprétation

Elle est source de conflit, surtout depuis l'avènement des textos. Il était déjà difficile parfois de communiquer sans interprétation, maintenant c'est une plaie. Je suis une personne pour qui les mots ont de l'importance. Donc je choisis toujours avec soin ceux que j'utilise afin qu'il n'y ait pas d'ambiguïté. Autant que possible, je ne laisse aucune place à l'interprétation. Et invariablement, il y en a. C'est pourtant simple, si je dis que le ciel est bleu, je ne veux pas dire qu'il est gris, ni que je n'aime pas sa couleur ou quelles que soient les autres interprétations que l'on puisse en faire. Et c'est encore pire lorsqu'il y a un conflit. J'ignore d'où vient cette habitude de toujours vouloir trouver d'autres significations à ce qui est dit ou écrit. Pourtant les mots ont une signification précise. Et ils disent ce qu'ils ont à dire, rien de plus. On peut dire : « tu as dit telle chose, mais tes mots et la façon dont tu l'as dit, signifie autre chose pour moi ». Nous avons le droit de demander à l'autre de clarifier si nécessaire. Il ne peut y avoir d'interprétation si nous clarifions les choses immédiatement.

Déjà, que verbalement, il est difficile d'être compris pour ce que l'on dit. À l'écrit, c'est pire. On cherche toujours d'autres significations ou interprétations à ce qu'on lit. J'ai détesté mes cours de français au collège. Nous lisions un texte et invariablement, la question était que voulait dire l'auteur. Nous devions chercher une interprétation. Et invariablement, je désirais répondre : « il a dit exactement ce qu'il voulait dire avec les mots qu'il a employés ». Un mot ou une phrase dans le texte peut avoir enclenché une réflexion en nous. Souvent, cette réflexion n'a aucun lien direct avec ce que nous lisons. Elle n'a fait que trouver un écho en lien avec ce que nous vivons ou avons vécu. Je me suis souvent demandé si quelqu'un avait déjà demandé à l'auteur quelle interprétation nous pouvions avoir de son œuvre. La réponse pourrait nous surprendre, être à l'opposé de ce que nous croyons ou qu'il n'y a aucune interprétation. J'ai choisi avec attention les mots qui composent ce livre. Ils disent exactement ce que je veux dire, il n'y a aucune place à l'interprétation. Il est conçu pour apporter des pistes de réflexions personnelles propres à chacun. Rien de plus.

## Les déceptions

Elles sont légion, elles arrivent pour diverses raisons, souvent provoquées par les attentes et les non-dits. Il y en a des petites qui nous feront hausser les épaules et nous passons à autre chose. Nous les oublions rapidement. Certaines vont nous atteindre moyennement, je veux dire que nous allons avoir un petit pincement au cœur et y penser pendant quelques heures. Mais les grosses, comme celle de ne pas avoir un boulot escompté, nous rendent amers et négatifs. Nous allons retourner la situation dans notre tête pour voir ce que nous avons fait ou pas fait pour avoir obtenu ce résultat. Et encore une fois, notre discours intérieur, s'il est négatif, va parler fort. Nous allons nous dire que c'est normal que rien ne fonctionne pour nous, que nous ne sommes pas faits pour être heureux et ainsi de suite.

Mais que nous apprennent les déceptions à l'exception du fait qu'elles viennent des attentes. Et pourquoi sommes-nous déçus? Je me suis sérieusement posée la question des dizaines de fois avant de comprendre. Et les réponses sont tellement stupides que ça m'a fait réaliser beaucoup de choses. Nous sommes déçus, car nous rapportons tout à nous. Nous voyons une offre d'emploi qui nous rendrait heureux. Nous postulons tout comme des dizaines de gens. Nous nous disons que ce travail est pour nous et attendons l'appel. Au bout d'un certain temps, nous serons déçus de ne pas avoir été contactés. Nous allons alors penser que nous en sommes responsables. Et ce n'est pas le cas. La personne qui reçoit les curriculums vitae ne nous connaît pas. Son choix se portera sur la personne qu'elle croira la plus compétente pour le poste. Rien à avoir avec nous personnellement ou notre lettre de présentation. Elle regardera les compétences et l'expérience, point final. Lorsque nous comprenons que notre responsabilité s'arrête après l'envoi du c.v. Il est impossible de vivre une déception.

Pour les déceptions provoquées par les gens, nous devons prendre la responsabilité de verbaliser nos attentes et demandes.

Si nous le faisions en tout temps notre vie serait plus facile. Quand je fais cette affirmation dans une discussion quelconque, régulièrement je me fais dire : « mais j'ai été déçu de mon ancien conjoint, il a eu une aventure extraconjugale. Je lui avais dit que je n'accepterais pas une telle situation ». Ce n'est pas de la déception, mais de la trahison que l'on vit dans cette situation. On peut être déçu de son comportement, car nous avions mis notre confiance en lui. Mais le sentiment réel que nous éprouvons dans des cas comme celui-ci est de la trahison. La déception vient de la rupture du lien de confiance. Il faut toujours porter attention à ce qui se passe en nous afin de bien identifier et comprendre nos émotions.

## La tristesse

Malheureusement, elle suit toujours les déceptions. Le chemin est facile, les non-dits qui mènent aux attentes, s'en suivent les interprétations, pas toujours, pour finir avec les déceptions. La tristesse nous rend léthargiques. Nous regretterons nos choix, maudirons les autres. Nous chercherons à comprendre pourquoi ils ont agi de la sorte. Nous nous lamenterons en disant qu'ils ne nous connaissent pas, ou encore mieux, qu'ils ne font jamais rien pour nous. Elle est différente de la tristesse du deuil. La base de cette tristesse est le non-assouvissement d'un besoin personnel.

Lorsque nous aurons terminé de nous lamenter sur notre sort. Nous reprendrons notre vie où nous l'avons laissée. Et un jour, nous allons comprendre que les non-dits et les attentes sont nuisibles pour nous. Nous allons dès lors apprendre à dire les choses et essayer de ne plus avoir d'attentes. Ça ne sera pas facile, mais l'effort sera récompensé.

# Nos limites

On désire tous avancer, c'est pour cette raison que nous lisons tout ce qui est à notre portée et assistons à des conférences sur le développement personnel. Souvent, nous oublions que pour changer, il ne suffit pas simplement de le vouloir ou d'apprendre. Nous devons dépasser certaines peurs. Et mettre en pratique ce que nous apprenons. Il n'existe pas de solution miracle et la pensée magique n'est d'aucune utilité. Nous devons participer activement à notre changement, certes les vieilles habitudes ont la vie dure, mais il faut persévérer. Il ne faut pas se décourager au moindre soubresaut de la vie. Il est certain que nous allons oublier et que parfois nos « patterns » vont refaire surface.

Nous seuls pouvons nous mettre des limites et des barrières. Et nous en avons plusieurs. Au fil des ans, nous nous sommes formés ce que nous appelons une carapace. Et cette carapace abrite une boite de pandore.

## Les erreurs

Nous en avons tous fait et nous allons en refaire. Il ne sert à rien de nous flageller pour celles qu'on a faites. Même si nous passons 3 heures ou 3 ans à ne penser qu'a ce que nous avons fait ou dit. L'erreur ne changera pas et ne disparaîtra pas. Elle est là dans notre passé pour y rester. Parfois, nous pouvons les réparer, mais rien de plus. Ou nous pouvons en rire et apprendre sur nous même au passage.

Mais au fait, c'est quoi une erreur?

Il en existe une variété assez surprenante. Il y a celle que nous faisons lorsque nous apprenons quelque chose de nouveau. Comme les enfants durant leurs années d'apprentissage, les adultes en feront tout autant. Chaque fois que nous serons confrontés à une nouvelle discipline, nous apprendrons par les erreurs que nous ferons. Je pourrais vous parler de mes cours de taïchi. J'ai suivi ce cours pour me détendre et apprendre à me recentrer. Je trouve que le mouvement fluide de cette discipline est beau à regarder. Je ne suis pas des cours pour me prendre la tête, je ne veux pas être la meilleure ni gagner une médaille. Je le fais pour moi et pour me sentir bien. J'ai eu deux problèmes avec ce cours. Premièrement, mon frère est gaucher. Donc durant toute mon enfance lorsque nous désirions lui apprendre quelque chose, nous pratiquions avec lui le miroir. Je me plaçais face à lui pour qu'il reproduise avec sa main gauche ce que je faisais avec ma main droite. Vous imaginez ce qui va suivre, j'en suis certaine. Donc lorsque le professeur était face au groupe pour montrer les mouvements, neuf fois sur dix, je finissais contraire à lui. De plus, je suis une personne qui « part dans la lune » facilement. Et le taïchi est tellement zen que j'ai eu de la difficulté avec ce côté de moi. Régulièrement, je pouvais m'arrêter au milieu d'un mouvement, car j'avais la tête ailleurs. Et immanquablement, on entendait : « Chantal, l'autre gauche (ou droite)!! » ou « Chantal, on t'a perdue ». J'ai toujours ri de mes erreurs. Je suis passée pour une « allien », parce que je ne me fâchais pas. Et j'ai perturbé l'attitude compétitive des autres à plusieurs reprises.

Au travail, qui n'en a pas fait. À tous les emplois que j'ai occupés, j'en ai fait. Et chaque fois, la réaction a été la même, j'ai admis l'avoir fait, mais surtout j'ai rigolé en le réalisant. Je ne rigole pas parce que je suis irresponsable, bien au contraire. Je ris. J'ai compris il y a longtemps que de me fâcher, pleurer, être en colère ou crier ne changeait rien. Et se taper sur la tête n'apporte aucune solution. Donc j'ai choisi d'en rire. Je sais que ça déstabilise les autres, mais moi ça me fait un bien fou. Après avoir ri, je cherche les solutions. Elle se trouve mieux lorsque nous sommes conscients d'avoir fait l'erreur (l'admettre est un début et l'assumer est la finalité). Souvent nos erreurs sont des oublis. On oublie de commander des trucs, d'ajouter un employé à l'horaire, etc. Les grosses erreurs sont rares, je ne dis pas qu'elles sont inexistantes, mais normalement elles sont si énormes qu'il est impossible de passer à côté. Nier que nous avons fait une erreur est pire que l'erreur en elle-même. Nous affirmerions que nous sommes parfaits, ce qui est impossible, et que nous n'apprendrons pas.

Nos erreurs de choix de vie. Elle me fait toujours rire celle-là. On entend régulièrement les gens affirmer : « fréquenter telle personne, aller travailler à cet endroit, faire confiance à un tel... fut une erreur ». Mais ce ne sont pas des erreurs. Ce que nous devons comprendre, c'est que chaque personne ou relation que nous avons ont pour but de nous apprendre quelque chose. En plus parfois nous réglons certains karmas avec eux. Je pourrais facilement dire qu'épouser mon ex-mari était une erreur. C'est ce que dit ma famille. Moi je le vois d'une autre façon. Avec lui, j'ai appris qu'est-ce qu'un manipulateur et j'ai réglé un karma. Ce n'était pas une erreur, mais une bénédiction. Tout change lorsqu'on change l'angle de vue d'un choix. Il me serait facile de dire que j'ai travaillé un an de trop à mon dernier boulot, ça a ruiné ma santé pour un temps. Par contre, j'y ai rencontré mon amoureux actuel. Encore une fois le choix était judicieux. Je pourrais continuer comme ça pendant des paragraphes. Mais je pense que je n'ai pas besoin de le faire.


## La zone de confort

On l'aime celle-là. Il est rare que nous désirions la quitter, elle nous rassure. C'est une balise qui nous maintient dans nos habitudes. Honnêtement, il est difficile pour certains de la quitter. Il faudrait commencer par définir ce qu'est une zone de confort. C'est ce cocon que nous avons fait autour de notre vie. Ce sont nos habitudes ou l'imprévu n'a pas sa place. Notre zone de confort nous empêche souvent d'essayer de nouvelles choses, comme un restaurant, une coiffure ou voyager. Nous serons confortables dans notre routine. Ne dérogeant simplement pour les urgences familiales ou médicales. Le changement de travail est inconcevable à moins d'un licenciement. Voilà ce qu'est la zone de confort. Lorsque nous entreprenons une quête personnelle, nous devrons sortir de celle-ci au grand dam de certains. Il est impossible d'entreprendre un changement quelconque et demeurer dans cette zone. Tôt ou tard, nous devrons faire un choix entre continuer notre quête ou rester dans notre zone de confort. Si nous décidons d'y demeurer, notre quête ne pourra atteindre son plein potentiel. Nous devons dépasser cette peur de l'inconnu afin d'avancer. Mais la récompense en vaut la peine.

## Le découragement

Il arrive sans crier gare. Il survient toujours lorsque nous sommes près du but. Notre désir d'atteindre notre but rapidement aura un effet sur notre morale. Il ne faut pas se leurrer, nous désirons que tout aille rapidement, comme la vie. Notre impatience nous portera à brûler les étapes. Et du coup, le découragement fera son apparition. Et quand il est là, il nous entraîne dans notre côté sombre. Nous perdons notre motivation, doutons de notre choix et décidons d'abandonner notre quête trouvant que c'est inutile. L'absence de résultats immédiats sape notre moral et nous fait voir les choses en noir. Nous ne nous donnons pas le temps d'apprendre et voudrions que tout soit instantané. Que le changement s'opère à la minute ou nous commençons à nous renseigner ou lire un livre. La vie ne fonctionne pas de cette façon.

Le découragement nous paralyse. Il nous empêche de poursuivre notre chemin et d'évoluer si nous le laissons gagner. Il peut nous faire douter de notre choix et essayer de nous convaincre que nous étions mieux avant de commencer, que cette quête est inutile et que nous avons la vie que nous voulons. Le découragement est porteur d'illusion. Il est normal d'avoir une petite période de découragement de temps en temps, c'est comme le doute, mais il ne faut pas s'y éterniser. J'en ai eu plusieurs durant ma vie et en écrivant ce bouquin aussi. Il y a eu des périodes ou je me suis dit à quoi ça sert d'écrire tout ça. J'ai été de longue période sans écrire, c'est pour cette raison que ça m'a pris environ 2 ans pour le terminer. J'ai décidé de ne pas laisser le découragement gagner.

## La honte

On l'éprouve facilement lorsqu'on se trompe ou qu'on agit à l'encontre des convenances sociales. Et le plus surprenant concernant la honte, c'est que nous l'éprouvons pour les autres. Je vous donne un exemple. Nous allons dans un souper avec des amis ou la famille, notre conjoint boit plus que nécessaire. Nous allons essayer de justifier son ébriété par des phrases et excuses vides. Nous allons réagir par honte. En réalité, cette honte ne nous appartient pas. En agissant de la sorte, nous créons deux faits simultanément, le premier est que nous ne responsabilisons pas notre conjoint pour son comportement et deuxièmement nous vivons une émotion qui n'est pas la nôtre.

La honte nous bloquera, elle nous empêchera de retourner dans certains lieux ou pires encore, de reparler avec des gens que nous apprécions. La honte accompagne souvent les erreurs. Nous allons avoir honte pour plusieurs raisons; un erreur, un lapsus, avoir trop parlé sur un sujet sensible, un geste qui peut paraître déplacé... Peu importe ce que nous avons fait, la honte ne devrait jamais nous empêcher de progresser. Au contraire, nous devrions nous en servir comme levier pour nous aider à avancer. Éprouver de la honte n'a rien de plaisant, de plus elle peut à long terme détruire notre estime de nous-mêmes. Nous devrons travailler fort pour comprendre que la honte n'a pas sa place dans notre vie.

## La vanité ou l'orgueil

Elle est trompeuse à plusieurs niveaux. L'orgueil va nous faire croire presque n'importe quoi. Elle va nous faire miroiter une image de nous-mêmes qui est fausse. Elle va nous convaincre que nous sommes parfaits et que nous n'avons pas besoin de changer ou évoluer. En réalité, l'orgueil démesuré nous leurrera afin de ne pas avoir à admettre qu'elle a tort. Notre vanité nous privera de nouvelles connaissances afin de ne pas commettre d'erreur. Il n'y a rien de pire pour elle que de ne pas paraître à son meilleur. Elle glorifie l'ego et nous maintient dans une certaine ignorance. Elle fera dire aux gens qui sont aux prises avec elle : « je n'ai pas besoin de ça, ma vie est très bien comme elle est ». Et ils nous donneront des exemples pour corroborer leur dire. On a parfois l'impression qu'ils essaient plus de se convaincre eux-mêmes que nous. L'orgueil et la vanité sont de puissants démotivateurs et surtout de fieffés menteurs.

## Le manque de confiance

Nous en avons tous souffert à un moment de notre vie et plusieurs en souffriront durant la majeure partie de celle-ci. Le manque de confiance en soi est une plaie. Il nous empêche de voir notre plein potentiel et de nous aimer tels que nous sommes. Il nous fera rater des opportunités par peur. Nous nous sentirons plus bas que les racines des pissenlits. Pourtant, c'est le moment idéal pour commencer une quête personnelle. Si nous attendons d'avoir confiance en nous, nous risquons d'attendre longtemps. Entreprendre ce chemin apportera la confiance qui nous fait défaut et nous fera voir des côtés de nous-mêmes jusqu'à lors insoupçonnés. Je sais qu'entreprendre ce chemin, lorsque nous nous dévalorisons, est pénible. Automatiquement, nous allons voir l'échec de notre tentative, nous trouverons une multitude de raisons improbables pour rebrousser chemin. Le manque de confiance nous détruira si nous l'écoutons.

## La paresse

Je la visite souvent celle-là. Elle est mon talon d'Achille. Je vais être motivée à faire mes trucs, comme les phrases ou le travail du miroir et au bout de quelque temps je vais cesser. Pourtant j'obtiens de bons résultats avec ces techniques. Je vais les faire quotidiennement pour quelques semaines, ensuite j'espace lentement. Puis sans m'en apercevoir, j'arrête complètement pour reprendre quelque temps plus tard. La paresse peut nous faire perdre du temps et surtout elle nous fait progresser lentement, pour ceux qui poursuivent leur quête.

J'ai souvent entendu des gens dire que la croissance personnelle était trop difficile ou trop prenante. Qu'ils n'avaient pas de temps à consacrer à cette « perte de temps ». En réalité, ce n'est pas trop prenant, ils n'ont pas la motivation de commencer. Lorsqu'on est légèrement paresseux commencer un travail de toute une vie semble accaparant. Ça va à l'encontre de leur conviction. Je suis heureuse d'être consciente de mon penchant vers la paresse, ça me permet d'être vigilante et de voir les signes qui me conduiront vers des « vacances » involontaires.

## La peur de l'inconnu

Partir vers l'inconnu est effrayant. En réalité, nous n'avons aucune idée ou ce chemin va nous mener. Nous ne savons pas non plus ce que nous allons y découvrir. On a peur d'avoir mal, de ne plus être comme avant. Et si nos proches n'aimaient pas notre nouveau moi. Et si on se perdait dans toutes les nouvelles choses que nous allons expérimenter ou découvrir. Et si on apprenait à s'aimer durant le processus. À être bien et en contrôle de nos pensées. Et si… voilà le discours que la peur de l'inconnu va nous tenir. Oui, certaines personnes vont sortir de notre vie, nous en accueillerons de nouveaux. Nous allons nous perdre pendant un certain temps, c'est normal, et ça ne dure pas. Le bonheur de ce voyage est que nous allons apprendre à nous aimer, à être bien et surtout à apprécier notre vie.

Peu importe ce qui nous limite, nous avons tous la possibilité de nous dépasser. De voir au-delà de nos limites et d'embrasser ce chemin qui nous fait si peur. Il sera fait de surprise étonnante et de bonheur non éphémère. On se ferme les yeux, on respire un grand coup et on se lance.

# Ce qui sape nos énergies

Je pourrais en énuméré pendant des heures, il y en a tellement. Mais je ne pourrais dire si ce sont les petites choses ou les grandes qui nous épuisent le plus. Il y a une différence entre l'épuisement physique causé par le travail ou l'entraînement et celle causée par le mental et les parasites. Lorsque nous sommes fatigués suite a une longue journée au travail ou à faire une activité que nous aimons. Nous sommes heureux de retrouver notre lit, de nous y blottir. Nous allons bien dormir, le seul inconvénient sera les courbatures le lendemain. C'est différent pour l'épuisement énergétique. Nous allons dormir, mais notre sommeil ne sera pas aussi réparateur. Nous allons avoir besoin d'un minimum de deux nuits et des repas nutritifs pour nous remettre sur pied. Mais quels sont donc ces mangeurs d'énergie.

## Les peccadilles

Elles sont énervantes et stressantes. Nous leur accordons une place et une attention qu'elles ne méritent pas. Ce sont ces petites choses du quotidien qui à la longue nous agressent. Je parle des portes d'armoires non refermées, des assiettes sales qui traînent, des vêtements par terre… Au début, nous passons notre temps à fermer les portes et à ramasser derrière les autres. Ensuite, nous commençons à en avoir marre et demandons à ceux qui vivent avec nous de bien faire leur truc eux-mêmes. À ce point, nous avons l'impression d'être la bonne à tout faire de tout le monde. Puis notre tolérance atteint sa limite et nous nous mettons à crier. Nous savons tous que ça ne donne aucun résultat, mais ça a le mérite de nous libérer un peu de la frustration. Puis, un moment donné, nous lisons un livre qui nous apprend : « en quoi une porte d'armoire de cuisine ouverte vous agresse tellement? » Et on réalise que nous sommes les seuls dans la maison que ça dérange. Et plus ça nous dérange, plus nous le voyons. Maintenant, je me dis « ah! la porte est ouverte, je la refermerais si je passe par la » et pour le linge qui traîne, s'il n'est pas dans la buanderie lorsque je fais la lessive. Il ne sera pas lavé. C'est aussi simple que ça. Je ne dis pas que je ne nettoie pas la maison, je dis seulement que je ne me rends plus malade ni ne deviens cinglée avec ses peccadilles.

Peu importe les petites choses qui nous tapent sur les nerfs. L'important c'est de trouver pourquoi elles nous agressent pour ensuite nous en libéré. Nous sommes les seuls que ça rend malheureux et agressifs. lorsqu'une nouvelle situation se présente, je me demande : « suis-je capable de vivre avec ça sans que ça me perturbe? » Une réponse positive est toujours la bienvenue, mais il arrive parfois que ce soit négatif. Dans ce cas de figure, je regarde ce qui me dérange et je cherche une façon de le surmonter. Jusqu'à présent, ça fonctionne assez bien

## L'insécurité

Toute personne inquiète vous le dira, il suffit de s'en faire pour une raison quelconque et vous serez épuisés rapidement. L'insécurité active notre discours intérieur, qui lui active l'adrénaline. Et la roue s'enclenche. Je l'ai vécu durant l'écriture de ce livre. N'ayant plus d'emploi, je me suis dit : « c'est le temps de terminer ce bouquin, ça fait déjà 1 ans et demi que j'y travaille à temps partiel. Là, il est temps de m'y mettre ». Ce que j'ai fait. Par contre, l'assurance emploi du gouvernement s'est terminée avant que je termine d'écrire. J'étais face à un dilemme. Je n'avais plus de revenu ni d'emploi. Mais je désirais terminer le livre. Je ne voulais pas recommencer à écrire sporadiquement. Je me disais que jamais je ne le terminerais.

Au début, j'étais en harmonie avec cette idée, sachant que j'avais assez d'argent en banque pour vivre trois mois sans problème. Et un matin, l'insécurité a fait son apparition. La petite voie qui aime nous torturer est arrivée avec son discours défaitiste. Elle m'énerve avec ses propos : « et si tu ne retrouves pas de boulot? Tu vas vivre comment après les trois mois? Tu n'as pas encore regardé pour un travail, tu vas avoir une surprise! Il n'y a aucun emploi qui te plaît ». Et ça à continuer pendant quelques heures. À un moment, j'en ai eu marre, me suis arrêtée et me suis dit : « la vie m'a toujours apporté ce dont j'ai besoin quand j'en ai besoin. Je ne vois pas pourquoi ça serait différent cette fois ». Le calme et immédiatement revenu et j'ai lâché prise. L'insécurité a du pouvoir tant que nous vivons dans le futur, dont nous n'avons aucun contrôle. Aussitôt que nous revenons au présent, elle perd son emprise. J'ai décidé de vivre au présent et on verra ce que la vie apportera dans trois mois.

## Le négatif

J'ignore pour vous, mais moi les gens négatifs, je ne suis plus capable de les endurer. En plus de saper notre énergie, ils nous démoralisent par leur vision noire de la vie. Pour eux, rien ne va, il y a toujours à redire. De nature, je suis comme mon père, je vois toujours le bon côté des choses ou des gens. On me le reproche régulièrement. Je déteste la généralisation et ils ont le don de mettre tout le monde dans le même moule. Peu importe ce que nous faisons avec eux, ils trouveront à redire sur le lieu, les gens, la température, l'heure et j'en passe. Et si on a le malheur de leur dire, c'est encore pire. Nous allons entendre : « on sait bien tu n'es jamais d'accord avec moi! Faut que tu aies une opinion différente » ou celle que j'aime bien « c'est sur tu vas trouver quelque chose de positif » ou « tu n'es pas capable d'être d'accord avec moi? » Bien non, je ne généralise pas, je n'approuve pas la négativité et oui il y a toujours quelque chose de bon. Je suis certaine que je les énerve autant qu'ils m'énervent. Mais je ne retournerais pas dans la négativité pour leur faire plaisir.

## Le mensonge

Je déteste le mensonge. Ça m'horripile! J'ai autre chose à faire de ma vie que de mentir et de passer un temps fou à me souvenir du mensonge. De toute façon la seule personne à qui on ment c'est à nous même. On perd toute crédibilité et la vérité finit toujours par se savoir. C'est beaucoup plus facile de dire la vérité. Et quand quelqu'un me ment et que je le sais. Je préférerai arrêter la conversation immédiatement. Mais je ne dis mot et laisse la personne s'enfoncer un peu plus. Il arrive toujours un moment ou l'on dit : « tu m'as dit tel truc l'autre jour » et lorsque la personne a menti, elle s'énerve et répond invariablement : « tu as rêvé », « tu entends bien ce que tu veux » et ma préférée « me prends-tu pour un imbécile ». Je voudrais dire oui à la dernière, mais ma réaction est toujours la même. Je fais un sourire et poursuis mon chemin.

Je n'ai pas de temps à perdre à débattre sur un mensonge. Si la personne me ment et qu'elle se fait prendre. C'est son problème pas le mien. Qu'elle ne soit pas surprise que je ne la croie plus et que je n'aie plus confiance en elle. Si elle est incapable de me dire la vérité, je ne peux rien y faire. Ma réaction à un mensonge sera toujours plus drastique qu'à une vérité. Vous voulez mentir, grand bien vous fasse. J'ai le choix de vous compter parmi mon entourage ou pas. Et il y a de grandes chances que je choisisse de vous exclure.

## Les combats inutiles

Ils sont légion. Il faut apprendre à faire la différence entre les combats utiles et ceux qui ne le sont pas. À vrai dire, je n'aime pas le mot « combat », il implique que nous devrons nous défendre contre une attaque. Je ne monte plus aux barricades comme lorsque j'étais une jeune adulte. Défendre mes droits, je suis pour, mais pas à n'importe quel prix. J'ai déjà acheté une voiture neuve qui s'est avérée être un citron. J'ai tout fait pour faire honorer la garantie, jusqu'à prendre un avocat. J'ai perdu du temps et de l'argent pour finalement changer d'auto. J'aurais pu changer la voiture au début et je me serais épargnée beaucoup de désagrément. Mais lorsqu'on est jeune, on est de tous les combats. Maintenant, je suis plus pratique. Depuis un peu plus de 3 ans, la ville où je vis doit m'exproprier une partie de mon terrain pour les infrastructures qui sont déjà passées. Les travaux ont eu lieu en 2010 et nous négocions depuis 2012. Je n'ai qu'une seule demande et j'ai clairement exprimé que si cette unique demande n'était pas prise en considération, il n'y aurait pas de transaction. Cela peut sembler excessif, peut-être, mais je n'ai pas le désir de perdre des heures en négociation. Ils connaissent mes conditions, on verra ce qu'ils vont faire.

Je ne vois aucune utilité à vouloir faire changer d'idée une personne qui n'a pas les mêmes convictions que moi. Elle a le droit de voir les choses à sa façon. On peut échanger tant que le but n'est pas de convaincre l'autre. Argumenter pendant des heures pour convaincre une autre personne est hors de question. J'y gagnerais quoi au juste? Rien. Ce n'est pas de la sagesse ou du lâcher-prise. C'est simplement que je n'ai pas l'énergie, le temps ou le désir de me battre pour des peccadilles. Confronter quelqu'un pour une erreur commise ou pour un mensonge, ce n'est pas ma tasse de thé. De toute façon, l'erreur est commise et le mensonge est fait. Je vais simplement dire : « je sais que tu as fait l'erreur, essaie de ne pas recommencer » et pour les mensonges « je sais que tu m'as menti. Tu vivras avec ». Me battre pour avoir l'air supérieur parce que j'ai pris l'autre en défaut va à l'encontre de mes convictions. J'aime la quiétude de ma vie et je fais tout pour la garder. Dehors les combats inutiles, bienvenue le calme et la sérénité.

## Les autres

Ceux qui sont spécialistes dans le domaine du « pompage » d'énergie. Ceux qui viennent nous voir, qui vomissent leur négativité et qui repartent. Ils débarquent, vous disent bonjour. Demande par politesse comment nous allons et ensuite c'est parti. Ils vous racontent dans les moindres détails tout ce qui va mal dans leur vie. Et si on se fie au récit, rien ne va. Aucune sphère de leur vie n'a une parcelle de positif. Ensuite, ils nous demandent conseil pour ne rien faire. Pourquoi feraient-ils quelque chose? Ils sont de grands consommateurs d'énergie. Leur mode de vie et pensée n'arrive pas à les maintenir à flot. Ils ont besoin de celle des autres. Et ils se servent généreusement. J'ai appris qu'il ne me servait à rien de vouloir les aider ou leur apprendre quoi que ce soit. Ils ne veulent pas apprendre. Ce n'est pas leur but. Leur but est que nous fournissions de l'énergie. Si nous les gardons dans notre entourage et que nous sommes en contact fréquent avec eux. Nous allons finir épuisés. Personne ne peut « fabriquer » de l'énergie pour deux. Le corps n'est pas conçu ainsi. Plus nous leur en donnerons, plus notre système s'affaiblira.

Il faut savoir les reconnaître. Pas pour les éviter, mais pour se prémunir contre eux. Nous pouvons dresser des barrières qui les empêcheront de puiser en nous. Après un certain moment, ils vont constater qu'ils ne retirent plus rien de nous. Certes, ils ont toujours notre amitié et notre compassion lorsque c'est nécessaire. Mais rien de plus. Nous pourrons les côtoyer sans problèmes. J'ai remarqué qu'il y avait deux réactions lorsqu'ils découvrent qu'ils ne sont plus aussi « bien » après nous avoir vus. La première, ils espacent leur visite jusqu'à ne plus venir. Et la deuxième, leur comportement change en notre présence.

Il ne faut pas les confondre avec ceux qui le font inconsciemment. Il y en a et il ne faut pas leur en vouloir. Ils ne viennent pas vous voir pour se ré énergisé, mais parce qu'ils nous aiment bien. Ils ne réalisent pas qu'ils repartent de leur visite en pleine forme et les idées en places.

## S'éparpiller

Nous nous vidons de notre énergie physique et mentale rapidement. En plus, nous sommes les seuls responsables. S'éparpiller est la pire des choses que nous puissions nous faire. Mener plusieurs projets de front est épuisant. Je suis une spécialiste de « l'éparpillage ». Nous ne savons plus où donner de la tête et nos journées ne sont pas assez longues pour parvenir au bout de notre liste. Et quand nous avons plusieurs projets sur le long terme, c'est la catastrophe. Je le vis tous les étés. Au Québec, l'été dure trois mois (sur le calendrier), mais la réalité est tout autre. Et chaque fois, j'ai plusieurs projets pour mon terrain. Je ne pense pas avoir réussi une seule fois à parvenir à tous les faire. Je réussis à en faire quelques-uns, mais pas tous.

Je l'ai vécu durant l'écriture de ce bouquin. J'avais plusieurs projets, comme d'habitude. J'ai pris deux ans pour l'écrire, j'ai travaillé à l'extérieur durant un an. Et quand mon poste a été aboli, j'ai décidé de suivre un cours de conception web, écrire le livre à temps plein et dessiner un tarot. En plus de tout ce que je voulais faire à la maison. Ça n'a pas été comme je le voulais. On s'en doute bien. Le cours de conception a été interrompu et le tarot, mis de côté. J'ai continué l'écriture tout en réalisant mes projets concernant la maison et le terrain. Peut-être, qu'un jour je vais changer, j'ai un léger doute, mais l'espoir fait vire.

Nous avons toujours le choix de garder autour de nous ce qui sape nos énergies. Mais nous pouvons aussi décider un jour de penser à nous en premier. Nous pouvons facilement éloigner la négativité. Choisir nos combats, apprendre à faire confiance à la vie et surtout ne plus faire de drame avec les mensonges des autres. Nous pouvons tout simplement continuer notre chemin. En éloignant les menteurs, les videurs d'énergie et les gens négatifs de notre vie, la paix et la sérénité s'installent. Souvent, l'insécurité disparaît en même temps. Faire un ménage dans les gens que l'on côtoie est une bénédiction. Il serait dommage de s'en priver. Peu importe les choix que nous ferons, s'ils sont faits avec amour, nous en sortirons gagnants.

# Les besoins que l'on se crée

Nous avons tous des besoins, et nous nous en créons aussi. Les besoins devraient normalement être naturels comme manger, dormir, aimer, partager... Mais en tant qu'humains dotés d'un égo, nous en avons créé plusieurs qui nous nuisent. Souvent, ils sont superficiels et parfois, ils ont la possibilité de nous enlever le peu d'estime que nous avons de nous même.

## Le besoin de plaire

Il part d'un besoin naturel. Nous avons tous besoin de plaire à un moment ou à un autre. De plus, ce besoin nous aidera à construire notre confiance en nous. C'est légitime et vital pour entamer une relation de couple, nous devons plaire à l'autre. Dans mon cas, je dois être défectueuse, car je n'ai pas ce besoin. Je précise, je ne désire pas plaire à tous. Je le fais pour moi, pour avoir le plaisir de me regarder et me dire : « tu es belle aujourd'hui ». Et de ce fait, je sais que je vais plaire à mon amoureux.

Par contre pour certains c'est plus compliqué. Ce besoin est devenu maladif. Ils ont besoin de plaire à tout prix, peu importe leur âge et leur situation amoureuse. On retrouve dans cette catégorie de gens, ceux qui entretiennent leur estime personnelle par le regard des autres, surtout du sexe opposé. Plus ils plaisent, plus ils sont confiants. Il y a ceux qui ont peur et qui n'acceptent pas de vieillir. Ils vont courtiser des personnes plus jeunes, pas pour avoir une aventure, mais simplement par besoin de se prouver qu'ils plaisent encore. Ils vont jouer à un jeu qui pourrait s'avérer dangereux s'ils ne prennent pas garde. Parmi la gent masculine, il y a ceux qui ont des problèmes de santé diminuant leur virilité. Le besoin de plaire sera parfois thérapeutique, il aidera la personne à se percevoir positivement au-delà de la sexualité.

## La peur de décevoir

On déploie des efforts considérables afin de ne pas décevoir les autres. Ce qui se cache derrière ce désir est étonnant. C'est notre fierté, notre amour-propre, mais aussi notre besoin de reconnaissance, de plaire, d'être indispensable et notre insécurité. On peut aller jusqu'à s'oublier pour se voir au travers le regard des autres. Nous deviendrons incapables de dire non et rendrons une panoplie de services aux autres, oubliant ou négligeant nos propres besoins. De plus, comme si nous ne donnions pas assez, nous ferons plus que demandé. Nous irons au-devant des demandes. De ce fait, nous créerons une roue qui sera difficile à arrêter autant pour nous que pour les autres.

À la longue, nous nous épuiserons à la tâche. À un certain emploi, durant une longue, trop longue, période, j'ai donné plus que nécessaire. Je me disais que c'est dans ma nature d'être perfectionniste et que j'étais payé pour offrir plus que demandé. En vérité, je voulais me convaincre que c'était justifié. Durant cette période, j'ai allégé le fardeau des autres, prenant tout sur mes épaules. Créant de nouvelles façons de faire qui simplifiait le travail et augmentait le rendement. Personnalisant le service à la clientèle à son maximum. Je l'ai fait par choix, mais aussi parce que je prends les choses trop à cœur. Je déteste être déçu et j'ai appliqué ce côté de ma personnalité aux autres. J'ai travaillé en suivant ce principe. Au bout de quelques années, j'étais essoufflé en agissant de la sorte. J'avais créé des habitudes de travail malsaines pour moi. Les autres avaient pris pour acquis que je ferais toujours plus, pour eux, il était devenu normal de me déléguer plus de travail continuellement.

J'avais ainsi hérité de taches appartenant à d'autres départements. Je jonglais avec mes obligations et celle des autres. Je me demande encore comment j'ai fait pour tenir si longtemps et aussi pour venir à bout de ce travail titanesque. Lorsque ma limite a été atteinte, j'ai continué de faire ce que j'avais déjà, mais j'ai refusé les nouvelles tâches. Me disant simplement que ce n'était pas de mon ressort, mais du leur. Il y a eu une vague de déception parmi mes supérieurs. Je ne voulais pas les décevoir, mais je ne pouvais donner plus que ce que je donnais déjà. Je sais que ce fait a aidé à mon licenciement.

Nous agissons de la sorte avec notre conjoint, nos enfants, familles ou amis. Nous créons nous-mêmes notre enfer. Nous ne sommes pas plus appréciés, cela devient un acquis pour les autres. À notre désespoir, les déceptions arrivent lorsque nous ne sommes pas disponibles ou que nous ne pouvons rendre le service demandé. Notre peur de décevoir amènera tôt ou tard de la déception chez les autres. Ce que nous voulons éviter arrivera. Notre discourt intérieur n'aidera en rien, nous nous dirons : « après tout ce que j'ai fait, ils ne sont pas reconnaissants. Ils n'ont pas vu tout ce que j'ai fait pour eux. Ils s'arrêtent à la seule fois ou je ne peux pas. Etc. » La déception sera des deux côtés, nous serons déçus de ne pas avoir de reconnaissance et eux de ne pas obtenir ce qu'ils désirent.

Il est difficile, mais pas impossible d'arrêter cette roue qui nous gruge un peu plus chaque jour. Nous devons apprendre à dire non, nous respecter et surtout nous contenter de faire ce qui est demandé avec le meilleur de nos connaissances et compétences. Nous n'avons pas besoin de l'approbation des autres pour connaitre notre propre valeur. Et il faut surtout faire les choses par plaisir et non par obligation ou par peur de décevoir.

## Les illusions et la désillusion

Il devrait exister une discipline olympique pour l'illusion et les désillusions. Car nous pouvons et avons une facilité surprenante de nous créer des châteaux de cartes. Je ne parle pas ici des illusionnistes professionnels tels que les magiciens. Je parle de celle que nous nous faisons vivre régulièrement. Autant la montée et l'élaboration du scénario (illusion) sera positives, féérique et nous rendra heureux, autant la désillusion nous ramènera rapidement sur terre de façon abrupte et dans la douleur.

Notre imagination fonctionne à plein régime lorsque vient le temps de nous faire des illusions. Parfois, il s'agit d'un regard et nous voilà partis. Nous allons fantasmer et nous imaginer une romance pour le plaisir de la chose. Des fois, nous n'aimons pas notre vie et préférons nous réfugier dans l'imaginaire. Mais les illusions les plus destructrices sont celles qui nous impliquent émotionnellement. Nous désirons tous croire en l'amour éternel, à la vie de couple parfaite ou à un emploi de rêve. Souvent après une rencontre avec une personne qui nous plait, nous allons imaginer des milliers de scénarios. D'un amour comme on en voit dans les films à l'eau de rose. Et la déception sera grande lorsque la réalité nous frappera.

Deux cas de figure peuvent se présenter. Le premier; la relation deviendra réelle, nous aurons mis la personne sur un piédestal (voir illusion à l'eau de rose). Et plus le temps avancera, plus nous réaliserons que la personne n'est pas tout à fait comme nous l'avons imaginé. À ce moment, le rêve se brisera, il ne virera pas pour autant au cauchemar, la déception sera présente le temps que nous acceptions que la personne ne soit pas « parfaite » ou tel que nous nous l'étions imaginé. Le deuxième; la relation restera du domaine du rêve. Nous y croirons ou voudrons y croire durant un certain moment. Et un jour, nous réaliserons que tout ce que nous avions interprété comme des signes, sont en réalité des gestes banals. Le charme de l'illusion sera rompu et nous aurons aussi mal que si nous avions vécu une réelle séparation. Tant nos espoirs étaient grands. Les désillusions sont souvent douloureuses.

## Le matériel

On ne se cachera pas et nous ne jouerons pas aux hypocrites, nous avons besoin d'un minimum de « matériel ». Toute personne qui affirme : « je n'ai pas besoin de matériel pour vivre, vis dans un rêve ». Nous avons tous besoin d'un toit sur notre tête, de vêtements et de nourriture. Qu'on le désire ou pas, nous devons combler ces trois besoins primaires.

Maintenant, il reste la question : « comment comblerons-nous ces trois besoins? » Je ne suis pas matérialiste, j'ai une petite maison bien ordinaire, une voiture et mes vêtements ne sont pas de marques prestigieuses. J'aime le confort et les belles choses. Mais je ne dépenserais pas inutilement. Je conserve les choses tant qu'elles me servent et quand ce n'est plus le cas. Je les donne afin que d'autres puissent s'en servir. Je ne dis pas que je n'aime pas me gâter, bien au contraire, mais je vais aller vers l'achat de livres ou de plantes et d'arbres pour mon terrain.

Je ne suis pas envieuse ou ce que l'on nomme « un voisin gonflable ». Lorsque les gens que je connais réussissent ou se payent du luxe, je suis la première à être heureuse pour eux. Connaitre une personne qui est un « voisin gonflable », vous procurera des heures de rigolade. Je suis incapable de comprendre ce besoin viscéral d'avoir tout ce que le voisin possède, en mieux, plus récent ou plus gros. J'ai connu des gens comme ça, ils ont tendance à sortir assez rapidement de ma vie. N'étant pas envieuse de nature, je suis une rabat-joie pour eux. Ils dépensent des sommes considérables et surtout beaucoup d'énergie à vouloir surpasser leur entourage à tout prix. Je n'ai rien contre ceux qui possèdent des biens matériels en grandes quantités. Au contraire, je me dis : « s'ils ont les moyens de se faire plaisir et de se gâter, pourquoi se priver ». L'argent et les biens sont éphémères au même titre que la vie.

Tous ces besoins sont des créations de notre égo, notre insécurité et notre orgueil. Ils ne sont pas nécessaires et n'apportent rien de positif dans notre vie. Bien au contraire, ils sont là pour renforcer le discours intérieur négatif et entretenir notre piètre opinion de nous-mêmes. Il s'agit de prendre conscience en quelle circonstance nous éprouvons ces besoins et quel message ils veulent nous faire part. Ensuite, il nous reste qu'à voir quelle solution s'offre à nous.

# Ce qui nous manque

Je sais que ça semble singulier de dire qu'il nous manque des choses, mais c'est une constatation que j'ai faite. J'ignore si cela provient de notre éducation en bas âge ou de notre adolescence. Force est de constater que plusieurs personnes souffrent de ces manques.

## Une identité propre

Depuis longtemps, je me pose la question sur ce qui motive les gens à devenir des affiches publicitaires. Je m'explique, personnellement, je n'ai pas beaucoup de vêtements griffés, pas par manque de moyen. Je refuse de payer un montant exorbitant pour avoir le nom de la compagnie en gros sur mon chandail. Ils devraient me payer pour leur faire de la pub et non le contraire.

Lors de discussions, j'ai été étonné de constater que les gens se définissent par les produits qu'ils utilisent ou les gens qu'ils fréquentent. Combien de fois ai-je entendu : « je porte que telle marque, je n'utilise que tel shampoing et ainsi de suite ». Cela concerne aussi les moyens de transport. Ils ne font pas leur choix en fonction de leur gout, mais bien en fonction de l'impact du nom. Plus le nom est prestigieux, plus il leur plait. Les compagnies ont rapidement compris que les gens ont besoin de se créer une identité faute de se connaitre eux-mêmes. Et toute leur publicité est basée sur ce fait.

Nous avons tous besoin d'une identité, mais pour ce faire nous devons nous connaitre. Connaitre nos gouts, nos forces et nos faiblesses. Nous devons pouvoir nous définir en tant qu'individu. Dans le siècle où nous vivons, il est difficile de se définir. Nous sommes dans une société de consommation à outrance ou tout est remplaçable et jetable. Certains peuvent perdre leur repère facilement dans ces conditions. Les valeurs sont interchangeables en fonction des tendances actuelles. Et pour ceux qui en ont, il est difficile de les garder. Lorsque nous avons une identité, nous sommes une race qui effraie, car nous ne nous définissions pas par des marques ou les gens de notre entourage. Nous sommes différents.

## L'appartenance à un groupe

Lorsque nous n'avons pas d'identité, il est important d'avoir un sentiment d'appartenance avec un groupe. Pour certains, ça sera la famille ou les amis proches. C'est ce qui crée de forts liens entre les joueurs d'une même équipe sportive. Ils passeront plusieurs heures par semaines ensemble, pour l'entrainement, les parties, le transport … Les fraternités y doivent leur succès. Les secrets, les rencontres et l'entraide qui y règne en attirent plusieurs.

Le besoin d'appartenance a poussé des personnes à fonder des clubs d'autos et de motos, comme les clubs de propriétaire d'auto sport, de collection et autres. Ils s'affichent, se font faire des blousons, des chandails et autres objets promotionnels. Une compagnie de moto l'a compris depuis longtemps, elle fait plus de profits avec les produits dérivés qu'avec les motos. Les gens ont besoin de se regrouper pour partager un intérêt commun, peu importe cet intérêt, vous trouverez un lieu de rassemblement le concernant.

L'appartenance à un groupe fournira une identité à la personne qui en fait partie. Elle se définira au travers celle-ci. J'ignore si c'est une bonne chose ou pas. Le danger avec cette option est que si vous quittez le groupe, vous perdez l'identité que vous aviez.

## La confiance en soi

C'est un des sujets du jour, avoir confiance en soi. On l'a ou on ne l'a pas. Pour certains, elle est inébranlable, rien ne les arrête et pour d'autres, elle est inexistante. Dans ce domaine, les extrêmes se voient souvent. Ceux qui en ont trop, car oui ça arrive, seront incapables de comprendre ceux qui n'en ont pas. Qui eux, envieront les autres.

Il est important d'en avoir, bien dosé. La confiance en soi nous permet d'avancer et de foncer afin d'atteindre un but. Trop en avoir nous fera prendre des risques inutiles et le contraire nous empêchera ou nous paralysera, laissant le but demeurer au stade de projet ou de rêve. La confiance se cultive dès le plus jeune âge, parfois malgré toutes les bonnes intentions du monde, ça ne fonctionne pas. L'enfant, pour une raison que l'on ignore, ne développera pas la confiance en lui. Il passera sa vie à avoir une confiance vacillante, passant de la confiance à la non-confiance selon les évènements de la vie courante.

Il n'existe aucune formule magique pour apprendre à avoir confiance en soi. Elle s'apprivoise et se cultive. Nous devons célébrer nos victoires et les garder en mémoire. Nous avons la fâcheuse habitude de ne retenir que les échecs. Nous leur accordons toute notre attention, leur laissant toute la place au détriment des réussites. Nous oublierons facilement les succès. Et pourtant, c'est le contraire que nous devrions faire. Il est important d'accorder une certaine importance aux échecs afin de comprendre et apprendre les raisons qui ont donné ce résultat. Après nous passerons à autre chose. Sinon nous resterons avec la fausse impression que nous ne ferons rien de bon dans notre vie.

## Des opinions personnelles

Lorsque nous n'avons pas d'identité, de confiance ou que nous ne nous connaissons pas, il est rare que nous ayons des opinions personnelles. Nous aurons une opinion sur tout, mais ce sera celle des autres.

Lors de conversations, nous rapporterons ce que nous avons lu et entendu dans les médias, ou provenant de notre cercle d'ami. Nous aimerons les mêmes choses et nous aurons le même langage qu'eux. Parfois si nous demandons à ces personnes pourquoi ils aiment telle chose, la réponse pourrait vous surprendre. J'ai déjà entendu les réponses suivantes : « parce que c'est comme ça dans ma famille » concernant la politique et le sport, « mon meilleur ami aime ça », « parce qu'ils l'ont dit aux nouvelles », etc.

Leur intelligence n'est nullement en cause, ni leur propension n'a pensé. Ils désirent simplement être comme les autres. De plus, ça leur évite de devoir s'attarder à la question. C'est l'apanage des gens superficiels la plupart du temps. Il est important d'avoir une opinion en fonction de nos gouts, nos valeurs et de notre perception de ce qui nous entoure. Il n'est pas obligatoire d'en avoir une sur tous les sujets, mais au moins sur ceux qui nous tiennent à cœur.

## La motivation

Je la déteste littéralement et en entendre parler encore plus. Donc c'est pour ça que je la mets. Parfois, j'en ai et d'autre fois, pas du tout, ça dépend. C'est une drôle de bestiole, la motivation.

À certaines occasions, elle est nécessaire. La prise de décision seule n'est pas toujours un gage de réussite. Les sphères de la vie où nous en aurons besoin sont : la remise en forme, l'arrêt du tabac, un projet de longue durée... Il s'agit d'un petit rien pour apporter l'étincelle qui la déclenchera. D'un tout autre angle, malgré une motivation inébranlable et toute la volonté du monde, rien ne bougera tant que la décision ne sera pas prise. De plus, elle est capricieuse, elle va et vient au gré de nos émotions. Elle a la fâcheuse habitude de disparaitre pour un certain temps lorsque nous touchons presque au but en retardant la réalisation du même coup.

## La reconnaissance

Tous la désirent et certains en ont besoin afin d'acquérir de la confiance en eux. La reconnaissance est ce petit plus dont nous avons besoin parfois pour continuer d'avancer. C'est aussi nous dire que les efforts que nous avons faits ne sont pas vains.

Elle se manifeste de plusieurs façons, par remerciement, promotion, récompenses, amour du public (pour les acteurs, musiciens...). Certains la recherchent à tout prix, allant jusqu'à quitter un emploi qui leur plait par manque de reconnaissance. Pourtant elle ne devrait en aucun cas être le but à atteindre. C'est plaisant se faire dire qu'on fait du bon travail, mais notre priorité devrait de faire notre travail et de l'aimer autant que possible. Pas de courir après la reconnaissance. Si je fais un travail ou une action dans le but d'obtenir de la reconnaissance, il y a de fortes chances que je passe la moitié de ma vie malheureuse.

Elle doit être appréciée lorsqu'elle est donnée. On peut la savourer, mais elle ne doit pas devenir un poison qui servira à valoriser notre égo. Je peux vous donner un exemple qui est arrivé hier. Je faisais des courses et j'ai rencontré un des clients de mon ancien travail. Lorsqu'il m'a vu, instantanément il m'a dit : « tu nous manques, on s'ennuie de toi. La saison a été de la merde. Il y a des chances que tu reviennes? » Ça m'a fait plaisir, je pourrais même dire que ça m'a fait un petit velours. Mais je lui ai répondu que je ne reviendrais pas. Que je suis désolé pour eux que les choses ne se soient pas bien passées, mais je ne peux rien faire. J'aurais pu me dire : « pourquoi ne pas y retourner? Ils m'aiment et m'apprécient ». Ce que j'avais à apprendre à cet endroit est fait et je dois poursuivre ma route. Je ne stagnerais pas volontairement pour avoir de la reconnaissance.

Certains de ces manques sont bénins. Ils ne nous empêcheront pas d'évoluer. Parfois, c'est même le contraire qui se produit, nous évoluons en comblant ou réparant ces manques.

Nous reprenons possession de notre unicité. Chacun d'entre nous est unique et précieux, avec ou sans ces manques.

# Cinquième partie

On prend conscience et on apprend

# Le hasard, les choix et ...

## Les demandes

Je suis de ceux qui croient que la vie répond toujours à nos demandes et que nous sommes responsables de ce qui nous arrive. Ça m'a pris tellement de temps à le comprendre, c'est incroyable. Je me souviens exactement du jour ou j'ai compris. Et quand c'est arrivé, j'ai ri, ris de voir la situation dans laquelle je me trouvais.

C'était une journée froide d'automne, par la fenêtre du bureau de mon avocate, je voyais les rayons du soleil illuminer l'édifice d'en face. Nous discutions des raisons qui m'avaient poussée à faire appel à ses services. J'étais en train de lui dire que j'avais atteins ma limite, quand ça m'a frappé. J'étais exactement là où j'avais demandé d'être. Je me suis mise à rire, rire de la situation, de notre discussion et surtout de ce que j'avais demandé pendant plus d'un an sans m'en apercevoir. Comment ai-je demandé à être dans le bureau d'une avocate? C'est simple. Pendant plus d'un an et demi, chaque fois qu'il y avait un accrochage entre mon ex et moi, je disais immanquablement : « arrête de me provoquer, un jour, je vais me fatiguer de jouer à ce jeu et je vais réagir ». Ce jour est arrivé durant le mois d'octobre et j'ai réagi fortement. Je suis allée voir mon avocate afin d'entamer des procédures légales contre lui. La vie n'avait fait que répondre à ma demande répétée sans cesse. J'ai continué mes démarches et fait les procédures jusqu'au bout. Il n'y avait plus aucune animosité ou colère en moi, les procédures n'étaient plus « contre » lui. Pour moi, je devais simplement finir ce que j'avais demandé à maintes reprises. Je pourrais dire que le résultat importait peu.

Nous en faisons des demandes dans une journée, souvent contradictoires. Après, nous nous demandons pourquoi la vie nous livre des expériences bizarres. Chaque fois que nous disons : « je veux ou ne veux pas », nous venons de faire une demande. Par contre, il y a un léger problème avec les demandes, la vie ne comprend pas les négations. Donc chaque fois que nous disons : « je ne veux pas », la vie entend « je veux ». Là, je suis certaine que vous vous dites, c'est impossible. Mais prenez deux minutes et regardez toutes les fois que vous avez dit : « je ne veux pas » et combien de fois ça s'est produit? À toutes les fois, immanquablement. Notre réaction : « c'était sur que ça arriverait, chaque fois que je ne veux pas quelque chose, ça arrive ». Simple constatation régulièrement faite par tout et chacun. Nous attirons à nous tout ce que nous demandons. D'où l'expression : il faut toujours faire attention à ce que nous demandons.

Lorsque nous voulons vraiment une chose, nous devons faire notre demande avec le plus grand soin, choisir nos mots avec attention, être précis et surtout ne jamais vouloir déposséder ou nuire a quelqu'un d'autre. Il faut faire sa demande avec conviction et passer à autre chose. Ça ne se produira pas le lendemain, mais lorsque nous serons prêts pour recevoir notre demande, elle se présentera dans notre vie. Nous avons la fâcheuse habitude de demander des choses qui ne nous correspondent pas, de vouloir aller trop vite ou ne pas être prêts pour recevoir notre demande. Souvent, nous voulons brûler les étapes et nos demandes vont dans ce sens. La vie ne répondra pas tant que nous ne serons pas rendus à cette étape de notre vie. Ou si elle répond, car elle en a marre de recevoir sans cesse la même demande continuellement, nous serons dans l'incapacité d'apprécier et de réussir. Notre entêtement sera à l'origine de notre défaite et notre estime de nous même va dégringoler. Nous sommes les artisans de notre propre malheur.

## Le hasard

J'ai souvent remarqué que la vie apporte toujours ce dont nous avons besoin lorsque nous en avons besoin, c'est probablement ce que nous nommons « hasard ». Il n'y a pas si longtemps, je songeais à changer de travail et je me questionnais sur ce que je désirais vraiment. J'étais en pleine introspection, regardant tout ce que j'avais aimé de mes emplois précédents et ce que j'avais détesté, mes points forts et faibles. Je savais que je ne voulais plus travailler avec le public, ma limite était atteinte. Mon côté artiste avait été négligé pendant trop d'années, j'éprouvais un besoin urgent de créer. Je refusais de retourner vers mes emplois précédents, j'avais fait le tour de chacun d'eux plusieurs fois. Puis c'est arrivé, un matin j'ai reçu une offre pour un cours de conception web, en plus j'étais éligible à une subvention. J'ai réfléchi durant deux jours et je me suis dit que la vie m'envoyait un clin d'œil. J'avais tout pour le faire, je suis en congé durant l'hiver et j'avais les moyens de le payer grâce à la subvention. Mon côté artiste était ravi de renouer avec la création. Je pouvais m'amuser à nouveau. Il y a eu des embûches comme un disque dur qui fait défaut durant les cours, des logiciels qui ne s'installent pas sur ma tablette, mais je reste convaincue que j'ai fait le bon choix.

Le tout s'est confirmé deux fois quelques jours plus tard. Mon amoureux m'a donné en cadeau un ordinateur portable pour que je puisse faire mon cours, peu importe où je me trouve. Et l'autre confirmation m'a empli de joie durant deux jours, j'ai même eu de la difficulté à dormir tellement j'étais heureuse. J'ai eu un appel de mon ancien patron me demandant d'aller le voir pour parler de la prochaine saison. Je ne voulais pas donner ma démission immédiatement, car en le faisant je perdais mon chômage. Je me suis dit : « je vais y aller, faire comme si de rien n'était et retourner chez moi ». Quand je suis arrivée, mon ancien supérieur avait un drôle d'air. Il m'a dit d'un souffle : ton poste est aboli et il a continué sur sa lancée. Je peux dire que je n'ai aucune idée de ce qu'il a pu dire ensuite. Mon esprit restait bloqué sur « le poste est aboli ». Un sourire se dessinait sur mes lèvres. Je ne pouvais demander mieux. Un soulagement m'a envahie et un sentiment de liberté a fait son apparition. Lorsque j'ai recommencé à l'écouter, il me disait qu'en plus ils me donnaient une indemnité de départ. Le rêve, je ne travaille plus pour eux, je garde mon chômage et il me paie pour partir. Que demander de plus? S'ils avaient attendu un mois, je serais partie et ça ne leur aurait rien coûté. Vive le hasard!

Le hasard se manifeste par des faits qui passent souvent inaperçus. On se questionne sur quelque chose et nous rencontrons une personne qui nous parle justement de ce à quoi nous pensions apportant des réponses à nos questions. Nous allons être attirés par un livre que normalement nous ne verrions pas, mais qui par un heureux hasard arrive juste à point dans notre vie. Un article de journal, un contre temps qui s'avère une bénédiction, un appel reçu a un moment clé et j'en passe. Si l'on porte une attention légère, nous allons remarquer que la vie fait bien les choses. Combien de fois cette situation vous est arrivée ? Vous allez faire des courses, vous êtes dans l'épicerie et vous croisez une personne que vous n'avez pas vue depuis des lustres. Vous vous arrêtez pour lui parler malgré votre horaire chargé et votre discussion dure presque une heure ou plus. Vous échangez, riez, passez un excellent moment. Votre discussion se termine, vous avez le sourire aux lèvres et le cœur plus léger. Vous arrivez chez vous, faites part de votre rencontre à votre entourage et terminez le récit en disant : « ça m'a fait un bien fou ! ». Pour moi, c'est un autre clin d'œil de la vie, un heureux hasard qui a libéré notre cœur et notre tête pour un temps. Nous obtenons toujours les réponses donc nous avons besoin en temps et lieu, il s'agit d'être patient.

## Les choix

Nous faisons des choix continuellement, certains consciemment et d'autres non. Le meilleur exemple des choix inconscients est lorsque nous disons, mais non, je n'ai pas choisi. J'ai réagi! Ce qui est difficile à concevoir, c'est que toutes nos réactions viennent d'un choix, même celles qui sont conditionnées. Tous s'entendent pour dire que durant toute notre vie nous prendrons des décisions, ce qu'ils ne disent jamais c'est qu'elles seront prises à partir de choix.

Nos décisions sont prises en fonction de nos désirs, nos obligations, notre morale, etc.... Nous pouvons choisir de réagir, de laisser passer, de foncer, de prendre un moment de répit, de faire l'autruche... Nous allons faire un choix qui ne sera ni bon ni mauvais. Il sera fait au meilleur de nos connaissances actuelles et entraînera dans son sillage une suite d'événement. Le plus difficile parfois n'est pas de prendre la décision, mais d'accepter l'avoir fait. Souvent, les gens vont dire : « je n'avais pas le choix ». À 99 % du temps, cette affirmation est fausse. Ils ne veulent pas prendre de décision qui pourrait changer leur vie ou les choses. Ce qu'ils ne comprennent pas c'est qu'ils ont fait le choix de ne rien faire et de laisser les choses telles quelles sont. La plupart des choix sont définitifs, il est impossible de revenir en arrière pour les changer, nous pouvons corriger le tir.

Il y a tellement de facteurs qui entrent en compte lorsque nous prenons une décision. Nos émotions du moment, d'où l'adage « de ne pas prendre de décisions sur un coup de tête ». Une décision hâtive motivée par des émotions à vif sera presque à coup sûr le mauvais choix. Il y a aussi les choix qui sont en cause. Parfois, notre tête est en désaccord avec nos désirs par exemple : je veux aller en vacances à une date donnée, mais j'ai un rendez-vous chez le dentiste à cette même période. Le rendez-vous est important, car j'ai une dent de cassée. Donc peu importe le choix que je vais faire, un côté de moi sera insatisfait. C'est à moi de décider lequel. Il y a ceux qui vont vers l'inconnu, comme quitter un chemin connu et se lancer dans le vide. Les choix qui vont dans ce sens concernent souvent les ruptures et quitter l'emploi que nous occupons. Pour plusieurs, une rupture est une montagne insurmontable, la peur du lendemain les paralyse et les fait rester dans une situation qui ne leur convient plus. Et cela est aussi valable pour le travail. En réalité, c'est l'insécurité financière qui les paralyse et pour les cas de rupture, la solitude interfère aussi. Et il y a le choix éclairé, ceux dont on connaît les tenants et les aboutissants. Nous savons ou notre choix va nous mener, peu importe celui que nous ferons, nous connaissons l'issue de chacun. Nous allons nous jeter en sachant exactement ou nous allons atterrir. C'est rassurant, mais parfois ça ne rend pas le chemin plus facile que l'autre même si on connaît le résultat. Parfois, il est pire que celui qu'on a quitté.

## Les « c'est à cause de... »

Souvent, j'entends les gens dire : « je suis comme ça à cause des autres » ou « c'est à cause des autres que je suis devenu ce que je suis ». C'est rassurant de mettre le blâme sur ceux qui nous entoure, d'une certaine façon ça nous enlève notre part de responsabilité dans ce que nous sommes devenus. Les « autres » sont des déclencheurs, ils ne décident pas pour nous et ne font pas nos choix à notre place. Nous sommes les seuls responsables de ce que nous sommes et de ce que nous devenons. Si dans mon entourage, il y a une dizaine de personnes et que je décide de ne plus faire confiance aux gens parce que deux d'entre eux m'ont blessé. C'est mon choix, pas le leur. Je pourrais facilement dire que je suis devenue méfiante à cause d'eux. Mais ils n'ont pas pris la décision pour moi, de plus je me prive de vivre des moments magnifiques avec les autres. Je pourrais simplement ne plus faire confiance à ces deux personnes et continuer mon chemin. Je ne vois aucune raison de me priver des autres pour eux. Parce que, soyons réaliste, la seule personne qui va être malheureuse et se priver dans l'histoire, c'est moi-même.

La liste des « c'est à cause de » pourrait s'étendre à l'infini tellement cette expression est utilisée à toutes les sauces. D'une certaine façon, elle est rassurante, elle nous retire le poids de la responsabilité de nos décisions et de nos actes. Je pourrais dire que je quitte mon travail à cause des membres qui ne respectent pas ma vie privée, mais la vraie raison, si je suis honnête, est que j'en ai marre de me faire chier pour des cons. Ça fait beaucoup moins joli dans une lettre de démission, mais ça me redonne la responsabilité de ma décision. Combien de fois avons-nous entendu : « j'ai fait telle chose à cause d'un tel ou j'ai pris tel décision parce qu'un tel me l'a conseillé »? C'est monnaie courante d'entendre ce discours, nous l'utilisons tous, moi la première. Et à chaque fois, ça me frappe, je retombe facilement dans les « c'est à cause ». Souvent, nous éprouvons le besoin de justifier aux autres et à nous même que nous avons pris la bonne décision. Lorsque je suis consciente que j'ai utilisé la fameuse phrase, je m'arrête et regarde ce qu'elle cache. Souvent, c'est que je ne suis pas à l'aise avec ma décision et je rejette la responsabilité sur les autres. Beaucoup plus facile. Le plus drôle dans l'histoire des « c'est a cause », c'est que lorsqu'elle est utilisée et que vous demandez a la personne : « si je te dis de te jeter en bas d'un pont. Vas-tu le faire? » Invariablement, la réponse est non. Pourtant c'est exactement ce que la personne a fait à un autre niveau, elle a pris sa décision en considération de l'opinion de l'autre. C'est la même chose pour les « parce que », nous avons besoin de justification et de déresponsabilisation lors de son utilisation. La seule chose à comprendre est que nous sommes les seuls responsables de ce que nous décidons, peu importe tout ce que les autres peuvent dire, c'est toujours nous qui prenons la décision finale, pas l'autre.


## Les complications

C'est d'une simplicité désarmante. Vraiment facile à comprendre et à faire. Mais la chose dont on ne parlera jamais dans les bouquins, c'est que nous ne vivons pas seuls sur une île déserte. Malheureusement, nous vivons en société et nous avons des interactions avec les gens tous les jours. À moins de vivres en ermite, il est impossible de ne pas avoir de gens dans notre vie. Nous avons tous une famille, des amis, des collègues de travail, etc. Inévitablement, ils vont prendre des décisions ou faire des choix qui nous concernent. Nous n'aurons aucun contrôle sur ces tierces personnes. Elles vont faire leur choix en fonction de leur désir et non en fonction du nôtre. Parfois, ils détiennent notre avenir entre leurs mains sans en être conscients. Leur décision influencera notre vie. Dans ces circonstances, nous avons l'impression de subir les choses. On se sent déposséder de notre vie et de ne plus avoir le contrôle, surtout si la décision est en notre défaveur. Je pourrais reprendre l'exemple de l'abolition de mon poste, si je ne désirais pas quitter l'emploi. Lorsqu'il m'a appris la nouvelle, j'aurais été atterrée. Je me serais questionnée sur leur motivation et pourquoi je méritais une telle chose. J'aurais été abattue et vu la vie en noir durant un certain temps. Lorsqu'ils ont pris leur décision, je n'avais pas mon mot à dire. Ils l'ont prise en fonctions de leur désir et de leur besoin. Mais vu que c'était mon plus grand souhait, je fus ravie de leur décision.

Dans tous les bouquins, nous allons lire sur nos désirs, comment les réaliser. Tous vont parler de la marche à suivre pour se positionner dans nos idées et nos demandes. Ils vont aborder des sujets comme les causes à effet, de la loi d'attraction et le fonctionnement de l'énergie. Sa façon de réagir a nos pensées et il ne faut surtout pas oublier qu'ils nous expliquent comment penser pour que notre « désir » se réalise. Ça fonctionne, ça fonctionne vraiment, mais ils ne parlent jamais de l'implication des autres lois. Ils ne parlent pas de la loi des probabilités ni de la loi du chaos, car en physique il y a une multitude de lois. On ne peut pas en choisir que deux ou trois et faire fi des autres. Ça ne marche pas comme ça. Les autres lois vont à un moment ou à un autre faire leur apparition. Et mettre leur grain de sable dans l'engrenage de notre « désir ». Des contretemps, des situations qui vont semer le doute dans notre esprit et des détours qui donnent l'impression de nous éloigné de notre but. Il y aura aussi des événements ou nous penserons être victimes. Un jour, je circulais sur une rue achalandée de la ville où j'habite. Et je ne suis fais arrêter pour excès de vitesse. Toute personne aurait été en colère, mais pas moi. Je conduisais à une vitesse plus haute que la limite permise et j'étais dans la lune. J'ai fait au moins deux kilomètres avant de réaliser que l'auto patrouille me suivait. Je me suis immobilisée et ai ouvert ma vitre. Lorsque le policier est arrivé à ma hauteur et qu'il m'a demandé si je savais pourquoi il m'arrêtait. Je lui ai répondu : « oui, pour excès de vitesse et merci de l'avoir fait ». S'il ne m'avait pas arrêté et fait reprendre mes esprits, j'aurais pu provoquer la mort de quelqu'un. Je n'étais pas attentive à la route et jamais je n'aurais vu si une personne ou un véhicule s'était présenté devant moi. Ce jour-là, le policier a fait son travail et peut-être plus.

Vous vous demandez sûrement ce que cette histoire vient faire ici. Elle est là pour expliquer que je ne demande pas d'avoir de contravention. Personne n'aime ça. C'était une façon de m'apprendre à vivre le moment présent. De ne pas m'évader dans mes pensées et de ne penser qu'à mon but. Il faut vivre ici et maintenant. Il faut faire sa demande et passer à autre chose. Profiter de la vie et de tout ce qu'elle a à nous offrir.

# La pensée négative, positive, magique, ...

## Le négatif

J'ai le plaisir d'être venue au monde en Amérique du Nord. J'ignore pourquoi, mais la façon de penser occidentale des pays industrialisés est négative. Je pourrais même dire très négative. De plus, c'est facile à constater, demandez à une de vos connaissances si elle sait ce qu'elle veut de la vie. Et invariablement, elle vous répondra : « non, mais je sais ce que je ne veux pas ». Les gens vont vous parler de leurs défauts, ceux des autres, de leurs expériences négatives, de tout ce qui va mal dans leur vie et dans le monde. Ils commencent toujours la discussion par : « ça va bien! Et toi? » Notre façon de penser négative est nuisible, elle nous fait voir la vie en noir. Et uniquement le mauvais côté des choses. De plus, pour certaines personnes tout devient personnel. La vie, les événements, les gens et parfois même la météo sont contre eux. Tout est excusé pour envenimer une situation donnée, pour la rendre plus noire qu'elle ne l'est en réalité. Tout devient un drame, une montagne insurmontable. Normalement, les gens ne se rendent pas compte qu'ils sont négatifs, pour eux c'est normal de penser de cette façon. Plus de la moitié de leur phrase contient « ne pas ». Juste a regardé les statuts sur les réseaux sociaux et c'est flagrant. Ça en devient harassant de lire que des trucs négatifs, de la fausse information, car les gens véhiculent des choses sans se renseigner avant. Il est plus facile de se désinformer que de chercher des informations pertinentes. La désinformation nous conforte dans notre négativité. Tout pour ne voir que le gris et le noir.

Par notre penchant vers le négatif, nous portons attention à tout ce qui nous dérange, nous agresse, nous rend malheureux et nous pousse dans nos retranchements. Nous jetons l'éponge facilement parce que dans notre tête « ça n'en vaut pas la peine ». Ou, nous nous entêtons pour nous prouver que notre défaitisme était justifié. Souvent, nous ne nous donnons pas de chance, à quoi ça servirait. Avec une telle attitude, il est normal que les choses restent telles quelles dans notre vie. On agit ainsi dans toutes les sphères de notre vie. Avec le temps, nous portons attention à tous les détails qui nous tapent sur les nerfs dans nos relations. Nous oublions ce qui nous a attirés, ce qui nous plaisait de cette personne. On regarde seulement ce qui nous en éloigne et on cherche à mettre un terme à la relation sans même savoir où elle pourrait nous mener. Notre côté pessimiste nous entraînera toujours vers des décisions qui nous rendront malheureux et prouveront hors de tout doute que notre vie doit être en partie misérable. Chaque fois que je tiens ce genre de discours, la personne à qui je m'adresse me répond : « je ne pense pas de façon négative ». Et je raconte la même anecdote. Un homme m'invite à l'accompagner au restaurant. La minute où je lui dis « oui. Ou et quand? ». Invariablement, il ne sait quoi me répondre. Dans sa tête lorsqu'iil m'a fait la demande, il était persuadé que je dirais non. Parce qu'il partait vaincu, il n'avait pas prévu de date ou de restaurant. C'est notre façon de penser qui en est responsable. Nous allons voir une personne, elle va nous attirer et nous allons souhaiter la revoir, la connaître mieux. Mais vu notre éducation négative, nous allons immédiatement penser que la chose est impossible, que la personne va obligatoirement nous dire non. Donc nous allons faire notre demande en voyant seulement la défaite. Malheureusement, cette façon de penser entraînera de l'envie et de la jalousie dans son sillage. Nous allons envier la réussite des gens en la dénigrant, mais jamais nous ne fournirions les efforts nécessaires afin d'atteindre un but semblable. Nous en sommes incapables et nous ne réussirions pas, beaucoup trop d'embûches seront sur notre chemin. Voilà le discours intérieur d'un pessimiste, sa négativité lui interdira d'essayer ou d'envisager essayer. Par contre, par jalousie, il déploiera des efforts hors du commun pour nuire à la réussite de l'autre.

Avec le temps, la négativité nous empêchera de voir toutes les opportunités de la vie et de les saisir. Elle nous fera sombrer facilement dans un état semi-dépressif. Elle sera aussi responsable de la plupart de nos « maladies ». Notre corps n'est pas fait pour survivre à la négativité, il est fait à partir d'un acte d'amour et a besoin d'amour et de positivité pour vivre. La négativité répétée sera néfaste pour tout notre être, autant pour notre mental que notre physique. Elle nous empêchera aussi de vivre pleinement notre vie, nous ne pouvons avoir de sentiments purs s'ils sont entachés par la négativité. Nous allons immanquablement regarder nos échecs au lieu de nos réussites, nos revers, nos pertes, nos erreurs, les obstacles, les contre temps, nous allons prêter une attention particulière aux histoires qui finissent mal.... Toute notre attention et nos pensées chercheront la négativité partout ou elle se trouve.

Nous allons faire fi des récits de réussite, ils ne peuvent s'appliquer a nous. Nous allons même dire « c'est facile pour lui, son père ou son grand-père étaient la avant lui ». Peut-être ont-ils hérité de l'entreprise, mais il faut comprendre qu'aujourd'hui si elle est en bonne santé, c'est que cette personne s'est investie et y a mis tout le nécessaire pour réussir. S'il y a eu héritage, c'est que le fondateur est décédé et il n'est plus aux commandes de l'entreprise. Tout le mérite actuel de l'entreprise revient à son successeur. Il a su être digne de la confiance de son ou ses prédécesseurs. Il ne faut surtout pas regarder les efforts, les études et le travail mis à contribution par le propriétaire de l'entreprise, cela viendrait détruire notre perception négative.

Même nos expressions dénoteront ce côté de notre culture; « je suis fait pour un petit pain », « le gazon est toujours plus vert chez le voisin », « par ma faute, par ma très grande faute », et j'en passe. En vieillissant, ça ne sera pas mieux, la négativité prendra toute la place et nous deviendrons « grincheux ». Tout sera prétexte a « chialé » et a dénigré les autres, ça sera naturel. Notre façon de penser négative fera sortir le pire de nous, elle nous fera craindre la franchise et la droiture des gens qui croiseront notre route. Et s'ils ont le malheur de penser positivement, nous les craindrons et parlerons d'eux comme d'illuminés. En réalité, ils nous font peur. La pensée négative occidentale est notre ennemie.

## La fatalité

Découlant directement de la pensée négative, on pourrait aussi dire qu'elle est un dommage collatéral et je l'avais oublié. J'avais terminé le chapitre, pensant que j'avais fait le tour. Je suis allée en vacance et ça m'a frappé. Une seule phrase été dit et je me suis mise à rire. La phrase était : « on sait bien, c'est toujours la même chose. Il y a toujours un truc qui arrive pour que mes plans ne se déroulent pas comme je veux ». Je me suis fermée les yeux en pensant, voilà la fatalité et une superbe façon de demander à ce que ça continue. Elle est là et on l'accepte facilement, ne réalisant pas qu'elle peut être changée. Pas parce que c'est arrivé trois, cinq ou dix fois que ça doive obligatoirement continuer. On peut arrêter la roue, ça ne sera pas facile et je ne dis pas qu'elle va s'arrêter immédiatement. Mais la persévérance va porter fruit, c'est garanti. Il ne faut jamais la tenir pour acquise, c'est lui donner du pouvoir. Nous lui donnons une emprise sur nous en l'acceptant et en lui accordant de la valeur. C'est le même principe que les peurs, plus on lui donne de la place, plus elle va en prendre. Et chaque fois, la réaction est la même, on en redemande. On va dire : « c'est toujours comme ça », « c'est normal », « impossible que ce soit autrement », « je le savais » et ma préférée; « je vous l'avais dit que ça arriverait, ma vie est comme ça ».

La fatalité n'a pas sa raison d'être, elle ne devrait même pas exister. Les gens lui ouvrent la porte de leur vie et lui donne le contrôle. Sa seule utilité est de nous rendre défaitistes. Elle nous dépossède de notre libre arbitre et de notre volonté à changer les choses. Elle nous donne l'illusion que les événements doivent toujours se passer de la même façon. Que ça sera une répétition sans fin. Et le pire c'est qu'après un certain temps ça ne nous touche plus. C'est la « norme » et si une fois les choses se passent de façon différente, la personne va devenir sur ses gardes, cherchant l'erreur. Elle ne comprend pas que si elle se disait, ça fait du bien que ça se passe différemment. Les choses commenceraient à changer lentement. Nous avons le choix d'accepter la fatalité comme une vérité dans notre vie ou de lui fermer la porte, lui enlever son pouvoir et changer notre façon de la voir.

## La positive

Elle est rafraîchissante et apporte une sérénité en nous. Il n'est pas facile de passer de la pensée négative a la positive. Il faut être vigilant en permanence. La négativité va revenir rapidement au début, sans qu'on s'en aperçoive. Elle fait partie de notre éducation et il est difficile de s'en débarrasser totalement. Toute notre structure de pensée est de forme négative, nos phrases, notre discours intérieur et notre analyse. Nous avons été éduqués dans une société qui prône le négatif, le télé journal, les journaux regorgent de « mauvaises » nouvelles. Je ne regarde jamais les nouvelles télévisées, car il n'y a jamais rien de positif. C'est la surenchère du négatif, c'est à celui qui aura la plus grande tragédie. Le positif fait la une seulement quand l'équipe de hockey local gagne une partie. Wow!!! ça change vraiment une vie ça. Donc pour une personne dont la culture et l'éducation sont en partie négatives, il est difficile de changer. Ça se fait sur plusieurs années. Il faut être patient et surtout ne pas lâcher par découragement. Nous allons commencer lentement, chaque fois où nous serons conscients de formuler nos pensées négativement, nous les reformulerons d'une façon positive. Et je peux vous dire que ce n'est pas évident. La pensée positive ouvre d'autres perspectives, elle nous libère de la limitation de la négativité. La pensée positive n'est pas se cacher de nos problèmes ou occulté la réalité, elle nous permet de les voir sous un autre angle. Et surtout de les prendre un après l'autre. Par exemple, si nous éprouvons des problèmes financiers (je connais très bien pour l'avoir vécu durant de nombreuses années), le négatif va voir l'ensemble des factures comme une montagne insurmontable. Le positif lui, va prendre une facture à la fois lorsqu'elle se présentera et agira en conséquence. Il ne paniquera pas, il ne voit pas la montagne. Il regarde chaque facture pour ce qu'elle est, une à la fois. Il a compris que paniquer ne sert à rien et ne changera pas la donne. Par contre, garder son calme et un certain détachement permet souvent de trouver des solutions ou l'on croyait qu'il n'y en avait pas. La montagne est insurmontable, mais les collines le sont.

La pensée positive n'est pas de la pensée magique, de l'auto hypnose ou un truc ésotérique. C'est simplement changer notre façon de penser pour regarder ce qu'il y a de bien dans chaque situation et de voir ce que l'on peut y apprendre. C'est enlevé le « ne pas » autant que possible de notre vocabulaire. Il est tellement facile de dire, je vais échouer, je ne réussirais pas, mais il est plus difficile de dire, je vais réussir. La pensée négative, nous rend défaitistes et nous enlève l'estime de nous-mêmes. Penser positivement va nous redonner l'estime et la confiance était disparue. Ça se fera sur le long terme, il y aura des périodes de rechute et de découragement, mais la réussite en vaut la peine.


J'aime quand je pars le matin, que je regarde les arbres et la nature qui bordent la route, invariablement ça apporte un sourire sur mes lèvres. Si je suis nerveuse, je redeviens zen. Je me recentre automatiquement. En plus avec cette approche, j'ai eu le plaisir de voir, des chevreuils, des renards, des marmottes, un faucon et un harfang des neiges. Superbe façon de commencer sa journée. Je n'écoute pas les nouvelles dans ma voiture, je veux garder ma positivité même si elle commence à faire partie de moi. Il m'arrive de tout voir en noir. Puisque le positif fait de plus en plus partie de moi, ces crises sont momentanées et ne durent plus. Je me calme rapidement et analyse les solutions. Je ne demeure plus dans la noirceur et la négativité. Penser positivement a changé des choses dans ma vie, j'aborde l'avenir avec un nouveau regard. L'incertitude, l'angoisse et la peur sont pratiquement devenues inexistantes. Je ne me berce pas d'illusions, je ne vis pas dans un monde utopique. La positivité m'a simplement permis de me libérer de l'épée Damoclès qui pèse constamment sur nos têtes. J'ai aussi appris qu'il ne me sert à rien de m'en faire, car les choses se règlent toujours d'une façon ou d'une autre.

La pensée positive nous permet de nous dire que nous pouvons atteindre nos buts, que nous pouvons réussir. Mon but était de mettre sur papier tout ce que la vie m'a appris. Je ressentais ce besoin pressant de faire de la place pour de nouveaux apprentissages. Comme si faire le tri dans mes pensées, mes connaissances étaient vital. Mon but n'est pas la publication, si jamais ça arrive ça sera un plus. Mais je désire apprendre encore et pour ce faire, il faut avoir bien appris les leçons du passées. Si j'étais demeuré avec mes pensées négatives, jamais je n'aurais mis sur papier tout ce savoir. J'aurais eu l'idée, le besoin, mais j'aurais immédiatement tué dans l'œuf l'initiative en me disant « c'est impossible », « ça ne servira à rien », « je n'ai rien à dire », etc. En pensant positivement, je me suis dit : « ça va me faire du bien », « ça va être intéressant de voir ou j'en suis », « je peux être surprise du résultat » et ainsi de suite. La rédaction du bouquin est un bonus dans le processus. J'ai appris de cette façon que souvent c'est le chemin qui est important et non la destination.

## L'auto hypnose

Un sujet délicat, mal utilisé, elle peut-être dévastatrice. Elle a une utilité pourvu qu'on s'en serve intelligemment et avec diligence. On peut rebâtir notre amour propre ou notre confiance en nous avec cette technique. Il est impératif de commencer doucement, car si l'on ne s'aime pas, on ne se croira jamais quand on va se dire « je m'aime et j'aime qui je suis » surtout en se regardant dans un miroir. Et si on persiste à se répéter la phrase sans être en accord avec, les dégâts vont être considérables. Notre amour pour soi deviendra pratiquement inexistant. Il faut commencer avec quelque chose qu'on aime de nous-mêmes, nous avons tous un petit quelque chose qu'on aime. Ça m'a pris plus de deux ans avant de pouvoir me dire « je m'aime et j'aime qui je suis ». J'ai commencé par mon sourire, trois fois par jour, je m'arrêtais pour me dire « j'aime mon sourire et il me va bien ». Puis après ce fut « mes yeux sont beaux quand je souris » et ça à continuer, ainsi de suite. Jusqu'au jour où j'ai réalisé que j'aime tout de moi. Ce qui m'a le plus surpris dans l'aventure, c'est que je m'aime à l'âge ou la plupart des gens commencent à moins s'aimer. Mon corps change et j'aime ce qu'il représente. L'auto hypnose m'a aidé à m'aimer pas seulement physiquement. Puis vint le tour de mes réussites, au début, je ne voyais que les petites. Avec le temps, j'ai vu mes réalisations, mon talent en dessin et mes qualités. Ce fut un long voyage qui a porté fruit. Aujourd'hui, je peux dire haut et fort « je m'aime et j'aime qui je suis ».

La première fois où j'ai lu sur cette technique, c'est en effectuant des recherches sur l'hyperthyroïdie et trouvées des techniques qui pouvaient m'aider à reprendre un minimum de contrôle sur mon corps. J'avais de la médication, mais ce n'était pas assez. Je suis « tombé » sur les travaux du Dr Carl Simonton[6]. Immédiatement, j'ai aimé son approche qui est un complément aux traitements. Son inspiration lui est venue d'Émile Coué[7] et il a inspiré plusieurs autres médecins. Je me suis mise à lire tout ce que je trouvais sur le sujet et sur la visualisation créatrice. Et j'ai terminé mes recherches avec Louise Hay. J'ai appris énormément de mes lectures comment combiner l'auto hypnose et la médication afin d'atteindre un bien-être personnel. J'ai aussi appris à faire mes phrases, il faut qu'elle soit précise et qu'elle résonne en soi. Elle ne règlera pas les problèmes, elle va faire en sorte qu'on soit moins obnubilé par ce qui se passe et qu'on puisse lâcher prise. Je « travaille » avec cette technique depuis une décennie, je la trouve efficace. Elle me permet de mieux cerner ce qui me perturbe, quand on cherche la phrase idéale, nous devons nous arrêter et prendre le temps de regarder en nous. Il est arrivé que j'ai besoin d'aide pour trouver. J'étais incapable de taire mon discours intérieur assez longtemps pour trouver moi-même. Peu importe comment la phrase parfaite arrive à nous, l'important est que nous soyons en harmonie avec et de la répéter plusieurs fois par jour durant 21 jours. À la fin des vingt-et-une journées, il est important de la laisser partir et de ne plus y penser. D'instinct, nous faisons de l'auto hypnose, quand nous nous disons sans arrêt « je n'ai pas peur » ou « ça ne fera pas mal » dans certaines situations. Nous voulons nous convaincre nous-mêmes.

---

[6]     Dr Carl Simonton, oncologue américain, est le pionnier de la relation corps-esprit dans la guérison du cancer en 1970 et l'a incorporé dans les centres d'oncologie.

[7]     Émile Coué, psychologue et pharmacien, auteur d'une méthode de guérison et de développement personnel fondée sur l'autosuggestion.

Si on utilise l'auto hypnose seule, ça revient à de la pensée magique. Il est important de le faire dans un but de bien-être. Utiliser l'auto hypnose pour gagner le million est inutile et une perte de temps considérable. Je vais vous donner quelques exemples pour clarifier un peu. Lorsque j'ai terminé mon emploi, j'étais vraiment mal en point physiquement et mentalement. J'avais dépassé mes limites. J'en ai été malade, diarrhée, toux jusqu'au vomissement… Je me demandais pourquoi j'étais malade puisque je ne travaillais plus à cet endroit. Et une connaissance m'a éclairé. Dans une certaine mesure, je ne m'étais pas respecté. Elle m'a dit : « répète ces mots autant de fois que nécessaire par jour pendant 21 jours : *désolé, pardon, merci, je t'aime* ». J'ai mis un certain temps à comprendre. En réalité, les mots signifiaient : « je suis désolé de ne pas m'avoir respecté, pardonne-moi, merci de le faire et je t'aime ». Je n'ai pas simplement dit les mots, je les ai vus, je les ai écrits, les ai sentis en moi. Je les ai laissé prendre vie et j'ai aussi pris action pour me pardonner. En vidant tout ce que j'avais à dire de la situation par écrits pour ensuite brûler les pages. Au bout de deux jours la diarrhée était partie, pour les vomissements ce fut plus long, cinq jours et la toux, une semaine. Lentement, je me suis libéré de ce poids. J'ai combiné une technique apprise en thérapie avec l'auto hypnose.

Depuis quelques années, je suis en pré ménopause. Et avec le temps, l'hormonothérapie est devenue inefficace. J'ai atteins un point ou je craignant changer de médicament. Le découragement et le doute avaient pris le dessus. Entreprendre un traitement avec le doute n'est pas bénéfique, notre corps va répondre a nos pensées et « combattre » le traitement au même titre que le fonctionnement des placébos. Je me devais de reprendre confiance en moi, mon corps et le traitement. L'autre solution était trop drastique pour moi, ablation de l'utérus. Le nouveau traitement avait une efficacité de 50 % au bout de vingt semaines. Je commençais à voir l'option de l'opération avec terreur, mais inévitable. Puis j'ai pensé aux phrases qu'une connaissance a écrites pour moi. Et j'y ai trouvé « mon système hormonal est stable et équilibré ». Sur le coup, je n'avais pas compris pourquoi elle était là. Et là c'est devenu une évidence. Je devais lâcher prise et faire confiance a mon système et l'hormonothérapie. J'ai dit la phrase et visualisé mon système hormonal s'unir avec les hormones de substitution pour créer cette stabilité. Je me sentais moins « agressée » par le changement hormonal qui s'opère en moi, réalisant qu'il est naturel et bénéfique.

Ce moment d'arrêt chaque jour pour me dire la phrase, m'a permis de mieux me sentir face à cette nouvelle réalité. Au bout de huit jours, le traitement fonctionnait à 100 %. Mes peurs, mes doutes et l'incertitude face à cette nouvelle étape de ma vie sont devenus secondaires. J'ai cessé de combattre le changement en l'acceptant. Je ne pourrais dire si cette technique fonctionne avec tout le monde, mais pour moi elle est bénéfique quand elle est bien utilisée. J'ai quand même subi l'hystérectomie par choix 8 mois plus tard.

## La visualisation créatrice

C'est une technique utilisée en oncologie afin d'aider les patients lors de leurs traitements. J'aime bien l'utiliser, elle combine la méditation et l'auto hypnose. On utilise normalement cette technique pour nous aider avec nos buts, il s'agit de nous voir avec ceux-ci atteins. Pour ma part, je l'utilise d'une façon un peu différente. Je me place en état méditatif et je me vois faire chacune des étapes afin d'atteindre mon but. Souvent, cette façon de faire m'a permis de revoir certaines des étapes avec des changements. Elle me permet aussi de me poser les bonnes questions; savoir si mon projet est réalisable, de quelle façon, l'échéance, les étapes, les alternatives... Il ne faut pas oublier que la visualisation créatrice n'est pas un gage de succès. Elle nous aide à maintenir le cap, à avoir confiance en nous et en nos habilités et à vaincre n'importe quel adversaire. Elle est une source de positivité et de bien-être intérieur.

## La pensée magique

J'ai un peu de difficulté avec celle-là. Je pourrais même dire qu'elle m'effraie un peu. Contrairement à l'auto hypnose et la visualisation créatrice qui sont utilisées dans un but de bien-être émotionnel et physique, la pensée magique s'intéresse seulement ou presque, au côté matériel de la vie.

Je trouve personnellement la méthode un peu dangereuse dans le sens ou elle peut renforcer le côté négatif des gens. La pensée magique ne demande aucune action, au contraire elle nous demande pratiquement d'être passif. Elle nous dit de focaliser sur notre désir, le visualiser, d'avoir même une image physique de ce que l'on veut. Mais jamais elle dit, vous devez prendre action pour réaliser votre désir. Un exemple : vous désirez une nouvelle voiture, mais vous n'en avez pas les moyens. Cette technique propose de se dire tous les jours : « je vais avoir une nouvelle voiture », elle vous dit aussi de vous voir dans cette voiture et de mettre une image de celle-ci sur votre frigo pour la voir tous les jours. Ensuite elle dit : laisser l'énergie agir. Il ne s'agit pas seulement vouloir, visualiser et laisser faire. Il manque une étape importante à ce processus, l'action. L'énergie va réagir à la mise en mouvement. Pour ce faire, on peut regarder pour avoir un boulot plus payant, voire ce qu'on est prêt à sacrifier pour avoir cette voiture, un boulot à mi-temps pour un temps... Mais il est impératif de se mettre en mouvement. La pensée magique est de croire que les choses vont changer seulement parce qu'on le souhaite et qu'on le demande. Les choses ne changeront jamais si nous ne bougeons pas de notre sofa, c'est aussi utopique que de se dire, je vais trouver l'amour de ma vie et rester chez soi à attendre. Ça n'arrivera pas.

Désolé de vous décevoir, mais si on n'agit pas en fonction de notre désir, l'énergie ne suivra pas. La, vous allez me dire, oui, mais l'effet papillon. Bien pour avoir cet effet, le papillon a battu des ailes. Il était en action. Il n'a pas simplement pensé battre des ailes, il l'a fait. Toute action entraîne une réaction. Si Graham Bell ou tout autre grand inventeur avaient simplement imaginé la chose sans la fabriquer, rien n'aurait pris forme. L'objet ne se serait pas construit tout seul, elle ne serait pas sortie de son imagination pour prendre forme physiquement par magie. Il y a pensé, l'a vu dans son imaginaire, a fait des plans et il l'a construit. Il n'a pas réussi à sa première tentative, mais tout était en place pour atteindre la réussite. La pensée magique va peut-être vous aider à vous sentir mieux pour un temps, mais pas de façon durable tant qu'il n'y aura pas d'action.

# La petite voix qui ...

On est tous semblables, nous avons tous cette petite voix en nous qui nous parle. Et le trois quarts du temps, nous ne l'écoutons pas, qu'elle soit positive ou non. Nous avons le réflexe de nous dire que cette voix fait tout pour nous décourager donc nous l'ignorons. On se conditionne tellement à la faire taire que parfois ses mots d'encouragement passent inaperçus. Nous pensons d'emblée que notre ego se manifeste chaque fois. Mais nous avons tord, souvent cette petite voix ne vient pas de l'ego, mais de notre âme.

## L'ego

La voix de l'ego a une vibration qui est pratiquement identique à notre pensée. C'est à s'y méprendre. Elle va être cérébrale, prendre la même formulation, mots et intonation. Elle s'insinue sournoisement entre deux pensées, et comble de malheur, elle est toujours adéquate. Souvent, elle va nous faire dévier de notre réflexion, nous amenant là où elle le désire. L'ego n'est pas mauvais en soi, ce n'est pas un ennemi. Pour certain, on doit absolument l'anéantir, car il est néfaste et nous détruit. Il ne faut pas lui laisser toute la place parce qu'il va la prendre avec joie.

Il va régner en roi avec raison. L'ego est formé complètement à partir de l'âge de sept ans. Il est celui qui s'amuse avec notre négativité et nos peurs. Il aime se complaire dans notre passé, jugeant et analysant tout. Il est l'équivalent de notre mental à la différence qu'il va tenir pour acquis notre vécu et celui des autres. Il va jouer avec nos émotions pour nous garder captifs. Il est bon d'avoir un peu d'ego, mais pas au détriment de vivre notre présent comme il devrait être vécu. L'ego va toujours aller dans le passé pour faire ses projections d'avenir. À quatre-vingt-dix pour cent du temps, il va surtout garder en mémoire les expériences négatives. C'est plus jouissif pour lui, de cette façon, il garde le contrôle.

Souvent nous prenons notre ego pour notre véritable nous, nous écoutons sa petite voix qui nous parle de défaite. Par contre si nous revenons dans le moment présent, il perd pied. Il n'a pas sa place dans le présent, il ne peut s'y raccrocher. Donc si vous désirez savoir si c'est votre égo ou vous qui êtes en contrôle, sortez de votre mental et revenez au moment présent. Si vous étiez sous l'influence de votre ego, il va se taire pour un moment. Mais aussitôt que vous allez « fouiller » dans votre passé pour « x » raisons, il va se faire un plaisir de revenir en force à votre insu. Il n'est pas interdit de penser à votre passé, vous devez le faire objectivement. Regardez-le comme si vous regardiez un film, sans émotion, une suite d'événement qui ont façonné une expérience. Le passé est terminé, même si vous y pensez constamment, vous ne pourrez rien y changer. Le mieux est de l'accepter et régler ce qui doit l'être. De cette façon, vous allez faire une pierre deux coups, vous libérer et ne pas traîner du bagage inutile et votre ego va perdre son emprise.

C'est le même fonctionnement pour le futur. Il est important de faire des projets, de les voir, d'y penser et de les imaginer réalisés. Mais il faut comprendre que notre futur est dépendant de notre présent. Il faut vivre l'instant présent afin que notre projet se réalise. Si on est obnubilé par notre projet, l'ego va faire son apparition. Inventant mille scénarios en se basant sur notre passé pour donner une résultante possible, et la plupart du temps il choisira des résultats négatifs. Il cherchera aussi des réponses qui sont inexistantes pour le moment. Nous ne pouvons connaître quelle expérience notre but nous apportera. Mais l'ego cherchera par tous les moyens de savoir. Il ne peut vivre sans réponses. Il deviendra obsédé par la recherche de réponse. Pour lui, seul le but à atteindre est important. Il ne tiendra aucunement compte du chemin parcouru, des expériences gagnées, de l'épanouissement et au bonheur éprouvé. S'il juge que le but n'est pas atteint selon ses critères, cela sera considéré comme un échec. Jamais il ne réalisera qu'il n'y a pas d'échec. Parfois on gagne plus durant le parcours qu'à l'arrivée. Qui est un bonus si c'est positif. Il y a beaucoup de gens autour de moi dont le but est d'être riche, je n'ai jamais vu autant de gens aussi malheureux qu'eux. Ils basent leur vie sur cet objectif, oubliant qu'aujourd'hui ne va se vivre qu'une seule fois. Ils ne sont jamais dans le moment présent, pestent contre les aléas de la vie et se rendent malades la plupart du temps. Ils oublient que la richesse n'est pas seulement dans les possessions ou le montant du compte en banque. Il est dans le plaisir de vivre ici et maintenant. Mais l'ego a pris le contrôle et ils vont malheureusement courir à leur perte. Il y a beaucoup de gens qui vont réussir à devenir riches, si vous lisez des autobiographies, vous allez constater que la plupart d'entre eux avaient un objectif. Ils ont visualisé le tout, fixé des étapes et ont savouré chacune d'elle. Pour plusieurs, ils vous diront que le plaisir a été de franchir chacune des étapes. L'ego n'a pas sa place lorsqu'on savoure pleinement un événement et qu'on se laisse porter par cette euphorie.

On peut écouter ce qu'il a à dire, il n'y a aucun mal à cela. On peut ensuite regarder sur quoi il base son jugement : une expérience que nous avons vécue, ce qu'il a retenu d'une lecture, un fait vu à la télévision, l'expérience d'un autre ou ce qui nous a été inculqué. Ensuite avec cette information, nous revenons au moment présent et prenons notre décision. Elle sera éclairée et en harmonie avec notre « être » puisqu'elle va avoir été prise dans le présent. Au début, l'ego va protester fortement, il n'aimera pas perdre du pouvoir et ne plus régner en maître. Il ne partira jamais complètement, il est une composante de nous. Nous ne sommes pas lui, c'est ce qu'il faut retenir. On peut lui laisser le rôle de « l'avocat du diable » qu'il va remplir à merveille. Et avec le temps, il adorera ce rôle, il aimera faire étalage de ses « connaissances » et de ce qu'il croit savoir. Mais la décision finale nous appartiendra en toute lucidité.

Je vais vous dire ce que j'aime de l'ego. Lorsqu'il se manifeste avec son orgueil, sa force et qu'il se braque. Cela signifie que nous touchons un point qui n'a pas encore été réglé. Il va défendre avec force et vigueur son territoire. Il est un bon indicateur de ce que nous avons oublié. Il est normal qu'il reste des trucs minimes qui « traînent ». Chaque fois que nous faisons une introspection, c'est que quelque chose nous y a poussés. Que ce soit un malaise, une maladie, un événement ou autre, nous regardons seulement ce qui a trait à ce qui nous préoccupe sur le moment. Lorsque nous allons mieux, nous cessons notre introspection et retournons à notre vie. Donc, jamais nous ne regardons tous ce qu'il y a à voir, de toute façon c'est impossible. Certes, nous allons souvent faire le tour, mais il restera toujours un petit quelque chose. Le rôle de l'ego est de protéger ces « fragments », il ne voudra pas perdre tout contrôle ou disparaître. Je ne l'entretiens pas, mais je désire le garder. Il est un bon indicateur quand quelque chose cloche. Il est le gardien des secrets enfouis au plus profond de mon être, de ceux qui désirent rester cachés. Il est aussi mon garde fou contre l'orgueil spirituel, me rappelant toujours que je ne sais pas tout et qu'il me rester des centaines de leçons a apprendre. Qu'il soit mon ennemi ou mon ami, il fait un boulot extraordinaire.

.

## L'âme

Cette petite voie, que rarement nous entendons, pas parce qu'elle ne parle pas, mais bien parce que nous lui accordons peu d'importance. À vrai dire, elle nous fait peur. Les premières fois qu'on l'entend, on ne lui fait pas confiance. Sa vibration est différente de notre pensée. Elle possède une couleur et une texture unique, de plus, généralement elle est douce. Et si on porte attention, on la sent partir de notre plexus solaire. Elle se manifeste de plusieurs façons et à différentes occasions. On peut se familiariser avec elle par la méditation, nous pouvons l'inviter dans notre jardin secret. Elle n'arrivera pas immédiatement, mais après quelques séances, elle va se manifester. Elle choisira ses mots avec soin, jamais elle ne nous découragera. Elle prendra le temps de nous expliquer les choses, les raisons des événements de notre vie ou du chemin que nous empruntons. Nous pouvons profiter de ces moments pour lui parler de tout ce que l'on désire. Ses réponses seront toujours franches, elle ne nous mentira pas pour nous faire plaisir. Son but est que nous nous connaissions vraiment et que notre vie soit la plus enrichissante possible. Elle est nous et ne gagne rien à nous mentir contrairement à l'ego. Elle est notre lien avec la lumière ou le divin, selon nos croyances. Elle est notre compagne pour toute la durée de notre voyage terrestre. Elle est notre essence et notre individualité. Elle peut nous permettre de vivre en harmonie avec ce qui nous entoure. Lorsque nous nous sentons « décalés », c'est souvent un signe pour nous dire que nous avons perdu le contact avec elle. Il arrive parfois qu'elle refuse de répondre à nos questions si elle juge que le moment n'est pas venu de « savoir ». Elle est plus sage que nous, parfois on pose des questions par curiosité, mais nous ne sommes pas prêts à recevoir les réponses pour une multitude de raison. Donc, elle choisira d'ignorer la question. Toutes les réponses ne sont pas toujours bonnes à savoir.

Ses manifestations sont aussi variées que nos émotions. Lorsque notre « être » (corps, esprit et âme) est en harmonie, elle ne parlera pas, mais enverra en nous un sentiment de bien-être et de calme qui va nous permettre de profiter pleinement du moment présent. Elle s'unira à la « vie » pour nous faire des clins d'œil afin de nous faire comprendre qu'elle est en accord avec nous. Qu'elle approuve notre décision, notre démarche ou simplement le chemin emprunter. Elle veillera sur nous, que tout se déroule selon « notre plan de vie ». Elle est notre mémoire véritable que rien n'entachera. Elle ne se laisse pas influencer par notre mental, nos émotions ou tout ce qui se trouve à l'extérieur de nous. Elle emmagasine tout sans juger et c'est magnifique. Nous avons accès à cette mémoire en tout temps. Il suffit de lui demander en méditation et elle nous ouvrira le souvenir. L'écouter va toujours porter fruit surtout lorsque nous sommes indécis. Elle éclairera notre chemin sans influencer notre décision. Nous devons faire taire notre mental et notre ego. Nous concentrer sur cet endroit calme en nous, le lieu que nous avons choisi pour communiquer avec elle.

Elle ne nous empêchera nullement de poursuivre notre route même si nous sommes dans l'erreur. Je sais, je suis têtu et souvent j'ai continué malgré ses avertissements. Et je suis certaine que je vais recommencer, c'est dans ma nature. Elle nous fait comprendre son désaccord de plusieurs façons. Elle commencera doucement, souhaitant que nous comprenions du premier coup. Mettant des petites embûches sur notre route, des signes visibles et il va y avoir des retards. Si nous n'avons toujours pas compris et poursuivons, elle va amplifier les messages, tout va se succéder avec rapidité. Et si nous ne voulons pas comprendre, elle va nous rendre malades afin de nous obliger à réfléchir, prendre du recul et regarder attentivement tous les signes qui sont contre la décision. Nous ne gagnerons jamais contre elle.

Voilà comment elle se défini elle-même : « Je suis celle qui a été, qui est et qui sera. Je suis celle qui sait et qui a choisi. Je suis celle qui a fait le pacte, qui a demandé de revenir. Qui a accepté les conditions et les leçons à apprendre. Je suis celle qui devra répondre de la réussite de cette vie, voir à ce que mes objectifs soient respectés afin de ne pas revenir faire les mêmes expériences une autre fois. J'ai choisi les épreuves, les buts et mon entourage. Je reconnais facilement les âmes qui me sont chères et que j'aime, je reconnais aussi celles qui doivent me faire évoluer. Je suis l'énergie vitale de ce corps, son essence et sa luminosité. Je suis celle qui voyage durant ton sommeil, par qui arrivent les "déjà-vu" et les prémonitions. Je continue d'évoluer malgré mon incarnation, m'éclipsant parfois durant les heures d'éveil provoquant ce que vous appelez "être dans la lune". Je suis une partie d'un tout, je connais les tenants et les aboutissants. J'ai accès au livre de vie et en moi se cachent toutes les informations enregistrées depuis ma création. JE SUIS. »

# On se rebâtit

Lorsque la vie nous malmène, nous devons nous rebâtir. Ce n'est jamais facile de recoller les morceaux. Souvent, nous ne les retrouvons pas tous. Certains resteront perdus à jamais, par contre de nouveau s'ajouteront et les remplaceront. Pour pouvoir nous rebâtir, nous allons devoir nous alléger, mais souvent la force nous manque. Nous sommes tellement détruits qu'il est difficile de reprendre le dessus. Je suis passé par cette route et la vie a placé sur mon chemin une dame merveilleuse. À cette époque, elle avait un peu plus de soixante ans et j'aimais bien sa façon de voir la vie. Elle avait un regard différent du mien et c'était rafraîchissant. Avec patience, elle m'a aidé à me remettre sur pied, à reprendre confiance en moi et à m'aimer de nouveau. Je vous offre à mon tour ses conseils.

## Technique du 30 jours

C'est simple, vraiment simple comme technique me direz-vous, mais elle n'est pas évidente a faire. Pendant 30 jours, une fois par jour, nous devons nous faire plaisir. Faire une chose exclusivement pour nous. Lorsqu'elle m'a dit de le faire, j'ai ri. Et je lui ai dit : « juste ça!! Me faire plaisir une fois par jour durant 30 jours? » Et elle m'a répondu : « oui, seulement ça! Une fois par jour, tu vas voir ce n'est pas aussi facile que tu le penses. » Je suis repartie chez moi en rigolant. Plein de choses me sont passées par la tête, c'était trop facile. J'aurais dû y penser, avec elle, rien n'est jamais aussi facile que ça en a l'air. La première journée a été un vrai délice, mon désir était de m'immerger dans mon bain avec un bouquin. Ce que j'ai fait. La deuxième journée, une crème glacée au chocolat. Durant la première semaine, je me suis fait plaisir tous les jours comme elle me l'avait demandé. Pendant la deuxième semaine, j'ai commencé à me demander quoi faire pour me faire plaisir. À la troisième semaine, je sautais des journées en me disant, je vais le faire plus tard. Et la quatrième on n'en parle pas.

Je la voyais chaque semaine pour mon cours de méditation. Et chaque semaine, je lui disais honnêtement le déroulement de mes 30 jours. Elle ne disait rien et me laissait faire. Avant de la revoir, j'ai réfléchi à ce qui s'était passé. Je n'avais pas été en mesure de me faire plaisir une fois par jour, durant 30 jours consécutifs. Nous en avons discuté longuement. Elle m'a expliqué que nous passons notre temps à faire plaisir aux autres et à leur donner notre temps. Mais nous sommes incapables de nous donner une infime partie de ce que nous donnons. Nous ne sommes pas importants à nos propres yeux. Nous mettons de côté nos désirs, nos rêves et souvent nos ambitions pour satisfaire ceux des autres. Comment pouvons-nous dire que nous nous aimons si nous ne prenons pas cinq minutes pour nous dans une journée? Nous ne pouvons demander aux autres de nous donner ce que nous refusons de faire pour nous-mêmes. Je suis retourné chez moi en pensant à la discussion que nous avions eue.

Encore une fois, elle avait raison. Je ne pouvais avoir d'estime pour moi-même si j'étais incapable de penser à moi cinq minutes dans une journée. J'étais la dernière personne à qui je voulais faire plaisir quand j'aurai dû l'être la première. J'avais 29 ans à l'époque et je ne m'étais jamais choisi. J'avais toujours choisi les autres. Je devais changer mes priorités. Je ne dis pas devenir égoïste et ne penser qu'à moi ou à mes plaisirs. Mais prendre quelques minutes par jours seulement pour moi. Ce fut difficile, j'ai dû me battre avec moi-même, après plusieurs mois je pouvais enfin dire que j'avais réussi. J'ai appris cette technique il y a maintenant 20 ans et chaque fois que je réalise que je ne pense plus a moi. Je recommence les 30 jours. Je dois l'avoir fait une dizaine de fois. Je prends conscience que je m'oublie de moins en moins et que j'essaie de ne pas me laisser submerger par le tourbillon de la vie.

## Le nettoyage de notre moi intérieur

Votre moi intérieur, ou peu importe le nom que vous lui donner, se salit et a besoin d'être nettoyé de temps à autre. Ça semble incongru à dire comme ça, mais c'est une réalité, surtout lorsque nous vivons de fortes émotions négatives. Et un moi intérieur souillé par la négativité est moins lumineux. Pour ce faire, la visualisation est importante et la gestuelle aussi. Il faut y croire et le « voir ».

Tout se passe avant, pendant et après la douche. Avant la douche, nous lui parlons comme à un ami. En réalité, il en est un, il est notre essence. Nous pouvons lui dire que nous allons le nettoyer et qu'il doit participer aussi. Nous préparons notre douche comme nous le ferions normalement. Nous entrons dans la douche et lui faisons une place. Nous devons le visualiser dans la douche, il est exactement comme nous. Une copie de nous-mêmes, si vous préféré. Il doit faire tout ce que vous faites dans votre douche. Si vous vous lavez les cheveux, il doit le faire. Vous vous enlevez de sous le jet d'eau et lui laissez la place. Il doit avoir les mêmes choses que vous, gant de toilette et serviette. La douche sera plus longue, vous êtes deux à vous laver. Lorsque la toilette est terminée, il se sèche tout comme vous. Se coiffe et s'habille des plus beaux vêtements que vous pouvez imaginer, de couleur dorée de préférence. Il est votre partie lumineuse, il mérite ce qu'il y a de mieux.

Pour certains, cette pratique est ésotérique, peut-être, mais je peux vous assurer que ça fonctionne. On se sent plus léger et lumineux. Il faut le faire de temps à autre. Et plus nous allons utiliser cette technique. Plus rapidement, nous ressentirons lorsqu'il a besoin d'être lavé. C'est avec scepticisme que je l'ai essayé la première fois. Je me sentais conne dans ma douche à imaginer un double de moi-même se laver, surtout lorsque je m'enlevais du jet pour lui laisser la place. Et j'ai été étonné par le résultat.

## Nettoyage des chakras

Les chakras, vous en avez tous entendu parler à un moment ou à un autre. Dans la tradition hindoue, le nom « chakras » est donné à certains centres de force d'énergie subtile, ce nom signifie « roue » en sanscrit. Ils sont situés sur une ligne d'énergie le long de la colonne vertébrale. C'est par eux que circule l'énergie vitale (prana). Les chakras sont créés au point de rencontre des nadis.

-lorsque 21 nadis se croissent, il y a création d'un chakra (au nombre de 7)

-lorsque 14 nadis se croissent, il y a création d'un chakra mineur (il y en a 21)

-lorsque 7 nadis se croissent, il y a création des points d'acupuncture (des centaines)


Les chakras sont sur le corps éthérique. Ils ne sont pas visibles à l'œil nu. Ils ont la forme d'un entonnoir, avec une partie dans le dos qui réceptionne l'énergie et une partie sur le devant du corps qui l'émet

### Les chakras majeurs sont :

-le chakra de base, situé entre l'anus et les organes génitaux

-le chakra sacré, situé environ quatre doigts sous le nombril

-le chakra solaire, situé au niveau du plexus solaire (point de jonction des côtes flottantes)

-le chakra cardiaque, situé environ au milieu de la poitrine

-le chakra laryngé, situé au milieu de la gorge

-le chakra frontal, situé au milieu du front

-le chakra coronal, situé au milieu du sommet du crâne, à l'emplacement de la fontanelle.


## Les chakras mineurs :

*8e chakra :* sous les pieds à environ 6 pouces (30 cm), il concerne l'énergie féminine et nous ancre à la terre. Sa couleur est argentée. Au niveau physique, il représente l'énergie féminine de la création et balance le côté féminin.

*9e chakra :* au-dessus de la tête à environ 30 cm. Sa fonction est de nous connecter à la source de l'énergie masculine, sa couleur est or. Et sur le plan physique, il représente l'énergie masculine de la création et balance le côté masculin.

*10e chakra :* il se situe au centre de la paume de la main dominante. Sa fonction est de nous protéger et il contient toutes les couleurs. Sa couleur est blanche. Sur le plan physique, il a une énergie de protection.

*11e chakra :* il se situe au centre de la paume de la main non dominante. Sa fonction est la clarté et la vérité, lui aussi contient toutes les couleurs. Sa couleur est transparente. Sur le plan physique, il nous aide à voir la vérité.

*12e chakra :* situe sous les pieds à environ 30 cm, il nous aide dans nos expériences, nous enracine et dans le mouvement de l'énergie. Lui aussi contient toutes les couleurs. Sa couleur est noire. Sur le plan physique, il nous apporte le mouvement, l'enracinement. Il est très bon pour nous aider dans les énergies bloquées ainsi que la stagnation.

*13e chakra :* il se situe entre le chakra cardiaque et le chakra laryngé. Sa fonction est la guérison, sa couleur est turquoise. Il est très utile pour nous aider dans la guérison de nos maladies.


Souvent, ils vont absorber de l'énergie négative, car elle est en grande quantité. Les gens en dégagent en tout temps. Malgré nos protections, nos chakras en absorberont quand même. Nous devons les nettoyer, voici une façon de faire qui est simple et efficace. C'est celle que je préfère dans toutes celles qui existent.

<u>Comment nettoyer les chakras avec cette méditation guidée :</u>

Assoyez-vous confortablement, les pieds touchant le sol... Fermez les yeux et concentrez-vous quelques instants sur votre respiration... Essayez de ne pas changer le rythme de celle-ci... Lorsque vous serez bien détendu... Visualiser vous avec un récipient rempli d'eau et de savon... Voyez-vous chakras... Commencez par laver le chakra de base, prenez votre linge, trempez-le dans votre récipient... Utilisez-le pour nettoyer le chakra ensuite essuyez-le... Il se peut que vous éprouviez des sensations lors de son nettoyage...

Observez-les... Acceptez-les... Continuez ensuite avec le chakra sacré... Le laver et l'essuyer... Vous reprenez l'opération avec tous les chakras... Lorsque vous aurez terminé de les nettoyer... Prenez quelques minutes pour savourer ce nouveau bien être... Lorsque vous serez prêt, ouvrez lentement vos yeux... Étirez-vous... Vous êtes là... Ici et maintenant.

Les premières fois où j'ai nettoyé mes chakras, lorsque je touchais au chakra sacré, j'avais des hauts le cœur. Avec le temps, ça s'est atténué pour disparaître. Mais il a fallu que j'écoute le message qu'il avait à me dire. Donc, ne soyez pas surpris si un chakra réagit fortement. Vous avez des trucs à régler avec lui.

## La marche

Je ne parle pas de la marche rapide ou pour être en forme, même si ce but sera atteint. Je parle de la marche contemplative. Elle a pour but de nous vider la tête, de prendre le temps d'observer ce qui nous entoure. Nous pouvons la faire dans un parc, la forêt, en montagne ou simplement dans notre quartier. C'est surprenant comment une simple marche peut nous relaxer et changer notre humeur. Il ne s'agit pas d'épier ou de critiquer le mode de vie ou les goûts de nos voisins. Il s'agit de marcher et apprécier le lieu où nous sommes. Lors de la marche rapide, le but est de brûler des calories, les écouteurs sur les oreilles et le regard fixé en avant de nous. La marche contemplative se fait à un rythme normal.

J'habite dans le même quartier depuis 19 ans et avec le temps j'ai remarqué qu'il y avait une grande diversité d'arbre. Ce qui m'a surpris, plusieurs variétés d'érable, de peuplier et de saule, des pommiers, des poiriers, des arbustes décoratifs et autres. J'y ai vu des fleurs magnifiques, des oiseaux mouches, des hirondelles et une vingtaine d'espèces d'oiseau. Tout cela pour dire que la marche me change les idées, me recentre et chasse la négativité. De plus, elle permet de désamorcer des situations critiques, aller marcher au lieu de provoquer une dispute permet de remettre les choses en perspective. Il ne vous coûte rien de l'essayer. Ou de trouver une alternative qui vous convient.

## La gratitude

Je la pratique depuis mes 15 ans. J'ignorais jusqu'à récemment que c'était de la gratitude. Tous les soirs, je remercie la vie pour la magnifique journée que j'ai eue. Et chaque fois que quelque chose de bien m'arrive, je dis merci. C'est une habitude que j'ai acquise au début de la vingtaine et elle est restée. Je me disais que si j'étais capable de maudire lorsque ça va mal, je peux remercier quand ça va bien. Avec le recul, je comprends et vois que les petits événements heureux se multiplient. Les places de stationnement se libèrent par magie. Je ne le fais pas pour être différent des autres ou parce que c'est tendance. Je le fais par habitude, mais aussi par plaisir. J'aime prendre 2 minutes de mon temps pour dire merci. De plus, un sourire naît sur mes lèvres automatiquement lorsque je le fais. La gratitude est une façon de porter attention au positif autour de nous, de le voir et de l'apprécier.


Ce sont des techniques qui ne coûtent rien et qui rapportent énormément. Elles nous aident à nous recentrer et nous nettoyer. Car pour nous rebâtir nous devons commencer par la base. Et lorsque celle-ci recommence à devenir forte et stable, nous serons en mesure de nous alléger.

# Et si on s'allégeait

On a toujours le choix de le faire ou pas. S'alléger est un bienfait qui nous permet de nous affranchir de notre passé. Le laisser là où il doit être, derrière nous. Ça nous aide à être sereins et bien avec nous-mêmes. Aujourd'hui, j'ai rencontré une amie, qui m'a dit : « malgré toutes les épreuves que tu as passées, tu sembles si sereine et bien. Ton sourire est resplendissant et ta façon de parler de ton passé est calme, sereine, posée et teintée d'humour. Tu ne gardes aucune amertume, colère ou autre de tout ce qui est arrivé. Comment fais-tu? » C'est le plus beau compliment que j'ai eu. Ma réponse a été la suivante : « mon passé est rempli d'expériences, j'ai réglé ce que je devais et j'ai fait la paix avec le reste. Je me suis pardonnée et aux autres aussi. »

## Le passé

Il est envahissant et il prend beaucoup trop de place dans notre présent. Si nous nous laissons aller, il occupera un minimum de 50 % de nos pensées. De plus, ce sera pratiquement toujours les mêmes choses qui tourneront dans notre tête. Et nous ne choisirons pas les souvenirs heureux, joyeux et qui nous font du bien. Non, nous allons nous acharner sur les conflits, les fois où nous avons eu mal et les échecs. Rien de constructif, seulement de la négativité. Les émotions vont suivre les souvenirs, car rien n'aura été réglé. La colère nous consumera, la peine, la déception et l'amertume ruineront notre journée. Nous perdrons une magnifique journée à vivre des émotions qui n'ont plus leur raison d'être.

Si nous partons en vacances à l'étranger, nous n'amenons pas avec nous toutes nos possessions. Pourtant c'est ce que nous faisons régulièrement avec notre passé. Nous le traînons partout avec nous. C'est un bagage inutile au même titre qu'apporter toutes nos possessions en vacances. Le passé est révolu, nous ne pouvons plus rien faire pour lui. Il est là, immuable, et il ne changera pas, peu importe ce que nous ferons dans notre présent. Nous avons le choix de continuer de le traîner et de subir les émotions néfastes qui l'accompagne. Ou nous pouvons lui faire face une dernière fois et nous en débarrasser. Je sais que pour plusieurs, ça fait peur de se défaire d'un bagage que l'on traîne depuis des années. On est habitué à son poids et d'une certaine façon, c'est rassurant.

On a peur de ressentir un vide lorsqu'on sera affranchi de celui-ci. Souvent, les gens pensent que se défaire de notre passée signifie l'oublier, le mettre de côté ou l'occulter. Pourtant, se libérer de notre passé signifie le garder en mémoire comme un souvenir (comme une photo ou un vieux film) et ne plus ressentir ce qui vient avec. Chaque expérience est une leçon de la vie. Nous avons réagi d'une certaine façon face à un événement, des sentiments et émotions ont été introduits dans l'équation. C'est ce qui fait notre humanité. Nous allons devoir poser des gestes concrets pour nous libérer.

## L'acceptation

L'acceptation est primordiale. Elle est la base de presque tout. Elle fera partie du processus du deuil, du pardon, d'une thérapie, de l'évolution spirituel, etc. Accepter qui nous sommes et ce que nous sommes est la base pour apprendre à s'aimer. Et une partie majeure pour faire la paix avec soi-même. Je ne peux passer ma vie à regretter mes choix, mes décisions et mes actes. Sinon je vais être malheureuse et douter des choix que je vais faire.

Tout passe par l'acceptation. Si je pose, un geste, dit une parole, vit un événement qui m'est « imposé ». Je ne pourrais pas être bien tant que je vais nier ou repousser dans un coin de ma tête tout ce qui a déjà été fait. Me reprocher d'avoir posé un acte ou de ne pas l'avoir fait est tout aussi destructeur. Il s'agit de comprendre que nous avons agi et réagi au mieux des connaissances que nous avions à ce moment précis. Même si nous nous torturons durant des mois ou des années rien ne changera et nous reproduirons les mêmes erreurs à répétition. Accepter notre passé tel qu'il est, sans œillère et avec honnêteté, nous permettra d'apprendre et de faire un grand pas.

L'acceptation est un des plus beaux cadeaux que nous pouvons nous offrir. Il va nous permettre de cesser de souffrir inutilement. D'éprouver du ressentiment, de la colère, de la trahison et du chagrin. Il nous permet de regarder l'avenir avec sérénité et de vivre notre présent avec toute l'attention qu'il mérite.

## Se pardonner

Ce n'est pas toujours évident de pardonner aux autres et encore pire pour nous-mêmes. Pourtant c'est un pas que nous devons franchir si nous désirons nous libérer de ce passé si présent. Il y a plusieurs façons de faire, chacun a la sienne afin d'y parvenir. Ce n'est pas juste un truc « religieux », le pardon. Pour moi, le pardon est se donner le droit de reprendre le cours de sa vie, pouvoir regarder vers le futur en ne voyant plus les blessures du passé. Tout bon psychologue et thérapeute vous diront que c'est une étape nécessaire et importante dans tout processus d'avancement.

Je ne sais pas s'il existe une solution miracle pour pardonner. Pour ma part, afin de parvenir à ce stade, je dois passer par certaines étapes du deuil en fonction de l'offense faite. Mais soyons réaliste, nous seuls pouvons juger s'il y a offense et matière a pardonner. Il est facile de dire à l'autre que nous lui avons pardonné. Et la majorité du temps, les gens vont dire : « mais oui, je t'ai pardonné » quand ce n'est pas fait. Ils vont considérer que c'est assez de le dire et vont mettre de côté ce qui s'est passé. Ils se retrouveront avec une surprise lorsque ça remontera à la surface. Certaines circonstances de la vie feront toujours en sorte que ces petites choses que nous mettons de côté reviennent nous hanter.

Les meilleures questions à se poser sont les suivantes : « que signifie pour moi, pardonné? Suis-je prêt à le faire? Ça m'apportera quoi? Est-ce que je le désire maintenant? Pourquoi le ferais-je? Je le fais pour faire comme les autres, pour alléger le fardeau de quelqu'un ou pour moi-même? » Le pardon n'implique que nous, il ne veut pas dire que nous sommes responsables de ce qui est arrivé. La colère est un bon indicateur pour démarrer, si nous parlons d'un événement quelconque des années plus tard et que l'émotion est toujours aussi vive. Il est temps de regarder ce qui se passe en nous. Nous ne pourrons jamais effacer ce qui s'est passé ou dit, nous ne saurons probablement jamais non plus le pourquoi de la chose. Mais vivre avec un fardeau entraîne souvent de l'autodestruction, de la victimisation, de la rancune et une fausse image de nous-mêmes. Le pardon est libérateur pour nous, il nous permet de reprendre le contrôle de notre présent.

## La « zénitude »

J'aime bien ce mot, il est inspirant. Durant des années, j'ai pratiqué la méditation pour l'obtenir. La peinture et le jardinage m'approchent assez du concept. Mais la vraie révélation s'est faite la nuit dernière. Les paroles dites par ma copine plutôt dans la journée ont flottées dans ma tête jusqu'à l'heure du coucher. Je me suis réveillée vers 4h40 am. Et j'ai constaté que mon copain n'était pas encore entré de sa virée avec ses amis. Normalement, je me serais mise en colère, réaction conditionnée par des années de vie avec des alcooliques. Pendant que je lui envoyais un message texte lui demandant où il était, la colère s'est mise à monter en moi.

L'échange de textos de ma part était acide, direct et empreint de cette colère grandissante. Puis à un moment, les mots de ma copine ont refait surface. Et là, je me suis arrêtée. Je me suis alors demandé si je désirais réellement vivre de la colère. Qui m'empêcherait de me rendormir et de bien fonctionner le lendemain. Être en colère demande de l'énergie et je n'en ai pas à gaspiller pour des futilités. Faire la gueule pour des conneries n'est plus dans mes cordes. Je me suis dit : « non, je ne désire pas ça ». Ensuite, je me suis dit que c'était simplement une expérience de plus et que j'avais le choix de la vivre comme je le désirais. La colère a commencé à s'apaiser.

À mesure que mes décisions se prenaient, je réalisais que si mon copain désire se saouler jusqu'au petit matin comme un jeune. Ça ne me concerne pas et ne m'appartient pas. Il est maître de son destin. S'il est prêt a perdre 2 jours pour s'en remettre c'est son problème pas le mien. Je ne suis ni sa mère ni sa sauveuse. Je suis celle qui partage sa vie et pas celle qui la dirige. J'ai éteint mon téléphone et suis retournée me coucher. J'étais fière de moi, j'ai réussi à changer une habitude acquise depuis des années. J'ai adoré l'expérience d'avoir le choix de la manière que je réagis à un événement et que je peux arrêter cette réaction.

La zénitude n'est pas seulement quand on fait du yoga, de la méditation ou toute autre activité pour l'atteindre. C'est un état d'esprit que l'on choisit. En prenant conscience de nos réactions automatiquement acquises. Nous avons le pouvoir de défaire nos habitudes négatives et destructives en portant une attention à nos réactions. Nous pouvons garder notre zénitude si nous le désirons vraiment.

S'affranchir de notre passé n'est pas une tâche facile et demande du temps. Mais la « récompense » qui en découle est un luxe que nous devrions nous offrir. Ça demande de la patience, de l'honnêteté et de la détermination. Ça passe par l'acceptation, le pardon et faire la paix avec soi-même. Ensuite, nous pourrons vivre un présent empli de paix intérieure et regarder vers l'avenir sans peur.

# On vieillit

C'est inévitable, ça fait partie du processus de la vie. Toute chose sur terre vieillit. L'espérance de vie est différente d'une espèce à l'autre. Pour plusieurs, c'est effrayant vieillir. Ça les rapproche un peu plus de la mort. Pour d'autres, c'est une calamité, ils voient leur corps changer et ils passent leur temps à regretter leurs jeunesses. Ils se plaignent des « ravages » du temps, maudissent leur corps qui n'est plus aussi vigoureux ou endurant. Ils oublient que ce corps les « véhicule » depuis leur naissance, qu'il leur a donné le meilleur de lui-même, peu importe la façon dont ils l'ont traité.

Jusqu'à présent, j'ai aimé chacune des années que j'ai vécues. Je vieillis et j'apprécie chacun des changements qui s'opèrent en moi. Certains diront que je n'ai pas le choix, que je vais vieillir quand même. Mais oui, j'ai le choix. J'ai le choix d'apprécier ce que la vie apporte ou je peux tempêter et refuser le changement. On a toujours le choix comment nous vieillissons. Chaque période de ma vie m'a apporté des joies, du bonheur, des leçons, de la peine, de la colère et j'en passe. Chacune a été magnifique à sa façon.

## L'enfance et l'adolescence

Pour la majorité, ce sont des années d'insouciance, de jeu et de plaisirs. S'étendant de la naissance jusqu'à l'adolescence, nous apprendrons les trois quarts de tout ce dont nous aurons besoin durant notre vie. Et ce seront des acquis permanents jusqu'à la fin de nos jours à moins que la maladie ou un accident s'en mêle. C'est incroyable tout ce que nous allons apprendre; marcher, manger, courir, parler, écrire, lire, compter… Durant le reste de notre vie, nous ne ferons qu'approfondir tout cela et apprendre les autres utilisations. Mais la base sera toujours la même. Les enfants ont une capacité d'apprentissage phénoménale.

Tout en apprenant, nous définirons certains de nos goûts, nous développerons notre comportement social… En nous approchant de l'adolescence, nous perdrons notre innocence d'enfant qui fait que tout est magique. Nous passerons par la crise d'adolescence et tout ce qu'elle apporte avec elle. Nous quitterons le monde de l'enfance avec ses certitudes et sa magie pour naviguer vers le monde adulte. Nous nous chercherons un peu. Nos repères seront différents et moins de certitudes. Pour certains, ce sera la période des « essais ». Ils voudront grandir rapidement donc ils essaieront l'alcool, les drogues, la cigarette… Ils ne profiteront pas de cette période trop occupée à vouloir devenir adulte. Et pour d'autres au contraire, ils profiteront de ce moment pour faire leur première introspection.

## Jeune adulte

J'ai aimé, mais je ne recommencerais pas pour tout l'or du monde. Période d'études supérieures intensives afin de faire un travail que nous aimons. C'est le début de la « vraie » vie. Le départ en appartement, le travail, les responsabilités, la famille et les amis. Plusieurs jeunes d'aujourd'hui veulent tout, tout de suite, la maison, la voiture neuve, la vie de « jet set », la vie familiale et les voyages. Héritage de notre société de consommation. Tout doit être consommé le plus rapidement possible et ce jusque dans la vie.

Pour moi, cette période a été assez mouvementée. Début de ma carrière dans les bars, fondation de mon entreprise de lettrage, décès d'un amant, achat d'un six logis et d'un bar, mariage et je les ai terminés avec une séparation. Je ne me destinais pas dans l'hôtellerie, je désirais être psychologue. Mais ayant goûté à l'argent, le retour aux études était moins attirant. On est jeune, insouciant et on pense qu'on a la vie devant soi. Donc, pour les études, je me suis dit que j'aurais le temps plus tard. Et on « embarque » dans le rythme de la vie. Sans s'en apercevoir, les années filent et nous sommes toujours dans l'accomplissement des bases de notre vie. Nous désirons nous établir avant nos trente ans. C'est de l'utopie, car la vie est en perpétuel changement, donc notre vie aussi.

C'est au début de la vingtaine que j'ai fait ma première introspection. Je cherchais un sens à la vie et surtout à la mienne. Mon côté artiste était à son summum. J'éprouvais un besoin viscéral d'apprendre. C'est à ce moment que j'ai commencé mon voyage spirituel qui est en continuelle évolution. À cette époque, j'étais la plus jeune du groupe, les gens que je côtoyais avaient trente ans et plus. Chaque fois que j'entrais dans une librairie ésotérique, les employés me regardaient avec étonnement. Il n'était pas coutumier de voir une personne d'à peine vingt ans dans ce genre de boutique à la fin des années 80. Et j'ai terminé ma vingtaine dans une deuxième phase intensive d'introspection.

La vingtaine est aussi les années d'insouciances et de « partys ». Beaucoup diront qu'ils veulent vivre intensément avant de fonder une famille. Souvent, les années de festivités se prolongeront au-delà de la période voulue, empiétant sur la trentaine. Cette période de notre vie est magnifique, peu importe ce que nous en ferons. Nous sommes jeunes, beaux, aventureux et rien ne nous arrête. Nous avons la tête emplie de projet et d'idée sur notre futur. Nous avons des choses à nous prouver et nous devons aussi faire nos preuves dans la vie de tous les jours. C'est une décennie de défi qui nous attend.

## La trentaine

Je les ai commencés en beauté, amoureuse de nouveau, et la naissance de ma fille. Ce sont des années qui ont été bizarres. Je pourrais les marquer comme étant des années ou je n'ai pas écouté mon instinct et ma petite voix intérieure. Je désirais élever ma fille et j'avais une entente avec son père. Je devais retourner sur le marché du travail lorsqu'elle irait à l'école. Mais ça ne s'est pas passé exactement comme je le souhaitais. Ma fille avait trois ans lorsque je suis retournée dans l'hôtellerie. J'ai étudié en horticulture en même temps. Mon emploi dans ce domaine a duré un seul été. Il s'est terminé par un accident de travail et une hernie cervicale. Retour a la case départ, c'est-à-dire l'hôtellerie encore une fois. Sur les cinq années que j'ai faites, deux étaient de trop, ce qui a causé un épuisement psychologique professionnel.

Durant cette décennie, je dois avoir pensé plus d'une dizaine de fois mettre un terme à ma relation amoureuse. N'osant jamais faire le pas. Ce fut aussi des années de quêtes, cherchant ma place dans l'univers, me demandant ce que je pourrais faire professionnellement. Je n'étais pas vraiment heureuse et mon corps a essayé de me le faire comprendre de diverse façon. C'est à la fin de cette période que l'hyperthyroïdie a fait son apparition. C'est avec désespoir que je voyais la quarantaine arriver.

## La quarantaine

Les meilleures années de ma vie! Et je suis sérieuse. Je les adore! J'ai changé d'emploi, commencé une thérapie et pris un antidépresseur. Voilà comment je les ai commencées. La thérapie m'a aidé à voir plus clair en moi, a surmonté l'épuisement émotionnel et a géré la maladie. C'est une des meilleures décisions que j'ai prises. Je n'étais pas heureuse de prendre l'antidépresseur. Je me souviens lorsque je l'ai acheté. Je me suis assise à mon bureau et je l'ai regardé durant des heures. Repoussant de quelques jours le début de la prise. Je savais que je ne les prendrais pas pour une longue période. Mais j'étais consciente du sevrage que j'aurais à faire pour cesser de les prendre. Leur aide a été utile et appréciée. Ils m'ont permis de tenir le coup et de faire mon cheminement sans les sursauts de l'hyper.

J'ai eu le plaisir de travailler pour des personnes fantastiques. Leur côté humain, leur gentillesse et disponibilité en font des personnes que l'on est heureux d'avoir dans notre entourage. C'est avec eux que je suis passée au travers du cancer. Leur appui et amitié ont été une source de réconfort. Je ne les remercierais jamais assez pour ce qu'ils ont fait pour moi. C'est avec un immense regret que je les ai quittés. Le salaire ne me permettait pas de subvenir au besoin de ma fille et des miens. Je suis partie pour un emploi où la rémunération était mieux, mais je n'ai jamais retrouvé ce genre de personne dans mes supérieurs. Il y avait des gens bien, mais pas de la même « qualité ».

Je sais que pour certains, dire que la quarantaine sont les meilleures années de ma vie est incompréhensible. Pour eux, le fait que j'ai eu un cancer est en contradiction avec le fait que j'adore ces années. Le cancer m'a permis de reprendre contact avec ma « vraie » nature. D'écouter ma voix intérieure et de reprendre le chemin qui est mien. Ma vie amoureuse a pris un tournant majeur pour mon plus grand bien. Je suis avec une personne qui me comble et contribue à mon bonheur. J'ai acheté une maison à l'âge ou normalement on finit de la payer. Ça ne m'inquiète pas outre mesure, je sais que tout va bien se passer. J'ai enfin le boulot de mes rêves, l'écriture. Je suis heureuse, bien dans ma peau et sereine. Que demander de plus?

## La cinquantaine et plus

J'ignore ce que me réservent les prochaines décennies. Si le passé est garant du futur, elles ne peuvent qu'être plus géniales les unes que les autres. J'ai eu une discussion qui est d'une vérité et d'une simplicité incroyable, avec ma mère, il n'y a pas longtemps. Nous parlions de tenues vestimentaires. Elle me disait être allée acheter des vêtements pour elle-même. Elle s'était surprise à se demander comment on s'habille à l'aube de ses 70 ans. Y a-t-il un code vestimentaire pour les « femmes d'un certain âge »? Je lui ai répondu que je n'en avais aucune idée, que d'après moi on achète des vêtements qui nous plaisent et qu'on aime. Mais certainement pas comme les grands-mères de mon enfance. Et sa réponse m'a fait rire et réfléchir, elle m'a dit : « je ne sais pas, c'est la première fois que je vais avoir 70 ans. Je ne peux pas parler de quelque chose que je n'ai pas encore expérimenté ».

Chaque âge ou décennie est toujours une première. Pourtant ce ne sont que des chiffres qui bien souvent ne reflètent en rien notre état d'esprit ou notre physique. Comme elle me le faisait si bien remarquer, le 65 ans d'aujourd'hui est l'équivalent du 45 ans d'il y a vingt ou trente ans. Les gens sont en bonne santé, actifs et s'impliquent dans la société plus que jamais. Plusieurs travaillent encore, certain par nécessité et d'autre par plaisir. Ils voyagent, profitent de la vie, font du sport et j'en passe. Notre société n'est pas apte à les divertir, nous sommes restés « accrochés » au divertissement d'il y a des années voire des décennies. Nous devrions revoir en profondeur ce que nous avons à leur offrir. Nous oublions trop souvent que la génération des baby boumeurs est une génération ouverte, qui aime la vie et expérimenter ce qu'elle a à offrir. S'ils le désiraient, à eux seuls, ils pourraient changer le cours des choses, ils sont une force tranquille. Ils représentent environ 40 % de la population et un bon pourcentage d'entre eux deviendront centenaire.

Je désire être comme ces femmes que j'ai eu le plaisir de voir dans un restaurant. J'étais assise à une table avec mon conjoint et je regardais les gens autour de moi. J'ai vu deux groupes de femmes arriver. Elles étaient entre amies. C'était des femmes matures et magnifiques. Un groupe en particulier a attiré mon attention. Elles étaient huit et leur âge se situait entre 50 et 70 ans. Je ne pouvais détacher mes yeux d'elles. Ce qui m'a frappé, c'est ce qu'elles dégageaient. C'était des femmes bien dans leur peau et épanouies. Elles étaient magnifiques. J'ai alors commencé à regarder avec attention chacune des femmes présentes. Et ce que j'y ai vu m'a surprise. Toutes les femmes de 50 ans et plus étaient belles, heureuses et en paix avec elles-mêmes. Je me suis dit :

« c'est exactement comme ça que je veux être. Je veux cette sérénité et leur beauté intérieure qui transparaît dans leur extérieur ». Merci mesdames et ma mère de m'apprendre que vieillir est seulement un chiffre et un état d'être.

# Sixième partie

Les outils

# La relaxation, la méditation ...

Ici, on laisse ses préoccupations à l'extérieur et on prend du temps simplement pour soi. On entre dans un monde intérieur, calme et serein. Que ce soit pour 10 minutes ou pour plus d'une heure, l'important c'est de penser à soi et au bien-être que procure ce temps d'arrêt. Qu'on le fasse le matin avant de commencer la journée, l'après-midi pour couper le stress ou dans la soirée pour évacuer toutes les tensions accumulées durant la journée. On est certain de ressortir régénéré, les idées plus claires et surtout très calme. Certains le font tous les jours, d'autres aux deux jours et plusieurs une fois par semaine. Ce n'est pas le nombre de fois que vous le faites qui est important, mais de le faire quand vous en ressentez le besoin. La méditation est une activité que l'on fait uniquement pour soi. Il y a aussi le yoga qui peut entrer dans cette catégorie, mais je ne l'aborderais pas, ne le pratiquant pas.

Dans les domaines de la relaxation, la méditation et se recentrer, il y a une multitude de techniques, toutes aussi bonnes les unes que les autres. Si vous vous mettez à discuter avec les gens autour de vous, vous allez être surpris par le fait que chacun a sa technique. Ils vont tous vous les expliquer et c'est ce qui est intéressant. On peut toutes les essayer jusqu'à ce qu'on trouve celle qui nous plaît et qui nous convient. Personnellement, j'en utilise plusieurs. Peu importe quelle technique vous utilisez, vous devez choisir un moment ou vous êtes certain de ne pas être dérangé pendant au moins 10 à 15 minutes. Fermez le téléphone. Si d'autres personnes sont à la maison ou dans votre entourage, simplement leur dire que vous désirez être seul. Il est surprenant de constater qu'un état apaisé peut attirer les enfants. Choisir un endroit où vous êtes bien et des vêtements amples pour vous sentir à l'aise ce qui est très important. Choisir un moment où vous êtes pleinement éveiller. Si vous venez de manger ou si vous êtes fatiguées, faites le plus tard.

## Technique de relaxation

Il existe une multitude de techniques, ce qui nous donne le loisir de choisir celle qui nous convient le mieux. Il y en a qui durent quelques minutes et d'autres qui sont plus longues. Nous choisissons celle qui convient pour le temps dont nous disposons. Il y en a plusieurs dans le chapitre « Quand tout fout le camp ».

Celle que je préfère
*Étapes :*
1- Trouvez une position assise confortable que vous pouvez maintenir 10 à 15 minutes

2- Fermez les yeux et commencez à respirer calmement et lentement, prenez environ 20 respirations lentes, rythmées, suivies, dans la partie supérieure de ta poitrine

3- Détachez-vous de toutes vos préoccupations. Imaginez qu'elles s'évanouissent dans l'air. Chaque fois qu'une pensée vient, imaginez-la écrite sur un tableau et effacez-la sans effort.

4- Détendez votre corps. Sentez-vous devenir serein et calme. Voyagez en imagination dans votre corps, détendez chaque partie. Mentalement, relâchez les pieds, jambes, cuisses, estomac, poitrine, bras, mains, épaules, cou, tête et visage. Laissez vos mâchoires s'ouvrir légèrement et détendez les muscles autour des yeux

5-Faites apparaître une bulle de lumière blanche autour de vous. Imaginez sa dimension, sa forme, sa brillance. Jouez avec elle, la grossissant, la rétrécissant, jusqu'à ce qu'elle vous semble de bonne taille

6-Quand vous êtes bien calme, détendu et prêt à revenir, ramenez lentement votre attention à l'endroit où vous êtes. Savourez et appréciez votre état de calme et de paix

## Quelques techniques de respiration contrôlée

C'est une fonction vitale fondamentale. Le corps le fait par réflexe, lorsque nous sommes stressés, notre respiration est rapide et superficielle. C'est à nous de la gérer par la relaxation du corps et la concentration de l'esprit

## Première :

-vous fermez les yeux, vous vous détendez.

-Prenez conscience de votre corps s'enfonçant dans le sol.

-Sentez vos membres devenir lourds et votre souffle se ralentir sans effort.

-Concentrez-vous quelques minutes sur la sensation de l'air qui entre et qui sort de vos narines, suivre le chemin de l'air jusqu'au plus profond de vos poumons.

-Dirigez votre concentration sur le bruit de votre respiration, notez la différence entre le son entre l'inspiration et l'expiration. Continuez quelques minutes.

-Concentrez-vous sur le mouvement de votre abdomen quand vous respirez, sentez (sans regarder) comment il se gonfle et se dégonfle. Continuez quelques minutes avant d'ouvrir les yeux


## Deuxième :

Cette technique consiste également à souffler l'air contenu dans les poumons de manière à vider le plus d'air possible... puis de laisser doucement et naturellement l'air rentrer dans vos poumons.

L'idéal après est d'apprendre à respirer par le vendre comme le font les bébés. Observez-les et essayez de retrouver cette sensation de respiration calme.

Imagez votre pratique de manière à lui donner un sens positif... Imaginez le parcours de votre oxygène qui entre par vos narines puis il descend dans la gorge, passe dans les poumons et descend vers le ventre. Suspendez l'inspiration quelques secondes et imaginez que l'oxygène se propage à travers tous vos membres progressivement. Puis relâchez votre souffle progressivement comme si un ballon se dégonflait. Imaginez alors le gaz carbonique (CO2) qui quitte votre corps pendant l'expiration. Suspendez une fois de plus 1 à 2 secondes en vous laissant flotter et ressentez la chaleur puis inspirez de nouveau.

Je tiens à préciser que l'air ne passe pas du poumon vers le ventre, mais que les poumons descendent vers le bas faisant gonfler le ventre. Ne poussez pas trop vers le bas et si possible maintenez votre bassin en légère rétroversion ce qui tendra un peu votre ventre, mais évitera les désagréments et que vous vous retrouviez avec le ventre de Bouddha.

## la respiration 4/12/8

- Inspirer en gonflant le ventre pendant 4 secondes
- Garder l'air 12 secondes
- Souffler en 8 secondes

Penser à inspirer et souffler par le nez et en gonflant le ventre (respiration abdominale)

# La méditation

On peut la faire pratiquement partout. Il y a des lieux plus inspirants que d'autres, mais lorsqu'on a besoin d'un moment de répit, on a seulement besoin d'un peu de tranquillité. Pour certains, un support est nécessaire afin de faire le vide en eux. On peut utiliser la musique, la méditation dirigée, en groupe l'énergie est plus grande, un mantra... J'ai appris la méditation il y a une vingtaine d'années. La première chose que j'ai apprise est de faire mon jardin secret, afin d'avoir un endroit à moi. Il y a une multitude de choses que l'on peut faire dans son jardin secret : le point avec soi même, le ménage dans nos pensés, nos souvenirs, discuter avec son moi intérieur (âme si vous préférez) ou y inviter nos guides, anges...

*Technique que j'utilise régulièrement*

-avant de commencer, je dis : « mon guide de protection protège moi durant cette méditation et réveille-moi dans xx minutes »

-Je m'assois confortablement les pieds à plat au sol. Je ne croise pas les jambes ni les bras.

-Je ferme mes yeux.

-Je me concentre sur ma respiration. Je prends une grande inspiration lente par le nez (je compte 5 secondes), je la retiens (env. 5 sec) et je la relâche lentement par la bouche. Je sens mon plexus travailler. Je le fais 5 fois ça me calme.

-Ensuite, je détends chaque muscle de mon corps en commençant par les pieds et je remonte lentement jusqu'au sommet de la tête. Les premières fois, ça se peut que vos muscles vous chatouillent. Ne pas oublier les muscles faciaux.

-Je laisse les idées passer sans les arrêter.

-Lorsque je suis bien détendue, calme et que les idées ne font que passer, je vais soit dans mon jardin secret ou dans tout autre lieu.

*pour faire mon jardin secret, j'ai fait :*

-Je me suis regardé devenir toute petite et je suis entré en moi par le chakra du plexus solaire. Parfois, j'entre par le coronal et glisse dans une glissade géante jusqu'à la hauteur du plexus solaire.

-Rendu à cet endroit, j'y ai fait mon jardin secret. Le plaisir d'avoir un jardin secret, c'est de lui donner le décor que l'on désire et de le changer au gré de notre fantaisie.

-Lorsque j'ai fini ou si le temps que j'ai demandé est écoulé, je me réveille.

*Ne restez pas surpris si les premières fois vous vous endormez, ça arrive souvent, votre corps n'est pas habitué à être aussi détendu.

Au fil des ans, le décor de mon jardin secret a changé. Au début, c'était une oasis dans un désert avec une pyramide miniature. Je ne suis jamais entrée dans celle-ci, je m'y adossais.

Ensuite, lors de la maladie et le début de la prise de l'antidépresseur, des classeurs ont fait leur apparition. J'y ai classé tous mes souvenirs et fait le ménage en moi. Ensuite, c'est devenu un jardin luxuriant. Actuellement, c'est une île avec une plage et une forêt.

J'ai commencé à voyager en méditation lors des cours que j'ai suivis avec une femme géniale. Une fois par semaine, nous nous réunissions chez elle pour une méditation guidée. Nous avons vu et vécu des choses magnifiques. Nous avons eu droit à une méditation dans une pyramide de cristal, purement génial, et à une multitude d'endroits merveilleux. Nous avons eu droit à une visite dans la légendaire Atlantide, une plage pour nous ressourcer, une rencontre avec notre moi intérieur... Elle m'a fait découvrir un univers sans limites.

J'inclus une technique qu'une copine m'a enseignée il y a des années

-Je m'étends sur une chaise longue et je me couvre d'une couverture si le temps est frais. Je m'installe sur la terrasse, près d'un arbre ou à mon endroit préféré dans mon jardin. Je place la chaise dos au soleil. J'incline le dossier de la chaise et je regarde le ciel. Au bout de quelques minutes, je vois des flocons blancs, à ce moment je ferme les yeux.

-J'imagine que j'efface mes pensées avec une brosse. J'essaie de sentir mon esprit se vider. Au fur et à mesure, j'ai l'impression de sentir une force mentale se développer. Je relâche mes mains et je ressens des boules d'énergie se former dans mes paumes ainsi qu'au milieu de mon front.

-J'écoute le vent, je le sens. Je sens le soleil, l'air, les odeurs... J'imagine que je regarde devant moi, derrière moi et au-dessus de moi.

-Je sors de cet état lentement. En général, cette méditation dure entre 1 h et 1 h 30. On peut aussi la faire dans un hamac.

## Méditation avec un mandala

Avec le temps, vous développerez sans doute votre propre méthode ou technique pour la méditation avec le mandala. Si vous êtes novice en la matière, essayer ce petit exercice facile a réalisé. Il représente une belle introduction pour une méditation avec un support visuel et prends quelques minutes.

1-Allez dans un endroit calme et serein ou vous ne serez pas dérangé.

2-Placer devant vous un mandala pour lequel vous avez une attirance particulière. Idéalement à 1 ou 2 mètres de vous à la hauteur des yeux.

3-Prenez une position confortable que vous pourrez tenir quelques minutes.

4-Prenez de grandes respirations.

5-Détendez-vous. Tentez de faire le vide.

6-Regardez le mandala attentivement et visualisez-le comme :

      -le symbole de votre centre spirituel

      -le symbole de la vie

      -un état d'esprit, une émotion ou un sentiment dans lequel vous aimeriez vous retrouver

7-En fermant les yeux, amenez en vous cette image ainsi que tout ce qu'elle représente.

8-Inspirez profondément et expirez.

9-Demeurez dans cet état aussi longtemps que nécessaire.

## La visualisation créatrice

Il y a différents emplois à la visualisation. Elle peut-être utilisée pour se détendre et se retrouver dans un lieu calme (visualisé, donc imaginaire). Elle permet aussi de visualiser ce que l'on souhaite voir arrivé dans notre vie. Et elle est également utilisée en psychothérapie pour retrouver des souvenirs, des sentiments remontants très loin dans notre histoire (jusqu'à la vie intra-utérine ou même des vies antérieures). Donc, quelle que soit l'utilisation de la visualisation qu'on en fait, on bénéficie d'un effet calmant.

Alors, au niveau pratique : on s'allonge ou on s'assoit confortablement. On se détend profondément et on commence. On visualise ce que l'on désire : par exemple un lieu apaisant lorsqu'on est stressé. Ou une situation que l'on aimerait voir arriver dans notre vie réelle. Il est souhaitable de la visualiser en détail et de l'accompagner d'affirmation positive. Les affirmations doivent être au présent. J'utilise l'affirmation suivante : « mon livre est publié et aide des milliers de gens ». Il est également utile de décrire par écrit ce que l'on souhaite avant de le visualiser en état de relaxation.

Il faut croire et désirer ce qu'on visualise. Si nous n'y croyons pas vraiment, il n'y a aucune chance que ça se réalise. Il faut comprendre que la vie, apportera ce qui se rapproche le plus de notre désir et qui correspond à notre chemin de vie. De plus, visualiser quelque chose qui appartient à un autre va à l'encontre de l'énergie. Il ne faut pas forcer le destin. On fait note visualisation régulièrement et ensuite on lâche prise. On ne pense pas à notre désir en état de conscience. De cette façon, nous laissons la vie nous apporter ce dont nous avons besoin. Nous aurons besoin de patience pour cette technique. Et souvent au fil du temps notre désir se transforme, ce qui est très surprenant.

J'utilise cette technique lorsque je souffre de migraine, elle provient du Dr Georges Simonton. Je me vois sur une plage, les vagues viennent y mourir. J'ignore comment ça fonctionne, mais j'ai l'impression que les vagues emportent avec elle ma migraine. Grâce à cette technique, je n'ai pris aucun médicament contre les maux de têtes ou migraines depuis des années.

*NE pas utiliser cette méthode pour conquérir le cœur de quelqu'un de précis, car c'est aller à l'encontre des désirs de cette personne!!

Je choisis toujours une technique en fonction du temps dont je dispose et du but à atteindre. Je préfère la méditation lorsque j'ai le temps. Mais les techniques de relaxation m'ont apporté beaucoup. Ça prend quelques minutes et elles nous permettent de garder notre calme en toute circonstance. Ce sont des outils formidables qui seront toujours disponibles, gratuits et qui nous apporteront énormément. Elles nous permettront de faire le point en nous et d'avancer en toute sérénité. Il serait dommage de ne pas nous servir d'eux et se priver de leurs bienfaits.

# L'écriture

Chaque fois que je conseille à quelqu'un d'écrire, la réponse est souvent : « ce n'est pas pour moi ». Les gens ont une mauvaise opinion de l'écriture. Je ne leur parle pas d'écrire un roman, mais de mettre par écrits les émotions et ce qu'ils vivent pour s'en libérer. Pour plusieurs, ça semble être un concept difficile à comprendre. Il y a différentes approches qui nous permettent d'atteindre notre but. Je les ai toutes utilisées à différentes époques de ma vie.

## Journal de bord

Très utile pour la santé et les sevrages, il nous offre la possibilité d'être précis lorsqu'on visite notre médecin. Les réponses vagues et floues n'ont pas leur place. Ce journal rend notre discours crédible. On inscrit la date, les médicaments que nous prenons et leurs dosages. Ensuite, nous faisons un résumé sur notre journée, tout ce qui concerne le côté physique. Je vous mets en exemple mon propre journal de bord. Il date d'après mon opération de la thyroïde. On cherchait encore le bon dosage pour le synthroide et l'antidépresseur avait été oublié.

**-21 juin 2009 :** Celexa 30mg à 18h30. *synthroide .75 mg a 7ham*

(Chelsea fièvre durant nuit) moi anxiété, nervosité, diarrhée et vomissement. Mal dormi.

**-22 juin 2009 :** Celexa 30mg à 18h. *synthroide .75 mg a 8ham*

Bien dormi, sudation excessive, montée d'angoisse. N'endure pas la chaleur. Besoin de bouger excessif.

**-23 juin 2009 :** Celexa 30 mg a 19h30. *synthroide .75 mg a 9ham*

N'endure pas la chaleur, transpiration excessive. Difficulté à contrôler mon anxiété. Réfléchi trop. Difficulté à manger, mal de tête

**-24 juin 2009 :** Celexa 30mg à 19h30. *synthroide .75 mg a 8ham*

Nervosité et vomissement. Très mal dormi, chaleur, 1$^{er}$ réveil à 3h Am et je ne pense pas avoir dormi après.

Nerveuse et épuisé. Réfléchit trop, brulure base du crâne. Mal de tête.

**-25 juin 2009 :** Celexa 30mg à 19h. *synthroide .75 mg a 7ham*

Nervosité, réveil souvent. Bouffée de chaleur. Réfléchi trop, mal de tête, brulure dans cerveau.

**-26 juin 2009 :** Celexa 30mg à 14h10. *synthroide .75 mg a 6ham*

14h45 image couteau en serrant la vaisselle (suicide). Anxiété montée immédiatement. Brule dans le dos, les épaules et la tête. Ça ne va pas.

**\*\*Hôpital\*\*** Dr dit qu'il faut arrêter celexa car j'ai trop d'effets secondaires et faire sevrage de paxil (tous les problèmes = celexa). Car cesser paxil trop brusquement le 2 mai pour commencer celexa le 3. Reprit mon calme vers 20h, sorti de l'hôpital à 22h. Arrivé à la maison mangée un toast au creton. Couché à minuit. Relativement bien dormi. Réveil : 3h10 à 4h, 5h30 à 6h

\*\*Étourdissement au couché. Quand je sens la chaleur montée et tout ce qui s'en suit, je me dis : c'est le celexa, merci mon corps de me rappeler qu'il ne convient pas. Et je chante pour ne pas laisser mes idées l'emporter. Chaleur nocturne.

Déjeuné à 7h, douleur poitrine haut du sein gauche. Sieste de 10h30 a 11h45 super bien dormi !

Journée pas trop pire. Mal de tête, fume beaucoup. Un peu de nervosité en avançant dans la journée

*Prise de sang thyro;  TSH : 15,10 (0,35 – 5,00)  T4 : 18,7 (9,00 – 22,00)

Lorsque j'ai revu mon médecin, j'étais prête pour toutes ses questions. Je n'avais plus le discours : « la semaine passée, une journée ça n'allait pas ». De plus, on pouvait constater que le dosage du synthroide n'était pas adéquat. Je ne remercierais jamais assez ma copine infirmière de m'avoir appris à tenir ce journal.

## Journal intime

Connu de tous, il est l'apanage des adolescentes. Pourtant il a une utilité qu'on ne soupçonne pas. Elles y écrivent leurs états d'âme, ce qu'elles aiment et désirent. Il leur permet d'évacuer leur peine plus facilement ainsi que leur frustration. Elles y mettent tout ce qui les fait vibrer que ce soit positivement ou négativement. À moins que l'adolescente soit dépressive, il y aura autant de joie et de bonheur que de peine et déception. Elles s'épancheront sur leur amour et leur rêve d'avenir. Elles y consigneront pratiquement tout.

C'est une habitude que l'on devrait conserver toute notre vie durant. Souvent, nous pensons que tenir un journal est futile. Nous allons trouver mille-et-une excuses pour ne pas continuer de le tenir. Ça commencera par quelques journées de-ci de-là, pour ensuite être des semaines, viendront les mois et nous cesserons de l'écrire. Il sera difficile de recommencer de le tenir régulièrement. Nous laissant emporter par le tourbillon de la vie, nous le mettrons rapidement de côté. Pourtant, il est intéressant de le revisiter. Nous pouvons y lire les demandes que nous avons faites, ce qui nous perturbait ainsi que notre évolution dans certains domaines. Il a toujours sa place, il s'agit de renouer le contact avec lui.

## Mon journal de pré-ménopause

Il est à mi-chemin entre le journal de bord et le journal intime. Je l'ai débuté lorsque l'utilisation du journal de bord n'était plus nécessaire. J'avais fait des lectures sur le sujet, mais j'avais le besoin de faire le tri sur ce qui se passait en moi. De plus, comme rien n'arrive jamais seul. Je suis entrée en pré-ménopause, je me suis séparé de mon conjoint et j'ai changé de boulot. Le besoin de ventiler s'est fait sentir et c'est la façon que j'ai trouvée qui me convenait le mieux.

Mon journal de pré ménopause est assez complet, pour chaque journée, il y a, si besoin est, une section pour le physique, exactement comme mon journal de bord. Ensuite, une section journal intime et pour terminer ma section « spirituelle », j'y consigne mes découvertes, les rêves que j'ai faits, ce que j'ai compris, les clins d'œil de la vie, etc. Chaque section est d'une couleur différente ce qui m'aide à faire le tri quand je le parcours. Parfois, j'y mets aussi des images ou un résumé d'une consultation (cartes).

Je peux écrire de façon régulière durant de grades périodes et être autant de temps sans y toucher. Je ne suis pas assidue dans mon écriture. J'alterne avec les autres techniques selon le besoin que j'ai. Et parfois, ça se résume à mon agenda, j'y note presque tout. Mon journal est dans Word, parfois la paresse s'empare de moi et j'utilise un cahier pour le faire. Donc il est éparpillé un peu partout. De plus en voyage je n'écris jamais et pourtant j'y vis des trucs intéressants que je devrais noter. Je vais y retourner lorsque le besoin se fera sentir.

## Les pages du matin

J'ai essayé plusieurs fois de le faire. Je n'arrive jamais à tenir plus que quelques semaines. Pourtant c'est simple, la première fois que j'ai lu sur cette technique c'était en 2010. J'avais acheté le livre « libérez votre créativité » de Julia Cameron. Elle demandait de les faire dans ses exercices. Et par la suite, c'est devenu une mode. Il y avait même des articles concernant ce sujet dans les journaux. C'est simple à faire. Le matin, on se lève un peu plutôt, pour avoir la paix qui est nécessaire à la rédaction des pages. On s'installe et on écrit trois pages complètes. On y jette tout ce qui nous passe par la tête. Que ce soit la liste de ce que nous devons faire, ou tout simplement le même mot. Ça n'a aucune importance. Il faut remplir trois pages. Lentement, nous allons commencer à écrire plus que des listes. Nous allons mettre par écrit ce qui est dans notre inconscient. Nous prendrons conscience de certains désirs qui sont en nous.

Je l'ai fait durant un certain temps. Pour moi, ce n'était pas concluant. Je ne suis pas une personne du matin. Je préfère écrire le soir, mettre un terme a tout ce qui s'est passé dans la journée. Mettre aussi sur papier les leçons et les connaissances acquises. Car souvent on oublie ce qu'on a compris, donc pour ne pas oublier je l'écris. Je connais des personnes pour qui les pages du matin, ont fait des merveilles.

## On brûle

C'est ma technique préférée entre toutes. Pour moi, elle est salvatrice. Elle m'est d'une aide précieuse. Chaque fois que j'ai des choses à dire et que je suis dans l'impossibilité de le faire. J'utilise cette technique. Vous savez, toute vérité n'est pas bonne à dire, parfois elle peut faire plus de mal que de bien. Et parfois, la vérité est teintée de négativité et elle n'est pas emplie d'amour. Nous avons tendance à dire ce que nous ressentons vraiment lorsque nous sommes en colère. Et si nous ne parlons pas, nous aurons un mal de gorge.

Donc, pour éviter les « malaises » et les maladies dans la région de la gorge ou de blesser quelqu'un, j'utilise cette technique. Elle est simple et efficace. On écrit tout ce que l'on a à dire. Tout! Sans censure. On peut le faire de deux façons : un; on écrit une lettre adressée à la personne. On ne lui envoie pas!! On dit tout ce qu'on meurt de lui dire. Ou deux; on écrit ce qu'on ressent face à la situation, nos souvenirs, et ce qu'on en pense. L'important est de mettre le « politiquement correct » de côté. Si on se censure et qu'on se retient, nous ne viderons pas tout ce qui doit être dit. Lorsqu'on a fini d'écrire, on prend les feuilles et on les brûle. En les brûlant, on se libère. On peut répéter cette action tant que nous en ressentons le besoin. À une certaine époque de ma vie, je dois avoir écrit des centaines de pages afin de me libérer. Lorsque j'ai terminé, j'étais en paix avec moi-même. J'étais libéré et légère.

Peu importe la technique que nous utilisons et les raisons qui nous motivent. L'important est de se sentir libéré lorsqu'on termine d'écrire. Et que nos idées soient devenues plus claires. Il existe plusieurs autres techniques. Je vous ai parlé de celle que j'utilise ou que j'ai utilisée. Libérez-vous, retrouvez l'harmonie intérieure et écrivez.

# On se fait du bien

Il est important de s'accorder des moments de répit et c'est encore mieux lorsqu'on se fait du bien en même temps. Je parle ici de prendre du temps pour s'occuper de notre corps et de le dorloter. On peut le faire soi-même ou avoir recours à un professionnel. Les soins du visage, les massages ou la réflexologie en sont des exemples. On peut aussi prendre du temps dans un spa. Peu importe ce que nous choisissions, l'important est que nous en retirions des bienfaits.

## Les soins du visage

J'aime aller chez l'esthéticienne autant que de faire une soirée de fille avec ma fille et parfois avec ses copines. J'ai de bons souvenirs de ces soirées. Tout y est passé, des masques pour le visage aux bigoudis. Je nous revois, elle et moi, assise sur le comptoir de la cuisine, les pieds dans l'évier avec de l'eau chaude et un traitement pour les pieds. De réelle soirée de filles, nous avons fait notre manucure, coiffé nos cheveux et passé un temps fou avec nos crèmes et nos masques. Ça m'a permis de passer des moments privilégiés avec elle. Nous avons échangé des « secrets », surtout lorsqu'elle était petite, regarder des films à l'eau de rose et manger des « cochonneries ». D'une certaine manière, ces soirées ont renforcé nos liens.


Il faut choisir une professionnelle en qui nous avons confiance, ou nous pouvons demander aux gens de notre entourage de nous référé quelqu'un. Celle que je vois m'a été chaudement recommandée et je ne regrette pas mon choix. J'apprécie cette heure et demie lorsque j'y vais. Avoir un soin de peau faciale en même temps qu'un traitement à la paraffine sur les mains et les pieds et être enveloppé dans une couverture chaude est le summum du paradis. Elle est attentive à mes besoins et à mes allergies. Recevoir un soin du visage est relaxant en plus d'être un bienfait pour notre peau. J'ai dit durant des années : « je n'ai pas les moyens et le temps pour ce luxe ». Je me privais d'une heure et demie de calme. Ce moment d'arrêt me permet de fuir le rythme effréné de la vie. Je peux remettre de l'ordre dans mes pensées et me recentrer. Aujourd'hui, je ne tiens plus le même discours, je trouve toujours le moyen et le temps pour aller profiter de ce répit.


## Les massages

Je n'ai pas eu le plaisir de l'expérimenter autant que je le désirais. Pourtant, j'adore en recevoir surtout lorsque mes muscles sont douloureux à cause de l'effort. Il n'y a rien de plus apaisant que d'être installé dans une pièce avec les lumières tamisées, ou les odeurs sont douces et agréables. Se fermer les yeux et lâcher-prise. Nous ne pouvons rien faire d'autre durant le massage. Nous ne sommes plus en contrôle. Notre corps réagit au mouvement des mains d'une tierce personne. Nous sentons le stress et la rigidité nous quitter lentement. Les nœuds se défont, parfois douloureusement, mais le bien-être ressenti en vaut la peine.


Il existe une grande variété de massages pour tous les goûts ou besoins. Il s'agit de trouver celui qui vous plaît et vous convient.


## L'auto massage

Je le pratique parfois, surtout après une longue semaine de travail. Je préfère le travail physique donc parfois mon corps se rebelle. Dans ces moments, je le bichonne. Je commence toujours par un bain de pied avec des herbes pour ensuite les masser avec de l'huile d'amande. Je poursuis le massage sur mes jambes. Pour mes mains, c'est autre chose, je les masse régulièrement. Je fais de l'arthrite depuis une vingtaine d'années. Il est normal que j'en prenne soin. Pour mes mains et poignets. Lors des crises, j'utilise de l'huile d'amande avec quelques gouttes d'huile essentielle de lavande. Ça fait des miracles. Il existe plusieurs livres sur l'auto massage et des sites internet. C'est de cette façon que j'ai appris à le faire et si c'était à recommencer je ferais la même chose. Je me suis documenté, j'ai expérimenté et choisi ce que je préférais.

## La réflexologie

Je pourrais commencer par vous expliquer c'est quoi la réflexologie. La réflexologie est une thérapie énergétique qui a pour principe de base, l'existence de zones réflexes réparties dans les mains et les pieds. Chacune de ces zones correspond à des parties, des organes, ainsi qu'à des glandes spécifiques. Par exemple, les pieds présentent 70 000 terminaisons nerveuses qui peuvent être stimulées pour ainsi permettre à un organe particulier de mieux remplir sa fonction. Lorsqu'un réflexologue masse celles-ci, des informations sont transmises au cerveau, ainsi qu'à l'ensemble du corps. Elle peut nous aider à « combattre » les effets du stress. Elle pourrait être comparée à l'acupuncture, les deux sont considérés comme des méthodes préventives de bien-être et de santé.

J'en rêve. Par contre, trouver quelqu'un dans mon coin de pays qui le fait est une autre histoire. De plus, la confiance doit être au premier plan. On parle ici de médecine douce. Donc la personne doit m'être chaudement recommandée et de plus une certaine connexion doit se faire entre nous. Ce qui n'est pas encore arrivé malheureusement. Pour l'instant, je fais de l'auto massage depuis des années. J'ai commencé lors de l'hyperthyroïdie. Ça me permettait de retrouver temporairement mon calme intérieur. C'était déjà beaucoup. Je pratique l'auto massage des mains, pour les pieds ce n'est pas aussi efficace qu'un massage fait par un professionnel. Il y a des points de pression que nous atteignons mal. J'apprécie malgré tout celui des mains. Ça m'apporte du calme et une certaine paix intérieure.

## Le taïchi

J'ai réussi à faire seulement une session complète, la deuxième a été interrompue par divers contretemps. Contrairement à tous les autres sujets parlés plus haut, le taïchi est fait par nous-mêmes pour nous-mêmes. J'ai un instructeur en or, il prend le temps d'expliquer chaque mouvement, leurs bienfaits et d'où ils proviennent. Il a abordé aussi la philosophie derrière cet art. Le taïchi est de l'art martial ou les mouvements sont faits avec lenteur. Il est certain que si on se fait attaquer et qu'on fait les mouvements rapidement, on se défend très bien. Ce sont surtout des mouvements de défenses, pas d'attaque.

L'avantage avec l'enchaînement de mouvement est que nous parvenons à une paix intérieure incroyable. Je l'ai même pratiqué avec une migraine et elle s'est atténuée. On réussit à faire le vide et vivre le moment présent. Être en connexion avec notre corps et au bout d'un certain temps se recentrer. Nous finissons notre entraînement avec les idées claires et détendues.

Ce sont les moyens que j'emploie pour me faire du bien. Pour d'autres personnes, ça sera autre chose, comme aller chez la coiffeuse, partir pour une fin de semaine… Ce n'est pas obligatoirement ce que l'on fait, mais bien le résultat obtenu qui compte. Et le but est de se faire du bien, d'avoir un moment juste pour nous. Profitez le plus possible de ces moments, car ce sont les vôtres.

# Les qualités qui deviennent des défauts

Un jour, j'ai lu sur un site internet (dont j'ai oublié le nom) que certaines de nos qualités pouvaient nous nuire. Au début, j'ai bien rigolé, puis plus j'ai poussé ma lecture et là j'ai compris. Il y avait un exercice à faire, faire une liste honnête de nos défauts et de nos qualités. Que nous avons à parts égales, c'est surprenant, je sais. Avec cette liste en main, qui a pris un temps fou à faire, car j'ai cherché mes qualités pendant un long moment, nous devons noter à côté de chaque qualité, toutes les fois où elles nous ont mises dans la merde et aux défauts, nous écrivons les fois où ils nous ont soit sorti de ladite merde ou empêcher d'y aller. Je peux vous dire que notre regard change avec cet exercice. Elle nous apprend à apprécier nos défauts et aussi à constater que nous en avons besoin. Il est impossible de ne pas en avoir et vouloir les occulter n'est pas la meilleure idée en soi. Ils existent pour notre équilibre, tout comme le yin et le yang ou le jour et la nuit. L'un ne vit pas sans l'autre.

Les qualités

Il nous est difficile de les voir, nous portons une attention accrue à nos défauts. Nous délaissons facilement nos qualités. Dans notre mentalité nord-américaine, parler de nos qualités et les apprécier est considéré comme de la vantardise. Pourtant, lorsque nous apprécions une personne ce sont ses qualités qui nous font aller vers elle. La liste des qualités est longue et pourtant nous parvenons seulement à en nommer une ou deux lorsqu'il s'agit de nous. Mais pour les autres, nous en trouvons toujours beaucoup. Ce qu'il y a de surprenant avec une liste de qualités, c'est que chaque personne n'a pas la même définition pour les qualités. Pour certains, être patient est une qualité et pour d'autres ce sera considéré comme un défaut. C'est ce qui rend l'exercice plus hautement intéressant.

## Les défauts

Là, je pourrais en parler durant des heures, contrairement aux qualités. Pourtant nous avons le même nombre des deux. Mais les défauts ont la priorité. Notre culture fait que nous les détestons. On a l'impression d'assister à une chasse aux sorcières à tant vouloir les faire disparaître. Et nous ne devrions pas, ils font partis intégrants de nous-mêmes. Les qualités ne sont pas blanches et les défauts tout noirs. Il y a une grande part de gris les entourant. Parfois, nous allons en avoir honte, nous ne les apprécions pas à leur juste valeur. Ils ont leur raison d'être tout comme les qualités. Il faut cesser de les voir comme des ennemis à abattre. Notre personnalité découle de la somme des deux. Notre notion les concernant est négative, même le mot défaut est péjoratif.

Il semblerait, pour plusieurs, que la liste des défauts est plus longue que celle des qualités. Que sa négativité s'étend pratiquement à l'infini. Si nous prêtons attention au discours des gens de notre entourage, chacun est constitué de 90 % de défaut et 10 % de qualités. Si c'était vraiment le cas, la personne serait débalancée. Tout dans l'univers est constitué à 50 − 50 et une grande zone grise.

## L'exercice

J'ai adoré la faire et j'espère que vous en aurez autant. Pour être honnête, j'y ai consacré plusieurs heures. Me creusant la tête pour mes qualités. On ne peut pas faire l'exercice à l'envers. Je veux dire commencer par les défauts, ce qui est plus facile. Nous les regardons tellement que nous les connaissons tous. Mais lorsqu'on s'attarde aux qualités, on est surpris de constater que nous ignorons tout de cette facette de notre personnalité. Donc j'ai commencé avec les qualités : patiente, généreuse, joviale, respectueuse et ça, c'est arrêter. J'avais fait le tour de mes qualités pourtant pour mes défauts, j'en ai plus que quatre. Je me suis assise et j'ai réfléchi. Nous ne voyons jamais ce qu'il y a de positif en nous et c'est déplorable. La constatation était flagrante, je pouvais voir que le négatif chez moi. Et j'ai commencé à en trouver d'autres; souriante, serviable, directe et débrouillarde. J'avais fait des progrès, j'en avais huit. Je me suis dit que je pourrais commencer l'exercice avec eux et que d'autres s'ajouteraient en chemin.

J'ai beaucoup trop de patience sur certains points et pas assez sur d'autres. Mais on se doute bien que ou j'ai trop de patience, ce sont les points qui me détruisent le plus. Il ne peut en être autrement. Sinon la vie serait vraiment trop facile. Je me questionne sur les raisons qui font que je tolère toujours ces points. Souvent, je dépasse mes limites et ne me respecte pas dans cette patience. Chaque fois que je pousse les limites de ma patience, je me dis la même chose : « c'est fini, ça n'en vaut pas la peine de me détruire comme ça. Je vaux plus que ça. » Et c'est certain que je recommence. On dirait qu'il faut que je me brûle les doigts des dizaines de fois pour comprendre et essayer de prendre le dessus sur ma patience. Mais je peux dire que jusqu'à présent ça n'a jamais fonctionné. Chaque fois que je réussis à diminuer un point de ma patience, un autre qui était parfait devient exagéré. Je me retrouve presque au même point, mais sur un autre plan. Et le même cercle recommence pour un temps.

Ma générosité, on en reparlera de celle-là. Elle m'a fait vivre plus d'un cauchemar. Au point ou pour moi c'était pratiquement devenu un défaut. J'ai fait la paix avec cette qualité depuis, mais ce ne fut pas facile. Mon degré de générosité s'apparentait à de l'oubli de soi. J'ai vidé mon compte en banque plus d'une fois pour aider les autres. Me mettant dans le pétrin face à mes propres obligations financières. Le fait que je sois serviable n'aidait en rien ma cause. J'en donne toujours plus que demandé. Donc lorsque les deux qualités se combinaient, j'avais de grosses emmerdes. J'ai dû apprendre à dire non. Et parfois encore, je l'oublie.

Il y a des qualités qui m'ont servi. Le fait d'être joviale et souriante a fait en sorte que je suis plus facile d'approche. Le respect a encore sa place dans notre société. Il faut apprendre à en avoir autant pour soi que pour les autres, de bien doser les choses. La « débrouillardise » est géniale. Elle nous permet de trouver des solutions à presque tout. Il est certain que c'est une qualité positive. Être directe par contre, m'a souvent nui. Les gens ne veulent pas entendre la franchise. Car lorsqu'on est direct, nous disons les choses telles qu'elles sont ou telles que nous les voyons. Parfois, on peut se faire dire qu'on est bête, agressif ou encore « pas parlable ». Chaque fois, je rigole. Les gens prennent des détours inutiles pour dire ce qu'ils désirent sans offenser les autres. En agissant de la sorte, le discours est délayé par les paroles inutiles. Le message ne passe pas. Dire ce que l'on pense sans détour apporte souvent des conflits. L'inhabitude des gens face à ce comportement les déstabilise.

Pour trouver les défauts, ce fut rapide. La liste est quand même raisonnable dans sa longueur. Je suis têtue, je l'admets. Mais mon entêtement m'a souvent permis d'éviter le pire, elle m'a aidé à me sortir de situation ou plusieurs auraient jeté l'éponge.

Mais en réalité qu'est-ce qu'un défaut ou une qualité. C'est un trait de caractère que nous jugeons, nous lui donnons un qualificatif en fonction des valeurs sociales. Ils ont été catalogués avec des bases religieuses. Nous allons retrouver dans les qualités tout ce qui nous rend serviables, dociles et malléables. Et pour les défauts, c'est tout son contraire. Vous allez entendre souvent : « c'est une bonne personne, car elle sourit toujours, elle est serviable et généreuse ». Et pour celles qui savent ce qu'elles veulent et connaissent leur valeur, on entendra : « je ne l'aime pas. Elle est directe et ne se laisse pas marcher sur les pieds. » Pourtant nous pourrions parler de la même personne, tout dépend de la façon dont on la perçoit. Pour ma part, je préfère une personne qui est entière, qui ne se définit pas par ses défauts ou ses qualités, mais par ce qu'elle est tout simplement.

# Épilogue

Malheureusement, comme je l'ai écrit au début du livre, il m'est impossible de faire une conclusion. Lorsqu'il y aura une, je ne serais plus de ce monde. Une copine qui m'est chère m'a dit tout récemment : « tu es faite pour changer continuellement. Il y a une différence en toi entre le moment où tu as commencé à écrire ce livre et aujourd'hui où tu le finis. Probablement que tes valeurs sont restées les mêmes, mais ta façon de penser et tes croyances ont évolué. Tu as des problèmes avec un chapitre depuis plus d'un an et c'est probablement parce qu'il doit aller dans ton épilogue. »

J'y ai réfléchi pendant un certain temps. Je crois qu'elle a raison. Depuis plus d'un an, je tourne en rond avec un chapitre. Il ne se place pas dans ma tête, c'est la seule façon que j'ai de l'expliquer. Les chapitres sont venus d'eux-mêmes pêle-mêle, sans ordre précis. J'en avais plus de la moitié d'écrit avant que le tout prenne forme, qu'il y ait une structure au livre. Je me demandais bien ce que j'en ferai de tout ça. Et tout s'est mis en place d'un seul coup. Chaque chapitre s'est manifesté clairement avec son propre rythme, son sujet et son histoire. Je n'ai jamais cherché la forme qu'ils prendraient. Ils étaient là simplement, attendant que je les mette sur papier.

Le chapitre en question concernait l'évolution spirituelle ou la croissance personnelle, si vous préférez. Assez ironique, direz-vous. Mais c'est celui qui n'a jamais voulu se placer dans ma tête, les idées et les mots ne fessait que se suivent sans vraiment prendre forme. La réflexion de mon amie a déclenché en moi une prise de conscience. Je ne change pas seulement avec les livres ou films sur ce sujet. Et c'est la raison pour laquelle j'étais incapable de faire ce chapitre. Je n'évolue pas de façon linéaire, c'est par prise de conscience. Je peux lire un livre sur la croissance personnelle qui ne m'apportera rien. Je vais avoir l'impression de revisiter des notions déjà acquises. Et je peux regarder un film quelconque, lire un roman ou parler avec une personne et un mot, une phrase ou une image va enclencher une réflexion profonde. Des liens vont se faire et je vais évoluer.

Évoluer spirituellement ne se résume pas à lire des livres. Il faut mettre en pratique ce qu'on y apprend. La connaissance à elle seule ne suffit pas, elle sert juste à valoriser l'ego spirituel. Actuellement, on assiste sur le web à une « orgie » de phrase toute faite. Les gens les affichent, fiers de les montrer à tous. Plusieurs diront que c'est tellement vrai. Et nous passerons à la prochaine. Je déteste ce faux étalage de croissance personnelle. Car lorsque vous rencontrez ces gens, ils tiennent le même discours que la dernière fois que vous les avez vus, même si cela remonte a dix ans. Il est facile de lire et de réciter des phrases toutes faites. Par contre, c'est une autre histoire de les mettre en pratique. La plupart du temps, les gens qui font vraiment une croissance perso ne s'affichent pas. Ils ne le crient pas sur les toits, ils s'efforcent de mettre en pratique ce qu'ils ont appris.

J'ignore quelle leçon la vie me réserve pour l'avenir. Mais je suis certaine que les années à venir seront magnifiques, tout comme celles qui sont derrière moi. Le titre du livre s'est imposé de lui-même. C'est exactement ce que j'ai fait, je me suis arrêtée sur le bas-côté de la route. Et j'ai revisité mon passé afin de m'en affranchir. Les souvenirs et tout ce que j'ai pu apprendre ne demandaient pas mieux que de sortir. J'éprouvais une urgence d'écrire. Délester mes épaules de ce bagage encombrant fut une bénédiction. Je peux avancer de nouveau, reprendre mon chemin ou je l'ai laissé. Je suis libre, libre de ce passé qui voila si peu de temps était si présent. L'anxiété est toujours un peu présente pas par peur de l'avenir. Mais bien parce que c'est déstabilisant de voyager léger.

La vie est, pour certains, compliquée. Pourtant, elle est magnifique. Ils ont perdu, au fil du temps, le plaisir de l'apprécier pour ce qu'elle est. Elle est composée d'une multitude de choses, des hauts et des bas, des joies, des peines, du bonheur, des crises, des moments magiques ou calmes et j'en passe. C'est ce qui fait sa beauté, elle n'est pas statique. Elle répond à nos moindres désirs, pas toujours comme nous le désirerions, mais elle le fait. Elle semble compliquée, car nous avons des attentes, des désirs, des espoirs. Nous voudrions qu'elle soit un long fleuve tranquille, ce qu'elle ne sera jamais. Même un arbre se fait malmener par le vent. Il faut arrêter de se prendre la tête. Je sais que les problèmes financiers sont envahissants, je l'ai vécu. Mais j'ai aussi appris que de se prendre la tête ne fait qu'empirer les choses. Nous nous enlisons dans des pensées qui sont improductives, nous empêchant de voir la réalité telle qu'elle est et nous retire toutes pensées rationnelles. Il est important de prendre les choses comme elles sont et une après l'autre. Il y a un proverbe qui dit : « à trop vouloir tout contrôler, on perd le contrôle ». La vie ne se contrôle pas, elle est son propre maître. Il s'agit d'apprendre à l'aimer, l'apprécier et surtout la vivre. Profitons de la chance que nous avons d'être en vie.

Il serait inconcevable de terminer ce bouquin sans dire merci. Car sans eux rien de ce voyage n'aurait été possible. Je parle des gens qui ont croisé ma route depuis le début. Ils sont tous, à divers degré, les instigateurs des leçons que j'ai apprises. Chacun, à leur façon, a contribué à la personne que je suis aujourd'hui. Que ce soit en m'apportant l'aide nécessaire dont j'avais besoin au bon moment, soit en m'obligeant involontairement à faire une introspection ou des prises de conscience. D'autres m'ont offert leur amitié et leur confiance. Mais tous sans exception ont été de bons professeurs.

Je crois avoir fait le tour, je peux maintenant dire sereinement que la boucle est bouclée. Je peux reprendre la route en paix avec moi-même. Peu importe ce qui se présentera, je sais que ce sera des enseignements et que j'ai le choix de ma réaction. Je dois vous quitter, car un nouveau bouquin pointe déjà le bout de son nez. On verra ou cette aventure me mènera.

Merci

# Chantal Aly Plante

# Bibliographie

C'est la bibliographie la plus « bizarre » que vous allez voir, car je suis en évolution continuelle et parfois un roman quelconque va enclencher en moi des réflexions au même titre qu'un livre de croissance spirituelle. Donc voilà ceux qui m'ont aidé au fil des ans que je possède encore. J'ai donné plusieurs livres qui malheureusement ne figureront pas dans cette liste.

## Livres

### Croissance spirituelle

**Bourbeau, Lise,** 1987, *Écoute ton corps, Tome 1*, Saint-Jérôme, éd. E.T.C. inc. (ISBN978-2920932-00-5)

**Bourbeau, Lise,** 1988, *Qui es-tu ?*, Ste-Marguerite Station, éd. E.T.C. inc. (ISBN 2-920932-01-2)

**Bourbeau, Lise**, 1994, *Écoute ton corps Encore, Tome 2*, Saint-Jérôme, éd. E.T.C. inc. (ISBN 978-2-920932-13-5

**Bourbeau, Lise**, 1997, *Ton corps dit : aime-toi !*, Saint-Jérôme, éd. E.T.C. inc. (ISBN 978-2-920932-15-9)

**Bourbeau, Lise**, 2000, *Les 5 blessures qui empêchent d'être soi-même*, Saint-Jérôme, éd. E.T.C. (ISBN 9782-920932-18-0)

**Briez, Daniel**, 1994, *La science des chakras voie initiatique du quotidien*, Boucherville, Les éditions de Mortagne (ISBN 2-8904-479-5)

**Briez, Nadine et Daniel**, 1995, *La guérison spirituelle par les pierres précieuses*, Boucherville, Les éditions de Mortagne (ISBN 2-89-074-828-6)

**Byrne, Rhonda**, 2007, *Le secret*, Canada, Les éditions Un monde différent (ISBN 978-2-89225-644-4)

**Cameron, Julia,** 1995, *Libérez votre créativité*, Paris, éd. J'ai lu (ISBN 978-2-290-35508-4)

**Chopra, Deepak D**r., 2004, *Le livre des coïncidences*, Paris, éd. J'ai lu (ISBN 978-2-290-01327-4)

**De Lafforest, Roger**, 1972, *Ces maisons qui tuent*, Paris, J'ai lu (ISBN 2-277-21961-4)

**Dyer, Wayne W. Dr.,** 2006, *Being in balance*, China, Hay House (ISBN 978-1-4019-1038-9)

**Gawain, Shakti**, 1984, *Techniques de visualisation créatrice*, Paris, éd. J'ai lu (ISBN 2-290-33992-X)

**Hay, Louise L.,** 2012, *You can heal your life*, USA, Hay House (ISBN 978-0-937611-012)

**Hay, Louise L. & Richardson, Cheryl,** 2011, *You can create an exceptional life*, USA (ISBN 978-1-4019-3540-5)

**Holland, John**, 2011, *Power of the soul*, USA, HayHouse (ISBN 978-1-4019-1086-0)

**Meadows, Kenneth,** 2000, *La voie médicine, la voie chamanique de la maîtrise de soi*, Paris, Guy Trédaniel éditeurs (ISBN 2-94445-139-x)

**Meadows, Kenneth,** 2001, *Médecine de la terre, la voie chamanique*, Paris, Guy Trédaniel éditeur (ISBN 2-84445-281-7)

**Meurois, Daniel & Givaudan, Anne**, 2000, *Les neufs marches*, Paris, éd. J'ai lu (ISBN 978-2-290-35265-6)

**Pelletier, Jean-Marc**, 1995, *Découvrez l'univers des anges*, Montréal, Édimag inc.

**Pelletier, Jean-Marc**, 1996, *Comment communiquer avec votre ange gardien*, Montréal, Édimag inc.

**Redfield, James**, 1994, *La prophétie des Andes*, Paris, éd. J'ai lu (ISBN 2-277-241113-X)

**Redfield, James**, 1997, *La dixième prophétie*, Paris, éd. J'ai lu (ISBN 2-290-33886-9)

**Roman, Sanaya & Packer, Duane**, 1989, *Manuel de communication spirituelle*, Genève, éd. Soleil

**Sanborn Langlois, Carole**, 1994, *Ascenseur pour la lumière*, Saint-Zénon, Louise Courteau éditrice (ISBN 2-89239-169-5)

**Spalding, Baird T.**, 1972, *La vie des maitres*, Paris, éd. J'ai lu (ISBN 2-290-33990-3)

**Whitworth, Eugene E.**, 1996, *Les neufs visages du Christ, la quête du véritable initié*, Varennes, Ariane Publications & distributions (1994) inc (ISBN 2-920987-16-x)

## Fait vécu

**Bender, Doug & Sterrett, Dave**, 2012, *I am second*, Nashville, éd. Thomas Nelson (ISBN 978-1-4002-0373-4),

**MacLaine, Shirley**, 1970, *Amour et lumière*, Paris, éd. J'ai lu (ISBN 2-227-22771-4)

MacLaine, Shirley, 1986, *Danser dans la lumière*, Paris, éd. J'ai lu (ISBN2-277-22462-6)

MacLaine, Shirley, 1987, *Miroir secret*, Paris, éd. J'ai lu (ISBN 2-277-23188-6)

MacLaine, Shirley, 1988, *Vivre sa vie*, Paris, éd. J'ai lu (ISBN 2-277-22869-9)

MacLaine, Shirley, 1990, *Le voyage intérieur*, Paris, éd. J'ai lu (ISBN 2-290-03077-5)

MacLaine, Shirley, 2000, *Mon chemin de Compostelle*, Paris, éd. J'ai lu (ISBN 2-290-33353-0)


## Psychologie

Beattie, Melody, 2011, *Savoir lâcher prise 1*, Longueuil, Béliveau éditeur (ISBN 978-2-89092-491-8)

Burns,David D. Dr.,  2005, *Être bien dans sa peau*, les éditions Héritage inc (ISBN 978-2-7625-7674-0)

Dumas, Julien, 2013, *Apprendre à dire non aux manipulateurs*, France, Ideo 2013 (ISBN 978-2-8246-0268-4)

Emery, Gary, Ph D., 1995, *Prenez-vous en mains*, Boucherville, éd. Mortagne Poche (ISBN 2-89074-552-X)

Gray, John, Ph.D., 1994, *Les hommes viennent de Mars, Les femmes viennent de Vénus*, Montréal, Les éditions Logiques inc. (ISBN 2-89381-162-0)

Lacherez, Laurent, 2012, *L'anxiété comment s'en sortir*, Québec, Les éd. Le Dauphin Blanc inc. (ISBN 978-2-89436-328-7)

**Marchand, André, Letarte, Andrée**, 2004, *La peur d'avoir peur, guide de traitement du trouble panique avec agoraphobie*, Outremont, Les éditions internationales Alain Stanké (ISBN 2-7604-040-6)

**Nazare-Aga, Isabelle**, 2013, *Les manipulateurs sont parmi nous*, Montréal, Les éditions de l'homme (ISBN 978-2-7619-3632-3)


## Santé

**Herzberg, Eileen**, 1998, *Migraines*, Laval, Les Éditions Modus Vivendi (ISBN 2-921556-52-9)

**Northrup, Christiane**, M.D., 2009, *Les plaisirs secrets de la ménopause*, France, ADA édition (ISBN 978-2-89565-913-6)

**Northrup, Christiane,** M.D., 2009, *The secret pleasure of menopause playbook*, USA, Hay house (ISBN 978-1-4019-2401-0)

**Northrup, Christiane,** M.D., 2010, La sagesse de la ménopause, France, Éditions AdA inc. (ISBN978-2-89667-009-3)

**Starenkyj, Danièle**, 1988, *Le mal du sucre*, Boisset-et-Gaujac, Publications Orion inc. (ISBN 2-89124-007-3)


## Wicca & magie

**Cunningham, Scott**, 2012,, *La wicca*, Paris, ed. j'ai lu (ISBN 978-2-290-07803-7)

**D'Estissac, Mikhaël**, 1996, *De l'usage des herbes, poudres et encens en magie*, Cedex, éd. François de Villac (ISBN 2-907625-45-4)

## Divers

**Boone, M.-A. & Kestemont, F.**, 1993, *Les secrets de votre écriture*, Sarthe, Nouvelle édition Marabout (ISBN 2-501-01820-6)

**Brennan, J.H.**, 1992, *Découvrir nos vies antérieures, la réincarnation*, Outremont, Les éditions Quebecor (ISBN 2-89089-914-4)

**Daviet, Françoise**, 1992, *Numérologie psychologie caractérologie - Astrologie, manuel pratique*, Paris, Guy Trédaniel éditeur (ISBN 2-85707-488-3)

**Haanel, Charles F.**, 2009, *La cause et l'effet*, Québec, éd Le Dauphin Blanc (ISBN978-2-89436-221-1)

**Hirsig, Werner**, 1994, *Manuel d'astrologie*, Boucherville, Mortagne Poche (ISBN 2-89074-540-6)

**Moody, Raymond, Dr.**, 1977, *La vie après la vie*, Paris, éd. Robert Laffont

**Morency, Pierre**, 2004, *Demandez et vous recevrez*, Montréal, Les éditions Transcontinental inc. (ISBN 2-89472-201-x)

**Perrot, P.,** 1995, *Manuel d'utilisation de la pyramide*, Paris, Librairie de l'inconnu éd. (ISBN 2-8-7799-022-2)

**Piché, Brenda**, 1987, *Guide complet de numérologie*, Canada, Les éditions de Mortage ISBN (2-89074-235-0)

**Saint-Morand, H.**, 1996, *Études graphologiques, les bases de l'analyse de l'écriture*, Boucherville, Éditions de Mortagne (ISBN 2-89074-838-3)

**Schwarz, Fernand**, 1988, *Initiation aux livres des morts égyptiens*, Paris, éd. Albin Michel S.A. (ISBN 2-226-03420-X)

**Sperandio, Eric Pier**, 1998, *Le livre des encens*, Outremont, Les éditions Quebecor (ISBN 2-7640-0220-3)

** Les alcooliques anonymes, *le gros livre*

### Roman

**Hamilton, Laurell K.**, la série Anita Blake

**Koontz, Dean R.**, Strangers et plusieurs autres

**Masterton, Graham**,  série Les guerriers de la nuit, Jim Rock et Manitou

**Rice, Ann**, chronique d'un vampire et trilogie des sorcières Mayfair

Je pourrais en ajouter des dizaines, mais je pense que chacun des livres de la collection terreur de Press Pocket que j'ai lu (environ 150), a apporté un petit quelque chose. Certaines pistes de réflexion.

### Internet

Je ne peux malheureusement mettre tous les sites que j'ai consultés au fils des ans. Plusieurs ont fermé et j'ai oublié les adresses d'autres. Je « fouille » depuis 2004 sur le net, autant les sites anglophones que francophones. J'ai lu sur des sujets aussi variés que nécessaire pour moi. Je l'ai déjà dit, je suis curieuse et le web a grandement aidé à assouvir mon besoin de connaissances.

J'ai parcouru des centaines de sites sur la wicca, honnêtement j'adore cette religion. J'ai lu presque tout ce qui existe sur la thyroïde, la visualisation créatrice, le trouble obsessif compulsif, l'anxiété et les méthodes de relaxation. J'ai parcouru les sites de mes auteurs préférés, Lise Bourbeau, plusieurs auteurs de Hay House, Jean-Marie Muller (qui est génial).Depuis deux ans, j'ai assisté a des séminaires en ligne : le sommet de la liberté, et ses mini podcasts, World Summit of Integrative médecine 2015, Hay House World Summit 2014- 2015. Je n'ai pas gardé les traces de la plupart des sites visités.

Le net regorge d'information  et de désinformation. Il s'agit de savoir faire la différence entre les deux. De vérifier les sources citées, voir la réputation du site et garder son scepticisme et sa vigilance en fonction. Il faut toujours contre vérifier une information, quelle qu'elle soit. Bonne navigation !

www.ingramcontent.com/pod-product-compliance
Lightning Source LLC
LaVergne TN
LVHW091213080426
835509LV00009B/970